1페이지
꿈★지도

그리기만 하면 원하는 꿈을 이루는 라이프 로드맵

1페이지
꿈★지도

• 류시천 지음 •

청림출판

한 그루의 나무가 모여 푸른 숲을 이루듯이
청림의 책들은 삶을 풍요롭게 합니다.

내 삶에 100%
확신을 갖고 싶다면?

생애계획이 눈앞에 펼쳐지도록 '꿈★지도'를 만들 수 있다면 어떨까? 더 이상 길을 잃지 않고 삶의 목표를 향해 나아갈 수 있을 것이다. 지도가 있으면 길이 명확히 보이기 때문이다.

삶은 부여받은 것이 아니라 스스로 만들어가는 대상이다. 그런데 어떻게 가꾸어야 할지 갈피를 잡지 못하는 경우가 많다. 하루하루를 열심히 살면 모든 문제가 해결될까? 그렇지 않다. 목표와 계획도 없이 열심히 사는 것은 아무런 소용이 없다. 그것은 마치 설계도 한 장 없이 주먹구구식으로 집을 짓는 것과 다르지 않다. 무슨 일을 하든지 목표를 정하고 그곳에 효율적으로 도달하기 위한 로드맵을 갖고 있어야 한다. 그렇기에 삶에 대해 확신이 필요하다면 반드시 자신의 생애계획이 투영된 '꿈★지도'를 마련해야 한다.

혹시 지금까지 일상의 여러 일로 마음만 분주할 뿐 아무것도 이루지 못했다 해도 주저앉지 말기 바란다. 우리 삶은 연못 위 수초가 아니라 단단한 토양에 뿌리내린 나무와 같다. 송두리째 잘리고 밑동만 남아도 꿈이라는 생장점만 남아 있다면 언제든 새 희망을 싹틔울 수 있다. 그래서 다시 꿈만 되찾으면 된다. 꿈은 삶의 모태이자 뒤틀린 내 삶을 바로 세우는 마지막 버팀목이다.

이 책은 그동안 아무도 가르쳐주지 않았던 '꿈★지도' 만드는 법을 소개한다. 더불어 일상에서 삶의 에너지원으로 그것을 활용하는 방법도 알려준다. 한 장에 담아내는 간단명료한 '꿈★지도'와 이것을 통해 길을 잃지 않는 삶을 찾아가도록 하는 우리 모두의 생애계획 이야기다.

나는 대학에서 오랫동안 정보디자인을 가르치고 있다. 정보디자인 기법을 활용하면 그동안 마음속에만 머물렀던 모호한 개념들을 실체화시킬 수 있다. 우리 곁에 항상 머물고 있지만, 형체가 불명확하고 구체성이 없는 것이 바로 꿈이었다. 그래서 꿈을 이룰 수 없었다. 책에서 소개하는 정보디자인 기법을 따라오면 나이와 상관없이 누구나 자신만의 선명한 '꿈★지도'를 완성할 수 있다. 이것을 완성하면 그동안 한 번도 생각해보지 못했던 일이 일어난다. 직접 손으로 꿈을 만질 수 있고 자신의 소중한 꿈을 성취할 수 있게 된다.

'꿈★지도'의 콘셉트를 간략히 소개하면 이렇다. '꿈★지도'는 마치, 현재와 미래가 하나로 연결된 도미노 블록과도 같다. 현재라는 스타터 블록이 미래의 꿈이라는 최종 블록을 만날 수 있도록 중간 과정에 몇 단계의 블록을 추가로 만들어 넣어주는 것이다. 중간에 놓인 블록들은 현재가 출발해 미래의 꿈을 자동으로 만날 수 있도록 지지해주는 하위 수준의 목표인 셈이다. 이런 이미지를 연상하면 미래-현재 또 현재-미래가 유기적으로 만나는 '꿈★지도'를 만들 수 있다. 지도에 담긴 삶의 도미노 현상을 눈으로 확인하는 순간, 그동안 뒤틀리고 어긋났던 일상의 모습을 되잡고 더불어 삶에 대한 확신을 품은 채로 인생을 원하는 방향으로 끌고 갈 수 있다.

어려운 이야기가 아니다. 판에 박힌 이야기도 아니다. 그동안 아무도 가르쳐주지 않았지만, 누구나 활용할 수 있는 방법이다. 1페이지 '꿈★지도'를 통해 자신의 꿈을 성취하고 행복한 삶을 살아갈 수 있기를 기원한다.

2020년 겨울
류시천

차례

제1부 꿈을 찾아야 하는 이유

제3부 꿈은 계속되어야 한다

제1부에서는 꿈을 찾을 수 있도록 길을 안내한다. 삶과 꿈 사이의 관계를 규명하면 그동안 간과했던 꿈의 의미와 진정한 가치가 무엇인지 인식할 수 있다. 꿈을 품고 있을 때와 그렇지 못할 때 삶이 어떻게 달라지는지, 꿈이 어떻게 개인의 삶을 행복하게 만들 수 있는지 살펴보자. 여기에서는 구체적으로 꿈 씨앗을 찾는 방법과 꿈 씨앗이 발육하고 성장하는 과정을 소개하도록 하겠다. 아직 정해진 꿈이 없다면 꼭 살펴보기 바란다.

제1부

꿈을 찾아야 하는
이유

1장

유럽 여행계획은 있는데
생애계획은 없다고?

소망을 품고 멋진 인생을 상상하지만 정작 계획하기를 주저하고 있지는
않은가? 준비에 실패하면, 실패를 준비하는 것과 다름없다.

미래기억이란 무엇인가

삶은 부여받는 것이 아니라 만들어가는 것이다. 우리 삶을 창조적으로 만드는 근원이 무엇이냐고 묻는다면, 나는 주저 없이 '꿈'이라고 대답하겠다. 의식의 창조 없이 삶은 결코 확장될 수 없다. 주변을 둘러보자. 과거에 대한 기억 없이 사는 사람은 거의 없다. 과거는 항상 흔적을 남기기 때문이다. 하지만 현재를 오롯이 지키지 못하거나 미래의 시간을 송두리째 잊고 살아가는 사람은 쉽게 만날 수 있다. 계획 없이 하루하루를 사는 사람들이다. 그들은 그저 흘러가는 시간에 자신의 삶을 예속시켜버린다.

이들은 왜 계획 없이 살아갈까? 이들이 안고 있는 공통적인 문제는 바로 '꿈'과 맞닿아 있다. 인생에서 '꿈'이 얼마나 중요한 자산인지 제대로 이해하지 못하는 것이다. 우리 중 상당수는 '꿈'을 자기소개서에나 등장하는 상투적인 단어쯤으로 여긴다. 꿈을 장래희망이나 소망 등 모호한 관념적 어휘로 대체해 사용하는 데 익숙한 사람도 많다. 단언컨대 모두 잘못된 생각이다. 꿈에 담긴 실증적 가치를 놓치고 있다.

'꿈'은 그동안 우리가 잘 몰랐던 강력하고 매우 특별한 힘을 갖고 있다. 바로 삶의 궤적에 대한 '미래기억'을 촉진하는 힘이다. 미래를 기억한다는 말이 무슨 의미일까? 어쩌면 지금까지 이 단어를 한 번도 들어본 적 없을지도 모른다. 그렇지만 이 말은 과학적 사실에 근거한다. 미래기억이란, 이전에 계획했던 활동을 적절한 때에 수행해야 한다는 사실을 의식 속에 간직하는 정신기능이다. 이를테면 시간에 맞춰 고양이 먹이를 줘야 한다거나, 주말에 고등학교 동창 모임에 참석해야 한다는 사실을 기억 속에 저장하고 필요할 때 꺼내는 것이다. 일상의 특정 사건뿐 아니라, 다른 한편으로 삶의 담대한 여정에서도 미래기억은 훌륭히 작동한다. 우리가 인생 전반에 대한 미래를 기억한다면 어떤 변화가 생길까?

이해를 돕기 위해서 먼저 '기억'과 '경험'에 대해 이야기해보자. 인간의 대표적인 지적 활동은 사고, 판단, 학습으로 구성된다. 이 같은 대뇌 활동의 중심에는 항상 '기억'이 자리매김하고 있다. 그런 연유로 기억이 결여된 상태에서는 지적 활동을 수행할 수 없다. 예를 들어보자. 퇴행성 뇌 질환인 알츠하이머병 환자는 발병 초기에는 언어기능 장애가 나타나는데, 결국 판단력에 이상이 생겨서 모든 일상생활이 마비되는 지경에 이른다. 이는 모두 '기억상실' 때문이다.

그렇다면 기억은 어디서 오는 것일까? 인간의 기억은 통상적으로 과거의 '경험'을 기반으로 형성된다. 눈, 코, 귀, 혀, 피부를 통해 입력된 외부자극에 대한 인식이 경험으로 쌓인다. 뜨거운 그릇에 손을 대면 뜨거움을 느끼고, 이 경험은 우리 뇌의 기억체계를 관장하는 해마에 저장된다. 오감을 통해 인식된 과거 경험이 뇌의 기억을 채우는 것이다. 오감을 통한 이러한 과거 경험을 '감각적 경험'이라고 부른다. 어려운 얘기가 아니다. 여기까진 충분히 이해할 만하다.

그렇다면 인간의 모든 기억이 오직 과거의 감각적 경험과 이어져 있을까? 절대 그렇지 않다. 다행스럽게도 우리 기억은 과거의 경험적 산물로만 채워지지 않는다. 미래에 대한 매력적인 생각과 짜릿한 상상도 신비한 경험을 선사한다. 철학과 심리학에서는 이를 '감각적 경험'과 대비해 '정신적 경험'이라고 부른다. 한 발 더 나아가, 뇌 과학 분야에서는 인간의 정신적 경험이 어떻게 활성화되는지 그 과정을 실제로 밝혀내기도 했다.

자신이 간절히 원하는 일을 상상하고 집중력을 유지하면 뇌 신경세포는 강한 자극을 받는다. 이 과정이 여러 번 반복되면 신경세포들 사이의 접합부인 시냅스에서 신경전달물질이 분비된다. 신경전달물질이란 어느 한 신경세포에서 다른 신경세포로 정보를 전달하는 화학물질을 일컫는다. 이 물질이 지속적으로 강하게 분비되고 확산하면, 급기야 우리가 마음속으로 되새기는 일이 현실적 경험으로 대치되는 시점이 찾아온다. 마치 소설을 읽다가 작품의 주인공에게 몰입하면 자신도 모르게 자연스레 주인공의 말투나 몸짓을 따라 하게 되듯 말이다. 계획해서 일어나는 일이 아니라 저절로 나타나는 현상이다.

우리가 알고 있는 상상 임신도 대표적인 정신적 경험의 일환이다. 상상 임신을 하면 실제로 임신하지 않았음에도 입덧이 나타나고 생리가 중단되며 젖이 분비되는 현상이 나타난다. 심지어 태동을 느끼는 사람도 있다. 오랫동안 아이를 갈망한 불임 여성에게 임신했을 때와 같은 몸의 변화가 나타나는 '정신적 경험' 현상이다. 이처럼 '감각적 경험'과 함께 '정신적 경험'도 기억 속에 큰 터를 잡고 우리 삶에 지대한 영향을 준다. 이 사실을 잊어서는 안 된다.

'꿈'에는 힘이 있다. '꿈'을 갈망하는 정신적 경험이 삶의 미래를 기억하도록 촉진하는 큰 힘이 그것이다. "난 내 삶의 목표를 놓치지 않고 살아갈 거야! 반드시 그 일을 해내고 말 거야! 내 삶을 행복하게 만들 수 있는 것은 바로 그 일밖엔 없어!" 이처럼 날마다 꿈을 되새기고 열망해보자. 내가 입으로 말한 내용이 기억 속에 터를 잡을 것이다. 이렇게 열망하고, 입버릇처럼 주문을 외우다 보면 꿈으로 향하는 생애 궤적이 현실의 흔적처럼 다가오는 순간이 반드시 찾아온다. 생애 궤적을 이해하면 삶 전체를 선명하게 바라볼 수 있다. 삶의 방향을 가늠하는 첫걸음을 어디로 내디뎌야 할지 명확해지고, 거침없이 꿈을 향해 달려갈 준비를 마칠 수 있다.

2

미래와 현재를 마주보게 하는 '꿈'

'꿈'은 미래뿐 아니라 현재 삶과도 분리될 수 없다. 살면서 우리가 무심코 받아들이는 개념이 한 가지 있다. 미래의 일이 저절로 내게 다가온다고 생각하는 것이다. 놀이터 모퉁이에 눈이 걷힐 때쯤 매화 가지 끝에 피어나는 봄처럼 삶의 내일도 자연히 찾아온다고 생각한다. 우주 질서 안에서 주어진 각본대로 우리 삶도 정해진 수레바퀴의 궤적을 따라간다고 여기는 것이다. 과거에는 나도 그렇게 받아들였다. 하지만 이는 자연현상과 사회현상을 구별하지 못한 데서 비롯된 착각이다. 겨울 지나 봄이 오고 새싹이 움트는 일은 태양을 도는 지구의 공전으로 인한 자연현상이다. 자연이 그 자체로 행해지는 존재법칙 아래 놓여 있기에 가능한 일이다. 절대 불변하고 결코 예외성이 적용될 수 없는 대상이다.

그렇다면 인간의 삶과 개인의 미래는 어떨까? 우리가 처한 사회적 조건과 환경은 천차만별이다. 태어난 곳이 다르고 교육 수준과 경제적 여건도 다르다. 국적에 따라 종교, 정치, 법률의 강제력도 다르게 적용된다. 상황이 제각기여서 우리 삶에서는 보편성보다는 항상 개별성과 다양성이 두드러진다. 이를테면 같은 대학에서 똑같은 전공을 공부한 사람도 수십 년 뒤 동창회에서 만나면 매우 이질적인 삶을 사는 경우가 많다. 비슷한 일을 하는 동창을 만나기란 생각보다 쉽지 않다. 졸업 이후, 갈림길에서 각자가 선택한 샛길이 달랐던 까닭이다. 심지어 한 부모에게서 태어난 일란성 쌍둥이도 각자 삶의 결이 달라진다. 예전에 보았던 〈추적 60분〉의 내용이 기억난다. 한날한시에 일란성 쌍둥이 자매로 태어나서 미국으로 입양된 한 명은 심리학 교수가 되고 한국에 남은 한 명은 무속인이 된 사연이 소개된 적이 있다. 두 사람의 삶의 모습에 차이를 만든 것이 결코 입양 후 그들에게 제공된 환경적 요인만은 아니다. 오히려 매 순간 각자가 선택한 삶의 이정표가 달랐기 때문이라고 보는 편이 타당할 것이다. 예외성 없는 자연현상처럼 우리 삶을 규정짓는 법칙이 애초에 정해져 있다고 가정하면 이런 일은 도저히 이해할 수 없게 된다.

우리 삶에서 미래의 일은 우연히 일어나는 뜻밖의 사건이 아니다. 설계도 한 장 없이 어느 날 문득 멋진 집이 완성될 수 없듯, 미래는 '완성된 집'이고 현재는 '내 손안에 있는 설계도'인 것이다. 미래와 현재는 분리될 수 없다. 오히려 미래가 현재와 항상 맞붙어 있다고 보는 편이 합당하다. 이런 측면에서 인간의 삶이란, 우리의 현재 생각과 행동이 파동처럼 흘러 미래의 경계면에서 모습을 드러내는 에너지 현상으로 파악해야 한다. 지금, 이 순간 생각하고 실행하는 모든 일은 그 본연의 힘의 크기와 나아갈 방향을 가지고 있다. 그것이 파동을 만들어 미래의 특정 방향으로 뻗어나가는 것이다. 미래는 그렇게 현재를 통해 완성되고 다듬어진다.

여기서 중요한 사실이 하나 있다. 삶의 파동을 이해하면 그동안 우리가 한 번도 생각하지 못했던 일이 일어난다. 바로 미래의 일과 현재의 일을 서로 대응시킬 수 있는 것이다. 다시 말해, 미래의 일에 맞추어 현재의 태도와 행동을 취할 수 있다. 이를테면 삶의 파동은 일종의 '공식'과도 같다. 공식을 사용하면 수학 문제를 쉽게 풀 수 있듯이, 내 삶의 파동을 이해하면 미래의 일에 맞추어 현재 무엇을 할지 결정할 수 있다. 미래의 원하는 일을 갈망하고 그 일을 기억 속에 저장하고 또 그 기억을 현재 내 생각과 행동으로 일치시킬 수 있다.

이 부분에서 놓치지 말아야 할 내용이 한 가지 더 있다. 현재의 일을 미래에 하고 싶은 일과 서로 나란히 마주 보게 만들고, 필요할 때마다 미래-현재, 현재-미래가 유기적으로 손을 잡고 협력하도록 세팅하는 일이다. 그러려면 둘 사이를 이어주는 연결 프로그램이 필요하다. 현재와 미래 사이에 일종의 다리를 놓아야 한다. '꿈'이 바로 그 가교 역할을 할 수 있다.

꿈은 단지 미래를 위한 대상이 아니다. 시간 좌표에서 꿈은 미래 시점에 놓여 있지만, 인생이라는 무대의 거대한 공간좌표에서는 현재와 미래를 관통하며 삶을 중재하는 축 역할을 담당한다. 개인의 생애 전반이 맞물려 구동할 수 있게 하는 일종의 휴먼 소프트웨어인 것이다. 미래를 송두리째 잊고 사는 사람, 더 나아가 현재를 오롯이 지키지 못하는 사람은 미래와 현재 사이에 꿈이라는 위대한 축이 놓여 있음을 전혀 눈치채지 못한다.

미래가 정의되지 않았다는 말은 현재가 없다는 말과 다르지 않다. 미래를 정하지 못했다면 현재 삶도 온전해지기가 매우 어렵다. 오늘의 내 모습을 반듯하게 세우고자 한다면 반드시 미래의 내 삶을 현재와 이어지도록 설계해야 한다. 미래를 기억하기 위해 꿈이라는 축을 설정하고 그 꿈을 활용해 현재의 삶도 변화시킬 수 있어야 한다. 그렇다면 꿈을 어떻게 활용해야 할까? 미래와 현재, 현재와 미래를 하나로 단단하게 묶어내려면 어떻게 해야 할까?

해답은 '꿈★지도'를 만드는 것이다. 우리 삶의 여정 가운데 분명히 실재하는 대상으로 꿈을 인식할 수 있도록 이미지로 그려내는 것이다. '꿈★지도'는 마치, 현재와 미래가 하나로 연결된 도미노 블록과도 같다. 삶의 실체적 목표인 꿈을 설정하고 더불어 출발점인 현재 삶이 최종 도착지점에 놓인 그 꿈을 자동으로 만날 수 있도록 중간단계에 도미노를 추가해서 전체 경로를 표현하는 방식으로 '꿈★지도'는 완성된다.

최종적으로 완성된 '꿈★지도'는 삶의 궤적을 예측하도록 만들어

주는 인생 설계도가 된다. '꿈★지도'를 완성하면 삶의 파동과 그 형태를 한눈에 파악할 수 있을 뿐 아니라, '꿈★지도'를 자신만의 '삶의 공식'으로 활용해서 현재의 일상을 원하는 모습으로 바꿀 수 있다. 이 공식은 우리 삶을 정의하는 틀과 같아서 혼란스러운 순간마다 바람직한 삶의 태도를 지킬 수 있도록 도와준다. 이를테면 오늘 처리해야 할 수많은 일 가운데 무엇이 '해야 할 일'이고, 무엇이 '하지 말아야 할 일'인지를 정확히 분별하게 해준다. 미래의 꿈 성취에 영향을 주는 일을 우선순위에 두고 오늘 하루를 효율적으로 살 수 있도록 도와주는 것이다. 그래서 현재의 삶이 미래의 내 삶과 마주 보게 만들려면 꼭 '꿈★지도'를 마련해야 한다.

꿈은 도대체 무엇이기에 이처럼 우리 삶에 큰 영향을 줄 수 있다는 걸까? 정말로 현재 그리고 미래 삶의 문제가 꿈으로부터 시작해서 꿈으로 해석되고 또 완성될 수 있을까? 그에 대한 답은 책 전체의 행간을 통해 파악할 수 있도록 남겨놓도록 하겠다. 오해는 하지 않기 바란다. 이 책이 만병통치약이라는 말은 아니다. 완벽한 삶을 추구하자는 이야기도 아니다. 다만 우리 모두 저마다 '온전한 삶'을 추구할 수 있도록 꿈을 활용하는 방법을 공유하고 싶을 뿐이다. 온전한 삶이란 다름 아닌 '길을 잃지 않는 삶'이다.

3

멋진 인생은 스스로 묻고 답하는 것부터

꿈을 제대로 알고 그 본체에 다가가기 위해 선행돼야 할 것이 한 가지 있다. 바로 '자신의 삶'을 올바르게 이해하는 것이다. '꿈'과 '삶'은 필연적 법칙으로 연결돼 있고, '나의 삶'은 '나의 꿈'과의 인과율을 통해 표출되는 장편소설과도 같다. 꿈은 소설의 출발점이고 삶은 절정과 결말이기 때문이다. 삶을 이해하기 위해서는 꿈이 무엇인지 알아야 한다. 아울러 자신만의 꿈을 마련하기 위해서는 삶이 무엇인지 헤아려볼 줄 알아야 한다. 그렇기에 꿈에 대한 논의를 이어가기 전에 '삶'에 대해 먼저 이야기해보고자 한다.

　동서양의 역사, 철학, 종교를 막론하고 우리에게 가장 본질적이며 중요한 질문이 하나 있다. 바로 '삶이란 무엇인가?'이다. 우리는 누구나 매 순간 호흡하고 매일 자신의 삶을 꾸려나가고 있다. 그러나 막상 삶이 무엇이냐는 질문에 대해서는 선뜻 답하기가 어렵다. 보통의 의식 수준으로는 절대 이 물음에 답을 내릴 수 없을지도 모르겠다. 그래서인지 대다수 인문 고전은 범인의 삶을 주제로 다루는 데 인색하다. 그보다는 위대한 사상가의 생각, 철학자의 고백, 성자의 선정, 예술가의 창의성 이면에 숨겨진 가치를 탐색하고 또 그것이 일반인의 삶의 방식에 어떤 영향을 끼쳤는지에 더 큰 관심을 보인다. 우리 스스로 규명하기 어려운 삶의 문제를 우리와 비슷한 인물의 생애를 통해 정리한다는 생각은 애초에 어불성설일지도 모르겠기에 여기서도 시대를 앞선 두 선인, 부처님과 철학자 데카르트의 삶을 살펴보고자 한다. 정확히는 그들의 거룩한 삶 자체가 아니라 우리와 똑같은 한 인간으로서 삶을 견지하는 두 인물의 태도를 들여다볼 것이다. 종착지는 달랐지만, 우리와 같은 출발점에 서 있던 그들이 어떻게 '길을 잃지 않는 삶'을 살았는지 짚어보자.

먼저 석가모니 부처님의 삶과 그 여정에 관해 이야기해보겠다. 히말라야의 네팔 남부 국경 지역에 석가 족속이 사는 작은 왕국이 있었다. 지도자 숫도다나 왕과 마야 왕비의 몸을 빌려 기원전 563년에 왕자가 태어났고, 그 이름은 고타마 싯타르타이다. 시간이 흘러 고타마 싯다르타가 청년으로 성장할 무렵, 그는 주변 모든 사람이 어둡고 캄캄한 삶의 굴레에서 벗어나지 못하고 두려움과 걱정으로 고통 속에서 하루하루를 힘겹게 살아가는 모습을 목격했다. '도대체 삶이란 무엇이기에 이토록 인간의 모습을 속박한단 말인가? 어떤 삶이 올바른 삶인가? 나는 어떻게 살아야 할 것인가?' 이러한 물음은 한 젊은이가 진리에 대한 앎을 갈구하도록 만들었고, 스물아홉에 스스로 머리를 깎고 출가하여 무소유의 수행자가 되기로 결심하게 만들었다. 그는 진리를 묻고자 인도 땅의 여러 선인을 찾아다녔다. 그가 만난 사람은 몸으로 견디기 어려운 일을 통해 수행을 쌓는 고행자들이었다. 가시밭을 걸으면서 수행하는 사람, 평생 머리를 감지 않으면서 수행하는 사람, 이글거리는 태양 아래 땅바닥에 누워 온몸으로 고행을 실천하는 사람… 하지만 진리에 대한 깨달음이나 삶의 고통에서 벗어날 수 있는 길은 아무도 알려주지 못했다.

고타마 싯다르타는 이때부터 남에게 의지하지 않기로 하고, 홀로 삶의 번뇌와 그 치유법을 깨닫기 위한 독자적 고행길을 걷기 시작했다. 혼자서 오롯이 감당해야 할 고뇌의 시간과 마주한 것이다. 식사량도 점점 줄여서 나중에는 보리 한 톨로 하루를 보내면서 수행을 지속했다. 여윌 대로 여위어 배가 등짝에 붙고 갈비뼈가 드러났다. 하지만 이내 음식을 끊는 극단의 수행이 깨달음의 길은 아님을 자각하고, 수자타 여인이 공양한 우유 죽으로 힘을 내어 전정각산에 올라 선정에 전념한다. 49일간 이어진 선정 수행을 거쳐 그는 드디어 삶의 진리에 대한 깨달음을 얻었고 서른다섯에 홀로 부처님이 되었다.

그는 수행을 통해 무엇을 깨달았을까? 부처님은 인간 삶에 불행을 가져다주는 근원은 본디 개인의 숙명적 불운이나 불공정한 사회 구조가 아닌, 개개인이 지닌 헛된 욕망임을 알게 되었다. 무엇인가를 탐하는 일련의 생각과 그것을 충족하기 위해 바둥대는 욕심이 우리를 고통으로 몰아넣는다고 생각한 것이다. 그렇다면 그에 대한 해결책은 무엇이라고 제시했을까? 부처님은 우리 마음속에 있는 '집착'이 모든 불행의 본질이라고 이야기한다. 그래서 모든 속박에서 벗어나 자유로워지기 위해서는 마음속 '집착의 불꽃'을 꺼트려야 한다고 생각했다. 집착의 불씨인 욕심과 탐욕에서 벗어나는 것, 다시 말해 집착의 불꽃을 스스로 꺼트리는 것이야말로 '열반涅槃'이라고 본 것이다. 또 이를 통해, 모든 속박에서 완벽하게 자유로운 삶인 '해탈解脫'을 맞이할 수 있다고 알려줬다.

여기서 부처님의 생애에 우리 삶을 투영해보자. 부처님처럼 수행 성도를 통해 깨달음을 얻자는 얘기는 결코 아니다. 다만, 우리와 마찬가지로 평범했던 한 인간이 삶의 의미를 찾기 위해 어떤 과정을 거쳤는지를 깊게 들여다봐야 한다.

그는 스물아홉에 자신의 삶에 관해 물음을 던졌다. 또 그 물음에 스스로 답하기 위해 길 위로 나아갔다. 처음에는 선인들에게 답을 구했지만, 애초 그들로부터 답을 찾을 수 있는 질문이 아니었기에 그 무게를 오롯이 홀로 짊어지고 견뎌야 했다. 아무도 알려주지 않았고 옆에서 도와준다고 해서 해결될 문제도 아니었다. 오로지 삶에 대해 스스로 묻고 또 스스로 답해야 앞으로 나아갈 수 있었다. 바로 이 부분이 우리가 주목해야 할 대목이다. 자기 삶에 대한 해답은 결코 타인으로부터 찾을 수 없다. 내 삶은 자신의 의문에서부터 시작되어야 한다.

내 삶에 대해 스스로 묻지 않는다면 그 해답도 영원히 발견할 수 없다. 그렇기에 우리에게도 부처님처럼 삶에 대해 진중히 고민해보는 시간이 필요하다. 오늘이 바로 그 순간이다.

고타마 싯다르타가 수행을 하며 보낸 6년은 우리에게는 불가능에 가까운 시간이다. 그렇지만 적어도 6일은 고민할 수 있어야 한다. 생각할 가치가 있는 문제라면 힘들고 혼란스럽더라도 끈질기게 붙잡고 늘어져야 한다. 그것도 어렵다면 단 여섯 시간만이라도 자기 삶을 들여다볼 수 있어야 한다. 자신의 존재가치를 찾기 위해 한 번이라도 고민하는 기회를 반드시 만들어야 한다. 삶에 대해 고민하기를 주저한다면, 앞으로 다가올 미래의 멋진 인생은 결코 만날 수 없을 것이다.

4

삶이 내게 다가와 따져 묻는다면?

시간을 이동해 17세기 프랑스에서 태어난 위대한 철학자 데카르트의 얘기로 넘어가보겠다. 그는 서양 근대철학, 특히 합리주의 사상의 출발점을 제시한 인물로 널리 알려져 있다. '삶이란 무엇인가?'라는 질문에서 시작된 화두가 갑자기 왜 데카르트의 철학 이야기로 옮겨 갔느냐고 생각할 수도 있겠다. 하지만 철학이란 본디 인간과 세계에 대한 근본원리를 탐구하고 그러기 위해 필연적으로 삶의 본질적 모습을 논하는 학문임을 이해할 필요가 있다. 데카르트의 사상을 통해 우리는 삶의 문제에 한 발 더 다가갈 수 있다. 한 인간으로서 그가 어떻게 살고자 했는지, 그의 생애 인식을 살펴본다면 삶에 대한 우리의 태도를 전환하는 데 도움이 될 것이다.

데카르트, 그리고 합리주의 사상이라는 말 그 자체만으로도 머리가 복잡해질 수도 있다. 그러나 그가 남긴 그 유명한 유산, '나는 생각한다, 고로 존재한다I think; therefore I am'라는 명제에 대해서는 한 번쯤 들어봤을 것이다. 이 철학적 담론을 통해 '내 삶은 무엇인가?'에 대해 생각해보자.

데카르트는 두 가지 성격 특징을 가진 인물이다. 매우 의심이 많았고, 자만심으로 가득 차 있었다. 그는 기존 서양 학문의 토대를 전혀 받아들이지 않았다. 당대 지배적 사상인 성경과 아리스토텔레스가 세운 형이상학적 인식론을 모두 부정했다. 더 나아가 인간의 모든 지식체계의 출발점이라 일컬어지는 '제1철학'을 독자적으로 확립하고자 했다. 그리고 '무엇을 믿을 수 있을까?', '무엇을 지식의 본질로 삼을 수 있을까?'라는 질문에 대한 인식론적 고뇌를 담아《제1철학에 대한 성찰Meditations On First Philosophy》을 집필했다. 그는 먼저, 모든 실체에 대한 인식은 '오직, 나 자신이 뚜렷이 경험한 대상 안'에서만 존재한다고 생각했다. 자신이 경험하지 못한 것은 아무것도 믿을 수 없다는 말이다. 아리스토텔레스는 연역적 추론, 즉 미루어 짐작하는 힘을 통해 경험 너머에 존재하는 대상도 충분히 설명할 수 있다고 봤는데, 여기에 정면으로 위배되는 생각이었다.

그러나 시간이 지나고 데카르트는 자기 생각을 수정했다. 인간은 수면 상태인 꿈속에서도 특별한 경험을 하는데 여기서 얻은 감각은 믿을 수 없는 대상이라고 판단했다. 그래서 "감각적 경험보다는 인간의 '이성적 판단'만이 확실한 지식의 기반이 된다"라고 생각을 바로

잡았다. 이를테면 '3+4=7'이라는 수학적 명제나 아무런 의심도 필요하지 않은 명증성明證性에 대한 인식이야말로 인간의 경험보다 확실히 믿을 만한 대상이라고 본 것이다. 그러다가 또 다른 의심을 품게 된다. 내가 혹시 정신착란에 빠진다면 어떻게 될까? 그 상태에서도 '3+4=7'이라는 결과를 믿을 수 있을까? 분명 자신의 이성적 판단에 근거했지만, 그것이 정신착란 상태에서 도출된 결과라면 어찌 믿을 수 있단 말인가? 결국, 데카르트는 모든 실체에 대한 인식적 출발점을 무엇으로 삼아야 할지 도무지 알 수 없게 되었다. 미궁에 빠지고만 것이다. 후대 철학자들은 이 과정을 '인식론적 절망'이라고 부른다.

그렇다면 절망의 늪에 빠진 데카르트는 어떻게 제1철학의 미궁에서 탈출했을까? 그는 그 해답을 우리가 익히 알고 있는 명언, '나는 생각한다, 고로 존재한다'에서 찾을 수 있었다. 데카르트는 모든 철학의 출발점으로 '개인의 경험'을 역설하다가 그것이 잘못됐음을 깨닫고 인간의 '이성적 판단'을 강조했다. 그리고 이것의 모순점도 또다시 스스로 인정했다. 결국, 마지막으로 '비록, 내 자신이 모든 일에 다 속아 넘어갔다 하더라도, 속아서 틀린 생각을 한 나라는 주체는 존재한다. 이 사실만은 확실하다!'라는 결론에 도달한다. 생각하는 나, 그것을 담고 있는 주체로서 자아의 존재를 확립함으로써, '나는 생각한다, 고로 존재한다'라는 명제를 제1철학의 본질로 삼을 수 있었다. 정리하자면, 인간이 세상의 모든 관념적 실체를 이해하는 출발점은 다름 아닌 자아의 존재를 받아들이는 것이었다.

여기서, 우리의 삶에 대한 문제와 데카르트 얘기가 어떻게 연결되는지 생각해보자. 데카르트는 자신이 겪었던 인식론적 절망에서 탈출하기 위해 '자의식'이라는 명약을 처방했다. 자신의 존재를 스스로 이해하려는 노력, 즉 자아를 통해 자기를 느끼고, 생각하고, 의지하는 일체적 순수의식 활동을 세상 모든 지식의 본체를 파악하는 기준으로 삼았다. 자의식에 대한 중요성을 시작으로 데카르트는 뒤이어 정신지도 규칙 스물한 가지를 만들었다. 이 지침을 이정표 삼아 자신의 삶을 다스렸고 더불어 견고한 인생을 살았다.

약 400년 전에 짧은 인생을 마감한 유럽의 철학자 데카르트는 '자아에 대한 인식의 중요성'을 우리에게 위대한 유산으로 물려줬다. 자의식에서 한 걸음 더 나아가, 삶의 지침을 마련하는 것이 얼마나 중요한지도 교훈으로 남겨주었다.

미래의 어느 날 우리는 각자 자기 삶의 진상을 규명하는 시간과 마주하게 될 것이다. 꼭 죽음을 목전에 두고 있지 않더라도 인생의 변곡점에서 한 번쯤 자신의 삶과 대면할 기회가 반드시 찾아오기 마련이다. 위험한 수술을 앞두고 있거나 예기치 못한 큰 사고를 당하거나 인생의 높은 파도를 만나본 적이 있는 사람이라면 충분히 공감할 것이다. 이는 단지 영화 속에서나 등장하는 개연성 있는 허구가 아니다.

그래서 지금 준비해야 한다. 어느 날 문득 삶이 내게 다가와 당신은 누구이고 어떻게 살고 있냐고 따져 묻는다면, 대답할 수 있어야 하기 때문이다. 궁색한 변명이 아니라 뚜렷한 생각을 가지고 자신의 실존과 삶의 목적에 대해 명확히 설명할 수 있어야 한다. 삶이 서 있는 장소에는 나 이외에 변호인이 따로 존재하지 않는다. 아무 생각 없이 무기력한 모습으로 대처하다가는 결국 삶의 굴레라는 유치장에 들어 갈 수밖에 없다.

지금 우리에게 필요한 것은, 자신의 실존을 이해하려는 노력과 또 그것을 증명하는 방법이다. 결코 쉬운 문제는 아니지만, 해답을 못 찾 을 일도 아니다. 요컨대 흐트러진 생각을 하나씩 차분히 정리한다는 생각으로 더듬어가면 누구나 접근할 수 있다. 먼저, 삶의 축이 어디에 놓이면 좋을지 자신만의 방향을 정해야 한다. 다음에는 그 방향으로 나아갈 수 있는 삶의 길을 스스로 모색해보는 것이다. 마지막으로 그 내용을 손으로 정리해서 확인한다. 어렵게 생각할 필요 없다. 책에서 소개하는 '꿈★지도'를 만드는 과정을 차례대로 따라오면 가능한 일 이다. 자신의 실존을 설명할 수 있는 큰 맥락을 '꿈★지도'를 통해 파 악할 수 있다. 그러면 우리도 데카르트처럼 길을 잃지 않는 견고한 삶 을 추구할 수 있다. 견고한 삶이란, 다름 아닌 쉽게 부서지지 않는 삶 이다.

5

준비에 실패하면, 실패를 준비하는 것

이제 가벼운 얘기로 넘어가보자. 여행 이야기를 해볼까 한다. 일상을 벗어나 낯선 곳으로 향하는 여행에는 언제나 설렘이 가득하다. 새로운 세상과 마주하는 시간은 일상의 무료함을 달래기에 충분하다. 해외 럭셔리 패키지여행을 꿈꾸기도 하고 배낭 하나 짊어지고 발길 닿는 대로 떠나는 소박한 자유여행을 선호하는 사람도 있다. 목적지와 그 형태가 어떻든 모든 여행은 삶에 활력을 제공하고 인생을 풍요롭게 만든다. 나아가 스스로를 이해하도록 만드는 힘이 있다. 그래서 삶을 튼튼히 하는 데 여행만큼 좋은 것도 없어 보인다.

만족스러운 여행을 하려면 떠나기 전에 목적지, 일정, 예산에 대한 계획을 세워야 한다. 편안한 휴식을 원하면 남태평양 팔라우 휴양지를 고려할 수 있겠다. 유럽의 역사와 문화를 알고 싶다면 이탈리아 피렌체를 떠올릴 수 있다. 목적에 맞는 장소가 결정되면 체류 기간과 여행 상품을 정해야 한다. 며칠 동안 머물지, 자유여행을 할지 패키지를 선택할 것인지 말이다. 자유여행을 원한다면 항공권을 예약하고 숙소를 정해야 한다. 비용을 줄이려면 성수기를 피해서 할인율이 높은 비수기를 고려해보고 불편하더라도 직항이 아닌, 경유 노선을 생각해볼 수 있다. 숙소도 도심에 정할지 외곽으로 정할지 고려해야 한다. 도심은 교통이 편리하지만, 숙박료가 비싸다. 외곽은 저렴하지만 치안이 불안하고 시간을 효율적으로 사용할 수 없다. 항공과 숙소가 정해지면 현지 교통비, 식비, 관광지 입장료, 기념품 구입에 대한 전체 지출 예산을 세워야 한다. 일정과 예산까지 정했다면 날씨를 고려한 의복과 상비약도 준비해야 한다.

여행을 떠나기 전에 계획을 세우는 것은 지극히 당연한 일이다. 계획을 세우면 시간과 돈의 낭비를 줄일 수 있을 뿐 아니라 안전하게 목적에 맞는 여행을 즐길 수 있다. 여행계획 수립이 이렇듯 당연함에도 혹자는 다음과 같이 말한다. "계획 없이 무작정 떠나는 여행이 더 매력적이야. 진정한 여행의 묘미를 만끽하려면 계획 없이 떠날 수 있어야 해."

나는 대학과 공공기관에서 '꿈★지도' 특강을 하고 있다. 강의와 함께 워크숍을 병행하기도 한다. 공공기관 워크숍엔 대학 졸업 후 구직을 희망하는 청년들이 많이 참가하는데, 기회가 있을 때마다 참가자들에게 묻곤 한다. 혹시, 아무런 계획 없이 여행을 떠나본 경험이 있는지 말이다. 그러면 한두 명이 유사한 경험이 있다고 손을 든다. 한 참가자는 3주 동안 뉴욕 여행을 친구들과 함께 다녀왔는데 출발하기 전에 숙소만 정하고 나머지 일정은 계획 없이 다녀왔다고 했다. 또 다른 참가자는 혼자서 자전거를 타고 4일간 제주도를 무작정 다녀온 적이 있다고 했다. 그 여행이 어땠냐고 물으니, 두 사람 모두 주저하지 않고 새롭고 멋진 경험이었다고 대답했다.

그런데 차근차근 여행 과정에 대해 되묻고 답하는 시간을 가지면서 이들의 공통된 모순점을 발견할 수 있었다. 두 사람 모두 계획 없이 떠났다고 말했지만, 따져보니 일정 수준의 계획을 갖고 출발했음을 알 수 있었다. 뉴욕 여행을 다녀왔다는 참가자는 사실 몇 가지 계획을 갖고 있었다. 여행 목적지로 뉴욕을 정했고, 숙소도 예약했다. 3주라는 여행 기간도 설정돼 있었다. 또 친구들과 함께 떠나기로 사전에 계획이 되어 있었다. 제주도 자전거 여행을 다녀온 참가자도 마찬가지다. 도보나 자동차가 아닌 자전거로 여행하겠다는 계획이 있었다. 출발지와 도착지에 대한 루트도 정해져 있었다. 더구나 자전거 일주가 가능한 제주도 해안도로를 안내하는 지도도 가지고 있었다.

이들에게 이렇게 다시 물어보면 어떨까? 뉴욕 여행을 숙소도 예약하지 않고 무작정 떠날 수 있겠습니까? 어디에 갈지, 무엇을 체험할지 고민하지 않고 곧바로 뉴욕행 비행기에 몸을 실을 수 있겠습니까? 아프리카를 혼자서 자전거로 여행한다면 제주도처럼 홀연히 떠날 수 있겠습니까? 이렇게 여러 상황이 바뀌어도 아무런 준비 없이 떠날 수 있을지 의문이 든다. 그런데도 여전히 계획 없이 떠나는 여행이 계획적인 여행보다 더 매력적이라고 답하고 싶다면 다음 자료를 살펴보기 바란다.

2017년 6월, 보험개발원에서 여행 관련 통계자료를 발표했다. 해외여행 중에 발생하는 질병 사고가 보험계약 1만 건당 84건의 비중을 차지했다. 또 상해 사고로 인해 현지에서 치료를 받은 경우는 계약 1만 건당 28건이었다. 특히, 해외여행에서의 상해 사고는 국내여행 상해 사고 발생 건수보다 세 배 이상의 높은 비율을 차지하고 있었다. 이 통계자료에서 국내여행보다 해외여행에서 상해 사고가 많다는 점은 눈여겨봐야 할 대목이다. 해외여행은 국내여행에 비해 상대적으로 정보가 제한된 경우가 많다. 필요한 정보를 검색하고 사전에 만반의 준비를 하지만 막상 가보면 전혀 예상하지 못한 현지 상황이 존재하기 마련이다.

10년 전에 미국 중부 블루밍턴Bloomington이라는 도시에 거주하면서, 미국 최남단 키웨스트Key West를 가족과 함께 여행한 적이 있다. 키웨스트는 헤밍웨이가《노인과 바다》를 집필한 곳이다. 라임파이에 가을바람을 얹어 입에 물고 헤밍웨이의 흔적을 따라 여유를 만끽했다. 헤밍웨이 생가는 흡사 고양이 카페 같았다. 그곳에서 만난 파란 눈의 랙돌 고양이는 다섯 살 둘째 아이의 어린 마음을 들었다 놨다 했다. 큰아이는 해변 매직저글링 공연에 한동안 넋이 나갔다. 대서양이 데려온 가을 노을은 붉다 못해 검붉어 카메라로 담기엔 역부족이었다.

다음 날, 안타깝지만 추억 쌓기 놀이를 뒤로하고 돌아올 시간이 되었다. 마이애미 공항에서 출발하면 좋은데 항공권이 여의치 않아 50킬로미터 북쪽에 있는 포트로더데일 공항으로 갔다. 하룻밤을 지낼 공항 근처 호텔을 예약해둔 터였다. 저녁 무렵 자동차를 타고 숙소로 향하는데, 호텔로 향하는 길은 뜻밖에도 빈민촌이었다. 미국 국내선 작은 공항은 대부분 도심에서 꽤 멀리 떨어진 변두리에 자리 잡고 있다. 여기저기 서성거리는 홈리스들이 보였고, 낯선 동양인 가족이 왜 이곳에 왔느냐는 듯 석연찮은 따가운 시선을 보냈다. 더구나 연료 게이지에는 경고등이 깜빡거렸다. 허름한 주유소에 들러야만 했다. 설상가상 그동안 한 번도 그런 적이 없는데 자율 주유기가 신용카드를 인식하지 못했다. 다른 신용카드도 마찬가지였다. 사무실로 갔더니, 젊은 여성 캐셔가 다리를 꼬고 테이블에 걸터앉아 있었다. 카드 결제가 되지 않는다고 말했더니 그럼 현금으로 지불하라고 퉁명스럽게 말했다. 그러고 싶지 않다고 했더니, 캐셔는 얼굴을 찌푸리며 짜증을 냈다. 잠깐이지만 사소한 말씨름을 할 수밖에 없는 상황이 되고 말았다. 정신을 가다듬고 살펴보니 어느새 주변에 사람들이 다가오고 있었다. 겉으론 아무렇지도 않은 척했지만, 이름 모를 두려움이 엄습했고 현금을 주고 거스름돈도 챙기지 못한 채 주유소를 도망치듯 빠져나와야만 했다.

문제는 그다음이었다. 아내가 무섭다고 하고 아이들 얼굴에도 위축된 표정이 역력했다. 호텔로 향하는 길가엔 을씨년스러움이 가득

했다. 끝내 예약했던 호텔로 가지 못하고 아내와 어린 두 아이와 함께 공항에서 노숙을 하고야 말았다. 쌀쌀한 가을 저녁, 공항 대합실 바닥에서의 하룻밤은 감내할 만한 경험이었다. 아이들을 다독이며 청한 새우잠도 큰 문제는 아니었다. 하지만 사전에 호텔 주변 환경을 파악하지 못했던 것은 아빠로서 큰 실책이었다. 그날 어린 두 아이와 아내가 느껴야 했던 두려움과 공포는 돌이킬 수 없는 흔적으로 남고야 말았다.

앞서 보험개발원 자료를 한 번 더 깊게 생각해봐야 한다. 해외여행 상해 사고 비율은 결코 낮은 수치가 아니다. '설마 나에게 그런 일이 생기겠어!'라고 치부할 문제가 아니라, 절대로 그런 일이 발생하지 않도록 만들어야 한다. 단 1퍼센트의 부정적인 가능성도 배제해야 한다.

관점을 돌이켜 여행계획의 중요성에 대해 다시 한번 생각해보자. '계획을 세워 진행한 여행'과 '계획 없이 떠나는 여행'. 이 두 가지는 단순히 여행의 묘미라는 측면에서만 바라볼 수 없다. 여행은 분명 우리 삶에 큰 영향을 미친다. 삶에 활력을 제공하여 인생을 풍요롭게 만든다. 그렇지만 여행 자체가 우리 삶 전체가 될 수는 없는 노릇이다. 일정 기간 여행을 마치고 일상의 삶으로 건강하게 복귀할 수 있느냐가 더욱 중요한 문제일 수 있다. 예컨대 아무런 준비 없이 떠났다가 자연재해나 질병의 위험에 노출되면 어떻게 될까? 안 좋은 일에 휘말려서 상해라도 입는다면 어떻게 될까? 영화에 등장할 만한, 평생 두 번 다시 경험하지 못할 끔찍한 일을 겪는다면 어떨까? 이런 일은 살면서 경험하지 않아도 될 일이다. 여행을 마치고 복귀해야 하는 내 삶의 터전이 있고, 나를 기다리는 사랑하는 사람들이 있기 때문이다. 일어날 일은 반드시 일어나고야 만다고 여길 수도 있지만, 이는 어리석은 생각이다. 조금 더 신경 쓰고 사전에 면밀하게 준비하면 위험에 노출될 확률이 현격히 줄어든다.

여행 관련 통계에 대해 한 가지 더 이야기하고 마무리하겠다. 만약 3주 일정으로 유럽 자유여행을 간다면 준비 기간이 얼마나 필요할까? 여행 블로그나 책을 뒤져서 꼭 가봐야 할 곳을 정하고, 합리적인 가격의 호텔을 찾아야 한다. 도시 정보, 날씨, 추천 코스, 다녀온 사람의 최신 리뷰 등을 확인하면서 꼼꼼히 준비해야 한다. 그렇게 해야 경비를 아끼고 남과 다른 자신만의 여행 루트도 만들 수 있다.

유럽으로 떠나기 전 이와 같은 일련의 준비를 마치는 데 시간이 어느 정도나 필요할까? 자료에 의하면, 한국인은 유럽으로 떠나는 3주짜리 자유여행을 위해 평균적으로 '한 달' 동안 계획을 세운다고 한다. 실제 체류 기간보다 사전에 준비하는 시간이 7일이나 많은 셈이다. 여기서 한 가지 짚어볼 것이 있다. 3주간의 유럽 여행을 위해 한 달을 꼼꼼히 준비하는 우리가, 100세 시대를 살면서 내 인생에 어떤 계획을 갖고 있고 또 얼마나 오랫동안 준비했는지 되물어봐야 한다. 해외여행과 견줄 수 없는 삶의 여정에 아무런 계획도 없다면 그야말로 만불성설이다. 혹시 계획도 없이 터무니없이 살아가고 있는 건 아닌지 자문해봐야 한다. 소망을 품고 멋진 인생을 상상하지만 정작 계획하기를 주저하는 사람이 되면 안 된다. '준비에 실패하면, 실패를 준비하는 것이다'라는 말이 있다. 미국 16대 대통령 에이브러햄 링컨의 말이다. 삶에서 실패하지 않으려면 마땅히 준비해야 한다.

아직 생애계획이 없다면 지금이라도 계획을 세워야 한다. 계획 없이 산다면 삶 자체가 끔찍한 경험으로 전락하고 말 것이다. 우리 삶은 모든 일정이 제공되는 패키지여행이 결코 아니다. 우리는 '당사자'로서 스스로를 챙겨야 하는 '자유여행'을 하는 인생의 여행자다.

2장

꿈을 가지기 위해
필요한 것들

인간이 실패하는 데는 딱 한 가지 요인이 존재한다. '스스로에 대한 믿음 부족.' 마음속에 자신에 대한 믿음을 담고 있지 않은 사람은 결코 꿈을 이룰 수 없다.

1

내 삶의 주인을 찾아서

'우물쭈물하다가 내 이럴 줄 알았지!' 낯설지 않은 이 문장은 셰익스피어 이후 최고의 극작가로 칭송받는 아일랜드 출신 버나드 쇼^{George} Bernard Shaw의 자작 묘비명이다.

원문은 'I Knew if I stayed around long enough, something like this would happen!'으로, 해학적 표현이 가미되어 위 해석처럼 통용되고 있다. 표현에 다소 과장이 섞여 있음을 인정하더라도, 이 문장에는 인간의 숙명적 죽음과 또 그 반대편에 놓인 삶의 문제에 대한 한 극작가의 통찰이 반영되어 있다.

인간은 누구나 한 번 태어나고 언젠가 또 죽음을 맞이한다. 하지만 죽음이라는 사건은 단지 인간의 유한성만을 나타내지 않는다. 우리는 죽음을 직시함으로써 더욱더 삶에 진지하게 다가갈 수 있다. 죽음 반대편에 놓인 삶의 성취에 대한 요청은 우리에게 부여된 또 다른 미션이다. 더구나 이 사실을 숙고하다 보면 '어떻게 살아갈 것인가'의 문제를 필연적으로 만나게 된다. 어떻게 죽음을 맞이할 것인가의 문제가 아니라 어떻게 살아갈 것인가의 문제가 우리 삶의 의미를 정의하는 틀이라 할 수 있다. 버나드 쇼는 바로 이 부분을 짚고 있다. 선형적으로 연결된 '태어남'-'죽음'의 사건과 그사이에 존재하는 '삶과 그 성취'의 문제를 하나로 통합해 바라봄으로써 죽음이라는 단어를 통해 삶의 의미를 역설적으로 풀어내고 있다.

태어나고 죽는 문제는 인간 스스로 선택할 수 없다. 인간 삶이라는 라이프 시스템을 규정하기 위해 신이 세팅해놓은 설정값이다. 그러나 그사이에 놓인 삶의 성취 문제, 즉 '어떻게 살아갈 것인가'는 우리가 선택할 수 있도록 남겨놓았다. 오직 나 스스로 선택할 수 있도록 비밀로 남겨둔 개인 삶의 권리 영역인 것이다.

삶의 권리는 위임장으로 대신할 수 없다. 또 권리에 대응하는 의무도 동반된다. 각자에게 부여된 권리를 지키고 주어진 의무를 수행할 때에야 비로소 우리 삶의 독립된 존엄성을 인정받을 수 있다. 그렇다면 삶에 대한 우리의 권리를 어떻게 행사해야 할까? 권리에 뒤따르는 의무는 어떻게 이행해야 할까? 그 해답은 '시간과 목표'에서 찾을 수 있다. 먼저, 내 삶이 흘러가는 시간에 예속당하지 않도록 자유의지를 발동해 삶의 목표를 명확히 정해야 한다. 또 그 목표가 놓인 방향으로 나아가는 동안 신이 허락해준 시간을 충실히 활용해야 한다. 즉 삶에 대한 권리 영역은 '어떻게 살아갈 것인가'의 문제를 '시간'과 '목표'라는 두 가지 관점에서 올바로 접근할 때 확장될 수 있다.

우선 '시간'의 관점에서 좀 더 세부적으로 들여다보자. '어떻게 살아갈 것인가'에 대한 답은 과거에서 찾을 수 없다. 미래를 향한 독립된 생애계획과 연결돼 있어야 마땅하다. '내가 어떻게 살아왔느냐'가 아니라 앞으로 '어떻게 살아갈 것인가'를 논하고 있기 때문이다. 생각을 좀 더 진전시켜보겠다. 우선 과거의 비관적 흔적을 과감하게 지워버려야 한다. 어제의 아픔을 내일로 가져가지 않는 것이다. 실수나 부정적 경험에 대한 기억도 삭제할 시간이 되었다. 과거의 기억에 얽매이면 우리의 성장에 방해가 될 뿐 아무런 도움이 되지 않는다. 과거 자신의 한계를 깨끗하게 인정하고 새로운 출발선에 다시 서면 된다. 삶을 행복하게 만드는 비밀공식이 있다면, 그중 한 가지는 과거 불행의 흔적을 오늘의 기쁨으로 메꾸는 것이다. 그래서 현명한 사람은 오늘이라는 단어를 미래에 집중할 '선물present'로 인식한다. 과거라는 시간을 청산하고 현재 그리고 미래에 초점을 맞춰 차고 나가야 한다.

'시간' 관점에 덧붙여서 '목표'의 관점은 더욱더 중요하다. 어디를 보고 나아가야 하는지, 어느 방향으로 첫발을 내딛어야 하는지, 어디까지 갈 것인지에 대해 생각해봐야 한다. 그저 남들 가는 방향으로 터벅터벅 따라가는 것이 아니라, 나만의 분명한 '목표'를 세우고 그 방향으로 자신을 끌고 나갈 때 비로소 내 삶이 나에게 다가온다. 만일 이 문제를 방치한다면 우리 삶은 온갖 치졸한 경험의 하인으로 전락하고 말 것이다. 마구잡이로 일어나는 일상의 크고 작은 일을 감당하느라 헉헉대다가 아무런 의미도 없이 생을 마감해야 할지 모른다. 그러지 않으려면 반드시 나만의 실체적 목표를 정해야 한다. 목표가 정해지면 불필요한 경험으로 인한 소모를 최소화할 수 있다.

이제, 시간과 목표 관점의 논의를 종합해서 진전시켜보자. '내 삶의 의미를 앞으로 다가올 미래 시간과 연결하기'와 '자유의지를 발동하여 뚜렷한 삶의 실체적 목표 세우기'는 본질적으로 '자기 주도적 삶'의 문제와 마주 본다. 자기 주도적 삶이란, '미래의 내 삶이 나로부터 소외되지 않게 하는 것'이다. 그렇다면 한 번뿐인 인생을 '자기 주도적 삶'으로 만들려면 어떻게 해야 할까? 그 출발은 자신이 정한 목표와 주어진 시간에 대응하는 올바른 '생애계획'을 세우는 것이다. 내가 앞으로 무엇을 할지 목표를 정하고 그 일의 실행을 위한 준비와 절차를 시간 흐름에 맞춰 정리하면 된다. 생애계획이 없으면 삶은 언제나 쉽사리 지배당한다. 매일 시간에 쫓기게 되고 타인에게 간섭을 받게 된다. 그것은 삶이 아니라 재앙의 늪으로 떨어지는 지름길이다.

생애계획이 결여되면 자기 삶과 결코 온전히 마주할 수 없다. 어떤 것이든 계획 없는 일은 계획을 갖고 추진하는 일에 비해 상대적으로 목표 달성 가능성이 현저히 떨어진다. 예컨대 건물은 설계도 없이 완성할 수 없다. 설사, 설계도 없이 완성했다 해도 부실해질 공산이 크다. 작은 충격에도 부서지고 조금만 방심하면 끝내 무너지고 말 것이다. 인생의 꿈을 성취하기 위한 구체적인 계획이 마련돼 있는지 지금

자문해보아야 한다. 정교하지 않고 그저 두리뭉실한 수준에 머물러 있다면 그것은 결코 계획이라고 말할 수 없다. 계획에는 목표, 달성 시한 그리고 절차가 반드시 포함되어야 한다. 올바른 형태의 생애계획이 준비되어야 비로소 성취를 맛볼 수 있다.

생애계획은 자신이 원하는 인생의 목표에 스스로 도달할 수 있도록 만들어줄 뿐만 아니라 자기 주도적 삶을 이루어주는 원천이다. 장기적인 계획이 있어야 갈팡질팡하지 않고 목표를 향해 달려갈 수 있으며, 인생에서 무엇이 중요하고 무엇이 덜 중요한지를 구분할 수 있다. 생애계획이 결여된 상태에서 쏟아붓는 시간, 노력, 열정, 끈기는 삶에 결코 효율적으로 작용할 수 없다. 예상치 못한 크고 작은 변수에 효과적으로 대처하려면 반드시 생애계획을 세워야 한다.

자기계발 분야의 선각자 폴 마이어Paul Meier는 계획의 중요성을 역설한다. "계획을 수립하는 것은 모든 일의 성공과 실패의 분기점이다. 왜냐하면, 계획이 진행될 때 생각을 정리하게 되고 확실하게 정리된 생각이 태도와 행동을 채찍질하기 때문이다. 명확한 계획이 명확한 결과를 낳는다. 특히, 불명확한 계획은 불명확한 결과를 낳는 것이 아니라 아무런 결과도 낳지 못한다는 점에 귀 기울여야 한다." 우리 모두 각자 생애계획을 마련하고 그것을 지표 삼아 인생 전반의 좌표를 관리할 줄 알아야 한다. 우물쭈물 살다가 문득 찾아온 죽음의 시간과 그저 그렇게 마주할 수는 없다.

2

92세 노인의 100세 꿈

생애계획이 마련되지 않으면 자기 주도적 삶을 살 수 없다. 내 계획이 없으면 남이 세운 계획에 끌려가야 한다. 종속적 삶으로 일관할 수밖에 없다. 이런 방식으로는 삶의 품격은 애당초 기대할 수도 없다. 예속되지 않고 삶의 품격을 지키려면 반드시 자신의 계획을 갖고 있어야 한다. 자신만의 온전한 생애계획 말이다.

그렇다면 생애계획의 출발점은 무엇일까? 무엇을 기준으로 내가 앞으로 해야 할 일을 정할 수 있을까? 해야 할 일의 내용, 절차, 방법은 어떤 기준으로 정해야 할까? 해답은 '꿈'이다. 꿈은 생애계획의 첫 단추다. 살아가면서 내가 해야 할 모든 일의 기준은 바로 꿈이다. 꿈이 정해져야 비로소 성취할 일의 내용을 정할 수 있고, 그 일에 다가가는 절차와 방법을 가늠할 수 있다.

철학자 최진석 교수는 이렇게 말한다. "여러분이 지금 고유한 자신으로 고품격의 삶을 살고 있는지 아닌지 그 여부를 알고 싶다면 바로 자신에게 물어보라. 나는 무슨 꿈을 꾸고 있는가? 꿈이 있는 사람은 선도적인 삶을 산다. 꿈이 없는 사람은 종속적 삶을 산다. 자신에게 또 물어보라. 나에게는 어떤 꿈이 있는가?"

몇 년 전 스페인에서 열린 국제학술대회 출장을 마치고 집으로 돌아왔을 때였다. 시차 때문에 잠을 이루지 못하고 TV 채널을 돌리다가 한 방송을 접했다. 〈EBS 장수의 비밀〉이라는 프로그램이 재방송되고 있었다. 농촌에서 유년 시절을 보낸 추억 덕분에, 방송에 등장한 노부부의 농촌 생활상에 나도 모르게 시선이 쏠렸다.

그날 방송은 경북 예천군에 사는 권○○ 할아버지 내외가 70년째 해로하면서 건강하게 살아가는 모습을 다루고 있었다. 열여섯 어린 나이에 시집온 할머니는 훤칠하고 잘생긴 할아버지가 바람을 피울까 봐 걱정이 많았다고 한다. 하지만 우려와 달리 할아버지는 평생 할머니만 바라보면서 성실하게 살았고, 나이 들면서 그 사랑도 더 깊어졌다고 한다. 프로그램의 전체 구성은 노부부의 건강한 생활상에 초점이 맞춰져 있었다. 당시 할아버지는 92세 고령이시고 할머니도 86세였다. 여전히 이른 아침부터 함께 밭에 나가 농사일을 하는 모습이 그려지는데, 할아버지는 경운기를 손수 운전할 정도로 활력이 넘쳤고 할머니도 건강해 보였다. 할머니는 순박한 미소를 머금고 언제나 할아버지 곁에 함께 계셨다.

프로그램 PD는 밀착해서 할아버지 할머니의 생활상을 자연스럽게 담아내고 있었다. 두 분이 말없이 있을 때는 PD가 나서서 질문을 던지기도 했다. 그러다가 PD와 할아버지의 짧은 대화를 듣고 감명을 받지 않을 수 없었다. 그동안 어디서도 들어보지 못했던 이야기였다.

방송 PD 할아버지, 연세가 많으신데 왜 아직도 직접 농사일을 하세요? 혹시 자식들 때문에 그러세요?

할아버지 아니야, 내 자식들은 모두 밥 먹고살 만큼 됐어!

방송 PD 그런데 왜 그 연세에 아직도 농사일을 하세요?

할아버지 그런 말 말게, 나에겐 꿈이 있다네!

방송 PD 꿈요? 꿈 말이에요? 할아버지 꿈이 뭔데요?

할아버지 100살까지 지금처럼 농사를 지을 거라네. 그리고 100살이 되면 모든 가산을 처분해서 노인복지회관을 세우고 싶네. 내 돈이 모자라면 나라님께 좀 보태달라고 해서 세울 걸세!

심장이 쿵 내려앉았다. 92세 노인이 100세의 꿈을 갖고 계셨다. 노인들을 위한 복지회관 건립의 꿈 말이다. 나중에 알게 된 사실이지만, 할아버지 내외는 젊어서부터 봉사활동을 꾸준히 해오셨다. 대통령 표창도 받았다. 할아버지는 100살이 될 때까지 농사를 지을 생각이시다. 또 매년 쌀 100포씩을 이웃에게 나눠줄 계획도 갖고 있었다.

얼마나 우아한 삶인가! 92세 노인이 꿈을 갖고 살아간다. 100세의 꿈을 위해 날마다 농사짓는 수고를 마다하지 않는다. 톨스토이는 이렇게 말했다. "성장하는 삶을 살아라!" 되새길수록 깊이 있는 말이다. 스스로 주체성을 확립하고, 나아가 사회 구성원으로서의 존재가치를 확장하는 일이야말로 삶을 성장시키는 핵심이다. 권씨 할아버지는 이 말처럼 살고 계셨다. 꿈을 통해 어제보다 오늘 그리고 오늘보다 내일의 삶이 성장하도록 만들고 있었다.

하루하루 현실이 너무 가혹해서 미래의 꿈 같은 건 생각할 여유가 없다고 말하는 사람이 있다. 나이 먹을 만큼 먹었는데 이제 와서 꿈이 다 무슨 소용이냐고 되묻는 사람도 있을 것이다. 그렇지만 나이 들어도 꿈을 가지면 건강한 몸과 마음으로 더 오래 살 수 있다. 이루고자 하는 목표가 있는 사람은 나태하지 않고 규칙적으로 생활하기 때문이다. 우리도 권씨 할아버지처럼 꿈을 통해 언제나 청춘으로 살아갈 수 있다. 방송 내내 입가에 잔잔한 미소가 떠나지 않는 할아버지 내외의 모습을 보며 '꿈'이 어떻게 우리 삶을 건강하게 지속적으로 성장시킬 수 있는지 다시 한번 생각하게 되었다.

가장 오래 산 사람이란, 오랜 시간 나이 먹은 사람이 아니다. 성장의 지속 시간이 가장 긴 사람이다. 성장이 지속하느냐 멈추느냐의 문제가 삶의 의의를 가늠하는 척도이다. 꿈이 있는 한 우리는 늙지 않을 것이다. 꿈이 있는 한 우리 삶도 계속 성장할 수 있다. 마지막 눈감는 순간까지 남에게 예속되지 않고 스스로 삶의 품격을 지키려면 반드시 꿈을 갖고 살아야 한다.

3

꿈의 방향을 가늠하는 법

습관은 삶에 지대한 영향을 미친다. 나쁜 습관은 버리고 남의 좋은 습관은 배워서 내 것으로 만들어야 한다. 성취를 일궈내는 사람에게는 보통 사람에게서는 찾을 수 없는 특별한 습관이 있다. 바로 '어떤 일을 시작하기 전에 반드시 그 일의 목표가 최종 완성된 모습을 그려본다'는 것이다.

목표 설정의 중요성에 관한 폴 마이어 박사의 견해를 살펴보자. 그는 리더십 교육기관인 LMILeadership Management International Inc.설립자이며, 교육, 소프트웨어, 금융, 부동산, 항공 등 40여 개가 넘는 회사를 운영하고 있다. 21세기 자기계발 분야에서 입지전적 인물로 평가받고 있는 그의 성공 이야기를 담은 책,《사람들이 어떻게 살든 나는 행복해지기로 했다》에서는 '목표의식'이 왜 중요한지를 알려준다.

"현실에 안주하는 자는 결국 도태되기 쉽다. 인간은 편안한 시기의 모습보다 도전과 논란의 중심에 있을 때 더 정확하게 자신을 평가할 수 있다. 항상 무언가를 시작할 때는 뚜렷한 목표치를 설정하라. 목표가 없는 노력은 비효율적인 결과를 낳게 마련이다. 누가 나에게 당신 성취의 기원이 무엇이냐고 묻는다면, 나는 주저하지 않고 목표를 설정하는 것이라고 말할 것이다."

일을 효과적으로 처리하기 위해 최종 목표를 정하고 시작하는 것은 당연하다. 우리 삶의 여정도 마찬가지다. 자신의 인생을 원하는 방향으로 끌고 가려면 삶의 목표를 반드시 설정해야 한다. 삶의 목표도 없는 맹목적인 노력은 결국 무의미해진다. 일종의 자기 노동력 착취와 다르지 않기 때문이다.

삶의 목표에는 두 가지 유형이 존재한다. 인간이라면 누구나 공통으로 생각하는 목표가 있는가 하면, 저마다 추구하는 개별적인 목표도 있다. 전자는 우리 삶에 없어서는 안 될 '행복'이라는 목표다. 우리 삶의 모든 몸짓은 행복을 향해 달려간다. 수단이 아니라 그 자체가 목적성 목표인 것이다. 따라서 행복은 '삶의 본질적 목표'라고 할 수 있다. 반면 후자는 저마다 주체적으로 살아 있다고 느끼게 만드는 실존적 가치와 연결된 목표다. 타인의 삶과 자신의 삶을 구별하고 내 삶을 스스로 온전하게 지키도록 하는 이것은 '삶의 실체적 목표'이다. 나는 이를 '꿈'이라고 일컫는다.

삶의 본질적 목표인 행복과 실체적 목표인 꿈은 밀접한 관련이 있다. 후자와 전자 사이에는 인과관계가 있다. 꿈을 달성해야 삶이 행복해지는 관계 말이다. 꿈은 삶의 중심점이고 행복은 꿈이라는 중심점으로 그려낸 동그라미다. 중심이 흐트러지면 반듯한 삶의 원을 그려낼 수 없다. 왜 그럴까? 자료에 따르면, 꿈을 달성한 사람은 그렇지 못한 사람에 비해 자존감이 월등히 높다. 자신을 지키고 사랑할 때 발현되는 자존감은 궁극적으로 행복에 영향을 준다. 심리학 연구에서는 자존감과 행복 사이의 상관계수를 0.6 이상으로 파악한다. 이 말은 자존감과 행복 사이에 강한 '양(+)의 상관관계'가 있다는 뜻이다. 쉽게 말해 자존감이 행복에 강한 영향을 미친다는 뜻이다. 꿈을 달성하면 자존감이 높아지고 자존감이 높아지면 행복하다고 느끼는 것이다.

정신건강의학 분야에는 '사건→생각→감정'으로 구성된 인지행동 판단기준이라는 것이 있다. 심리치료 방안을 찾기 위해 내담자를 진단하는 과정에 사용하는 기준이다. 예를 들어, 어떤 한 여성이 매일 밤 불면증에 시달린다고 토로한다고 해보자. 이런 '행동'이 일어나는 원인을 추적한 결과, '사건: 주의력 결핍 장애를 앓고 있는 다섯 살 내 아이→생각: 내 아이가 과연 새로 입학한 유치원 생활을 잘 해낼 수 있을까?→감정: 불안함, 초조함'으로 파악되었다. 꿈과 행복의 관계도 같은 맥락이다. '사건: 꿈 성취→생각: 정말 잘했어! 그동안 수고했어! 너무 멋지다!→감정: 자존감, 행복감'으로 나타나는 것이다. 그래서 꿈이 바로 행복의 근원체인 것이다. 행복해지려면 꿈을 품고 있어야 한다.

이제 꿈을 찾는 방법에 대해 생각해보자. 꿈을 정하는 방법과 시기는 사람마다 다르다. 스스로 정하면 좋지만, 가족과 주변 인물의 영향을 받는 경우도 많다. 미국의 44대 대통령이었던 버락 오바마는 꿈을 꾸면서 증조부의 격려를 받았다. 어려서부터 "너는 장차 미국의 대통령이 될 것이다"라는 말을 자주 들었고, 이는 오바마가 꿈을 꾸도록 원동력을 제공해줬다. 이런 할아버지가 안 계신다고 실망할 필요는 없다. 우연한 기회에 삶의 멘토를 직접 만날지도 모르고, 책 속 주인공을 롤모델로 삼아 꿈을 키울 수도 있다.

정해진 꿈이 없다면, 유시민 작가의 말에 귀 기울여보는 건 어떨까? 그는 네 가지 측면에서 삶의 방향을 끌어낼 수 있다고 제시한다. 일, 놀이, 애착관계, 이타활동이 그것이다. 우리 삶은 이 네 가지 큰 틀에서 타인의 삶과 구별될 수 있다. ① 나는 어떤 일을 하면서 살아갈 것인지 정한다. 세상에서 나를 가장 흥분시키는 '일'을 찾으면 된다. ② 무엇을 하고 놀면 즐거운지 생각해본다. 자다가도 벌떡 일어나서 하고 싶은 '놀이'를 생각해보자. ③ 가족, 친구, 동료와의 '애착관계'를 바탕으로 더불어 추구할 만한 목표를 정할 수 있다. 함께 있으면 에너지가 샘솟고 밤새워 얘기하고 싶은 친구가 있다면 그와 함께 공동의 목표를 찾아보자. ④ 성숙한 사회 구성원으로서 남을 배려하는 '이타적 활동'도 고려해볼 수 있다. 자신의 일과 타인의 이로움을 연결해서 공동의 이익을 추구할 수 있는 대상을 찾을 수 있다.

첫 번째 측면인 일을 고려할 때는 주의가 필요하다. 내가 어떤 일을 하며 살 것인가의 문제를 '직장'이나 '직업'과 연계시키는 경우가 많다. '직장=직업=일'로 생각하는 것이다. 세 가지는 분리되기 쉽지 않기에 언뜻 당연하게 보인다. 하지만 이것만이 정답은 아니다. 이를테면 직업은 의사지만 틈틈이 글 쓰는 일을 하면서 살 수도 있다. 일례로 《자존감 수업》을 쓴 윤홍균 저자의 본래 직업은 정신과 의사이다. 그는 방황하던 사춘기 시절, 도서관에서 심리학과 과학이 절묘하게 결합한 책을 읽고 충격을 받았다고 한다. 그리고 지은이가 정신과 의사라는 사실을 알고 자신도 '글 쓰는 정신과 의사'가 되기로 했다. 의사라는 직업과 글쓰기라는 일, 두 가지를 합쳐 자신만의 창조적인 꿈을 정했고 결국 그 꿈을 이룬 것이다. 변호사 자격증을 딴 이후에 라디오 방송활동을 주업으로 삼는 사람도 있다. EBS 라디오 〈백성문의 오천만의 변호인〉의 진행자 백성문 변호사는 사람들이 생활 속에서 겪는 법률문제를 재미있게 설명하고 해결방법도 명쾌하게 제시한다. 직업은 변호사지만, 방송활동도 그 못지않게 하고 있는 것이다.

직장, 직업, 일을 동일 선상에 놓을 수도 있고, 반대로 세 가지를 분리해서 생각해도 괜찮다. 중요한 것은, 꿈의 방향을 정할 때는 직장이나 직업보다는 '일'이 우선시되어야 한다는 점이다. 일은 힘든 노동이나 생계를 위한 수단이 아니라 삶에 의미와 보람을 주는 대상이다. 나를 들뜨게 만들고 흥분시키는 일을 찾아내고 그 안에서 의미와 가치를 발견할 수 있어야 한다.

앞서 소개한 ① 일 ② 놀이 ③ 애착관계 ④ 이타활동이라는 네 가지 측면에서 자신의 관심사를 떠올리고, 그중에서 집중할 대상을 찾은 다음에 꿈의 방향을 정해보자. 이 네 가지를 짝짓기하는 방식을 적용해도 괜찮다. 이를테면 자신이 좋아하는 '놀이' 중에 '일'과 연결할수 있는 대상을 찾아보는 식이다. 아이와 함께하는 종이 놀이를 좋아한다면 종이접기 아티스트가 될 수 있다. 베트남 작가 호앙 띠엔 꾸엣Hoàng Tiến Quyết은 젖은 종이를 사용한 섬세한 작품활동으로 종이접기 분야에서 독보적인 위치를 확보하고 있다. 가까운 주변 사람과의 '애착관계' 속에서 내가 할 수 있는 멋진 '일'을 발견할 수도 있다. 요리학과를 나온 동생은 셰프를 맡고 경영학을 전공한 형은 레스토랑 대표가 될 수 있을 것이다. 타인과의 관계에서 '이타활동'을 통해 삶의 의미를 찾는 일도 생각해볼 수 있다. 노인이나 장애인처럼 사회적 약자를 도와주는 요양보호사나 사회복지사가 되어 삶의 보람을 느낄 수 있을 것이다. 타인의 어려움에 귀 기울일 때는 주변의 요구에 휘둘리지 않고 스스로의 생각을 바탕으로 선택해야 한다.

　방향이 결정되면, 그것들이 어떤 구성비로 조합되면 좋을지도 생각해보자. 이를테면 일 40퍼센트, 놀이 20퍼센트, 애착관계 30퍼센트, 이타적 활동 10퍼센트 하는 식으로 삶의 구성 원칙을 정해놓을 수 있다. 어떤 사람은 일을 통한 성취를 우선시할 수 있고 또 누구는 일보다 재미, 흥미, 즐거움을 주는 놀이에 삶의 주안점을 둘 수 있다. 후자가 마음에 든다면 일 20퍼센트, 놀이 40퍼센트로 두 가지 구성비를 달리 적용하면 된다. 살기 위해 일하는지, 즐기기 위해 일하는지, 아니면 일을 통해 삶의 성취를 맛보고 싶은지는 각자 선택의 몫이다. 삶에서 놀이보다 일이 더 중요하다고 전제할 필요는 없다.

마지막으로 놓치지 말아야 할 내용이 한 가지 남았다. 자신이 선택한 일이 즐거움을 제공한다면 금상첨화겠지만 때로 재미가 없더라도 싫지 않다면 그 일을 꿈으로 선택할 만하다. 하지만 욕심 때문에 꿈을 설정하는 것만은 피해야 한다. 욕심으로 잉태한 꿈은 자신에게 고통만 남기고 사라질 수 있다. 불교에서는 욕심을 무지, 미움과 함께 마음의 3대 독약이라고 부른다. 욕심으로 잉태한 그릇된 꿈은 '집착의 불꽃'만 만들어낸다. 집착의 불꽃이 강해지면 삶이 오히려 자신을 속박하는 일만 남는다. 그렇기에 꿈은 욕심이 아닌, 필요에 의해 설정해야 한다. 필요는 곧 살아가야 할 이유이다. 자기 삶에 꼭 필요하다면 꿈에 도달하는 과정이 힘들어도 이겨낼 용기가 생긴다. 욕심을 채우는 화려한 꿈보다 필요를 충족시키는 작은 꿈이 우리 삶을 행복하게 만들 수 있다.

4

나를 믿는다는 것

지금까지 일, 놀이, 애착관계, 이타활동을 통해 꿈의 방향을 가늠해보았다. 이제 실질적으로 자신의 꿈을 명확하게 설정하는 과정을 살펴보자. 꿈을 구체적인 삶의 목표로 설정할 때에는 스스로 묻고 대답하는 방식만큼 좋은 것도 없다. 다음 항목에 답을 구하면 자신의 꿈을 찾는 데 도움이 된다. ① 내가 인생을 살아가는 목적과 최종 성취할 목표는 무엇인가 ② 남과 다른 나의 장점과 잠재력은 무엇인가 ③ 몇 십 년 뒤 미래의 내 모습은 어떨까.

우리 뇌는 스스로 알고 있다고 생각하는 것보다 자신에 대해 더 많은 정보를 가지고 있다. 그런데 대부분은 그 정보를 어떻게 끄집어낼지를 잘 모른다. 그럴 때는 스스로 묻고 답하기부터 시작하라. 그 과정에서 자신을 발견하는 일이 쉬워진다. 평상시 의식하지 못했던 마음속 내면의 소리를 들을 수 있고, 자신의 꿈이 놓인 방향과 그 단서를 가늠할 수 있다.

질문에는 강력한 힘이 내재해 있다. 의식 영역에 저장된 정보만이 아니라 잠재의식과 무의식 영역에 저장된 자아 정보를 발견할 수 있도록 도와준다. 철학자 소크라테스는 아테네 사람들에게 지식을 직접 가르치지 않았던 것으로 유명하다. 묻고 대답하는 형식의 '문답법'을 통해 상대가 스스로 무지와 편견을 자각하도록 만들었다. 앞서 ①, ②, ③ 세 가지 질문에 순결한 마음으로 대답해야 한다. 가족, 친구 등 주변 시선은 의식하지 말자. 그럴싸한 사회적 통념과 연결해서 대답해서도 안 된다. 그것을 의식하는 순간, 자신의 꿈을 찾는 행위가 허망해진다. '가장 개인적인 것이 가장 창의적이다'라는 말이 있다. 이 말을 상기하면서 세 가지 질문에 구체적으로 접근해보겠다.

첫째, 내가 인생을 살아가는 목적과 최종 성취할 목표는 무엇인가? 이 질문은 내가 살아가는 이유가 무엇인지를 잊지 않도록 삶의 목적의식을 규명하는 일이다. 앞서 소개했던 일, 놀이, 애착관계, 이타활동을 상기하면서 삶의 방향과 궁극적인 목적을 정할 수 있다. 그런 다음엔 최종적으로 달성하고자 하는 구체적인 수준의 목표도 설정해야 한다. 각자 생각하는 목표의 기준이 다를 수 있으므로 에둘러 설명해보겠다. 여름 휴가철에 해수욕장에서 아이들과 함께 갯벌 체험을 하고 싶다면 이 여행의 목적은 아이들과 함께 갯벌 체험을 하는 것이다. 이를 달성하는 구체적 수준의 목표로 '대천 해수욕장'을 생각할 수 있다. 서해안과 남해안에 갯벌을 체험할 수 있는 장소는 여러 곳 있다. 그중에서 자신이 원하는 구체적인 장소를 정하면 그것이 목표가 되는 이치다. 인생의 목적이란 '최선을 다해야 한다는 기능적 목적'이 아니라 '의미 있게 살아야 하는 근원적 이유'를 뜻한다. 나는 어떤 인생을 살고자 하는가? 내 삶에서 평생을 걸고 반드시 이루고자 하는 바가 있는가? 내 삶의 원칙은 무엇인가? 내 삶에서 가장 주의를 기울여야 할 중요한 문제는 무엇인가? 나는 어떤 사람이 되기를 원하는가? 이런 질문은 삶의 목적의식을 끌어내는 데 도움이 된다. 목적이 밝혀지면 목적을 성취할 수 있는 효율적 수단을 선택할 수 있다. 수단의 구체적인 모습이 바로 목표이다. 자발적 욕구에만 집중해라. 자신의 감정을 있는 그대로 받아들이면서 삶의 목적과 목표를 끌어내는 것이 중요하기 때문이다.

둘째, 나의 장점은 무엇이고 남다른 잠재력은 무엇인가? 이 질문은 타고난 잠재력, 감정, 사고방식, 행동양식 측면에서 나만의 특성을 생각해보게 해준다. 우리는 저마다의 빛깔과 결을 가지고 태어나고 이런 특질은 개인의 잠재력으로 이어진다. 때로는 통념상 부정적으로 비치는 특질도 장점으로 부각시킬 수 있다. 수다스러운 특질이 있다면 아이들을 위한 동화 구연가가 될 수 있고, 의심이 많다면 증거 없이 믿지 않는 신중함을 살려 과학 현상을 연구할 수 있고 또 법조계로 진출할 수도 있다. 장점과 잠재력을 생각할 때에는 익숙한 생각의 틀에서 벗어날 필요가 있다는 뜻이다. 튼튼한 기둥을 박고 벽돌로

지은 집이 반드시 좋은 집은 아니다. 유목민에게는 이동 시에 빨리 해체할 수 있는 집이 좋은 집이다. 현재 뚜렷한 성과가 없고 미완성 상태로 존재하는 특질도 무시하지 말자. 조건이 갖춰지면 그것도 미래에 꽃을 피울 수 있다. 내 안에 잠들어 있는 가능성에 집중해야 한다. 그것을 깨워 살아 숨 쉬게 만들어야 한다. 내가 즐기면서 몰입하는 일은 무엇인가? 기쁨을 만끽할 때는 언제인가? 내가 살면서 가장 잘했다고 스스로 칭찬했던 일은 무엇인가? 성취감을 맛보거나 뿌듯함을 느꼈던 일은 무엇인가? 타고난 재능이 없더라도 열정과 끈기로 다시 도전해보고 싶은 대상은 없는가? 이러한 질문은 내면의 가능성을 일깨워 삶의 실체적 목표인 꿈을 찾아 한 걸음 더 나아가도록 도와줄 것이다.

셋째, 내가 원하는 미래의 삶의 모습은 정해져 있는가? 대학 졸업 후 나는 어떤 일을 하고 있을까? 결혼 이후 내 모습은 행복할까? 20년 뒤, 동창회에 나갈 때 나는 어떤 명함을 갖고 갈까? 사회활동을 끝내고 은퇴 시점에 거울에 비친 얼굴 주름에서는 어떤 표정이 묻어나올까? 만약, 유언 우체국이 있다면 죽기 전에 주변에 어떤 유언 편지를 보낼 것인가? 이처럼 자신의 먼 훗날에 몰입해보라. 그것만으로도 자신의 꿈을 되찾을 힘을 끌어낼 수 있다. 다만, 이런 과정에서 주의할 점이 한 가지 있다. 인간은 매사를 검토하는 출발 기준으로 현재 시점의 자기 모습을 지나치게 고려하는 경향이 있다. 하지만 현재 상황에 우리 생각을 예속시킬 필요는 없다. 미래만 생각하자. 자신의 가능성이 도태되지 않도록 오직 미래에 집중해야 한다. 이 순간 자신의 무능함에 굴복하지 말고 미래를 바라보면서 꿈에 다가가야 한다. 모든 나비는 애벌레로부터 시작한다. 누구에게나 나약했던 시절은 존재한다. 현재의 나약한 모습은 과거라는 단어와 함께 묻어야 할 대상이다. 인간의 참모습은 새로운 선택과 도전을 통해 더욱 극명하게 나타날 수 있다. 지금 우리에게 필요한 것은 현재의 초라한 모습에 매몰되는 것이 아니라 미래에 대한 막연한 두려움을 씻어내는 일이다.

우리는 자라면서 사회적 세뇌를 통해 억압받는다. 잘못 적용된 사회적 통념이 우리를 억누르고 강제하는 경우가 많다. 사회과학 자료에 따르면 사람은 태어나서 성인이 되는 20년 동안 14만 번 이상 부정적, 소극적, 파괴적인 메시지를 듣는다. 그 결과 그런 메시지에 지배되고 만다. 때로는 그 때문에 자기 안에 존재하는 잠재력을 스스로 평가절하하기도 한다. 《왼손의 힘》의 저자 루시아 카파치오네Lucia Capacchione의 본업은 미술치료사인데, 루시아는 미술 교육을 하면서 미술에 관한 사회적 세뇌의 한 단면을 발견했다. "그림을 못 그린다고 생각하는 사람은 한번 손을 들어보시겠어요?"라고 물으면 70퍼센트 이상의 사람이 손을 든다고 한다. 이유를 설명해보라고 하면, 다음과 같은 대답이 이어진다. "초등학교 2학년 때, 담임선생님이 저는 미술에 소질이 없댔어요."

여기서 생각해봐야 할 것이 있다. 이 말은 진실이 아니다. 미술에 소질이 없다는 말은 당연히 모호한 표현이다. 미국의 초등 미술 교육은 체험활동, 표현활동, 감상활동 세 가지로 이루어진다. 세 영역에 모두 소질이 없다는 말인지, 아니면 그중 특정한 한 분야에 소질이 없다는 말인지 분명하지 않다. 고작 2학년인데 위 세 가지 활동을 모두 경험했을 리도 만무하다. 선생님 말 뒤에 깔린 구체적인 근거가 제시되지 않는 한, 그 말에 동조할 이유가 없다. 근거가 부족한 사회적 세뇌로부터 자신의 가능성을 회복시키지 못한다면 우리의 선택지도 확연히 줄어들 수밖에 없다. 긍정적, 적극적, 생산적인 메시지를 반복해서 말하고 암시적 선언을 함으로써 자신이 사회적 세뇌의 대상이 되지 않도록 만들어야 한다.

미국 심리학자 윌리엄 제임스^{William James}는 인간이 실패하는 데는 딱 한 가지 요인이 존재한다고 말했다. 바로 '스스로에 대한 믿음 부족'이다. 마음속에 자신에 대한 믿음을 담고 있지 않은 사람은 결코 꿈을 이룰 수 없다. 사회적 세뇌에 굴복하거나 현재 만족스럽지 않은 자신의 모습에 얽매여 꿈의 방향을 설정하는 것은 올바른 판단이 아니다. 꿈의 주인은 나 자신이다. 자신이 선택하고 도전할 때에야 꿈은 빛을 발한다. 행여 현재 자신의 초라한 모습 때문에 아직도 꿈을 되찾을 용기가 없다면 하야마 아마리^{葉山アマリ}의《스물아홉 생일, 1년 후 죽기로 결심했다》를 읽어보기 바란다. 도움이 될 것이다. 자신감이 없어 고민하는 제자들에게 추천해줬더니 다들 힘을 얻었다고 말했다. 책에 나온 한 문장을 소개해보겠다. "가진 게 없다고 할 수 있는 것까지 없는 건 아니다." 마음이 따뜻해지는 말이다. 자신이 현재 어떤 조

건에 놓여 있든 거기에 얽매이지 말기 바란다. 남은 삶을 위해 새로운 꿈을 반드시 찾아내야 한다.

꿈을 찾기 위해 질문하고 답하는 시간을 꼭 만들어야 한다. 앞서 소개한 세 가지 항목에 기초해서 자신의 시선을 바로잡아야 한다. 급하게 답을 찾으려 애쓸 필요는 없다. 오늘부터 잠자리에서 묻고 대답해보라. 가슴속 깊은 곳에서 울림이 있지 않으면 내일 그리고 또 그다음 날 계속해서 되물어보라. 일주일 이상 걸릴 수도 있고 한 달 정도 소요될 수도 있다. 여러 달이 지나도 좀처럼 꿈에 관한 생각에 진전이 없다면 자신의 내면세계와 상호작용 기회를 좀 더 적극적으로 만들어야 한다.

여행, 트래킹, 백패킹이 대안이 될 수 있다. 여행을 갈 땐, 친구와 함께하지 말고 혼자 떠나기 바란다. 하루 이틀 짧은 여행이어도 좋고, 한 달 이상 낯선 곳에 머무는 여행이어도 상관없다. 관광지보다는 한적한 곳이 좋다. 기차나 버스를 타고 오래 이동하는 시간을 갖는 것도 괜찮다. 차창에 비친 자신의 모습을 보면서 내면과 대화할 수 있을 것이다. 여행지의 낯선 밤하늘에 떠 있는 별을 보는 것도 도움이 된다. 숙연해지기 때문이다. 여행이 여의치 않다면 가까운 곳에서 트래킹을 해도 좋다. 서너 시간 걸으면서 생각의 진전을 꾀할 수 있다. 사색의 시간이 많아지면 그만큼 자신의 내면과 만날 수 있는 확률도 높아진다. 좀 더 적극적으로 백패킹을 고려해볼 수도 있다. 만만하진 않지만, 야영에 필요한 장비를 갖추고 산마루에 올라 하룻밤을 보내는 것이다. 적막한 숲속에서라면 자신의 잠재의식, 무의식 세계와 마주할 시간이 충분할 것이다.

전 세계 73개 언어로 번역된 소설 《연금술사》를 좋아한다. 밀리언셀러여서가 아니라 소설 속에 투영된 저자의 삶이 매력적으로 다가오기 때문이다. 평범한 회사원이었던 저자 파울로 코엘료Paulo Coelho는 스페인 산티아고 '순례자의 길'을 걸으면서 꿈을 발견했다. 재미있는 소설 한 권을 꼭 쓰고 싶다는 꿈을 찾아낸 것이다. 그의 꿈이 담긴 소설 《연금술사》에는 양치기 소년이 주인공으로 등장하는데 그 소년이 꿈을 찾아 떠나는 여행은 작가 코엘료 자신의 삶의 여정이기도 하다. 코엘료처럼 우리에게도 꿈을 되찾을 기회가 꼭 찾아올 것이다.

주사위는 던져졌고 우리에게는 한 번밖에 살지 못하는 인생이 주어졌다. 삶의 길은 본디 우연히 만들어지지 않는다. 그 길은 꿈이라는 목표를 향해 달려갈 때 완성된다. 꿈이 없는 삶은 노 없이 바다 위에 떠 있는 배와 다르지 않다. 정처 없이 떠돌다가 파도에 휩싸여 부서지기 십상이다. 꿈을 갖지 않으면 꿈을 이룰 수 없는 게 당연하다. 선생님을 한 번도 꿈꿔본 적 없는 사람이 초등학교 선생님이 될 수는 없다. 영화감독을 꿈꾸지 않았던 사람이 어느 날 아카데미 감독상을 받을 수는 없는 노릇이다. 여기서 끝이 아니다. 꿈이 없으면 삶이 비참해질 수 있다. 다른 사람의 인생을 위해 죽도록 일만 하게 될지 모른다. 그렇기에 다시 용기를 내야 한다. 주저하지 말고, 지금이라도 나를 위한 삶의 실체적 목표를 설정해야 한다.

영화 〈그것만이 내 세상〉을 재미있게 봤다. 주연배우 이병헌은 전설의 복싱선수 무하마드 알리가 남긴 명언을 읊는다. "불가능, 그것은 사실이 아니라 하나의 의견일 뿐이다." 나는 이 말이 참 좋다. 세상에서 이보다 좋은 말도 찾기 어렵다. 미래를 향한 우리의 시선을 바꿔야 한다. 꿈의 문은 누구에게나 열려 있으니 그 안으로 들어가 첫걸음을 옮겨야 한다. 내 삶의 가능성을 스스로 짓밟는 어리석은 판단을 할 필요가 없다. "가능성, 그것은 사실이고 그것만이 나를 지키는 올바른 생각"이라고 말할 수 있어야 한다.

5

능력보다 선택

"인간은 결코 능력으로 평가받지 않는단다. 항상 무엇을 선택하느냐로 평가받지." 판타지 영화, 〈해리포터〉 시리즈에 나오는 한 구절이다. 능력 부족을 자책하던 해리포터에게 호그와트 마법학교 덤블도어 교장선생님이 힘내라고 해준 말이다.

시대는 점점 무질서해지고 있고 그 영역 자체도 광범위해지고 있다. 사회와 경제를 막론하고 모든 분야에서 이 현상은 확산되고 있다. 한 국가 안에서 개인과 개인, 집단과 집단이 충돌하고 급기야 사이버 공간에서도 유사한 일이 벌어진다. 무엇이 옳고 무엇이 잘못됐는지 분간하기 힘든 시대가 되고 말았다. 무질서하고 충돌 많은 사회일수록 자신의 존재를 지키는 유일한 길은 '올바른 선택'에 집중하는 것이다.

선택권이 인간의 타고난 본성임을 증명하는 흥미로운 실험이 있다. 심리학자들은 생후 4개월 된 신생아들의 손에 줄을 하나 쥐어 줬다. 아기들이 줄을 잡아당기면 음악이 나오게 하고, 다시 한번 당기면 멈추게 돼 있었다. 이 장치를 한동안 가지고 놀게 하다가 연구팀은 음악 센서와 줄의 연결 장치를 분리했다. 줄을 잡아당겨도 아무런 반응이 일어나지 않도록 만든 것이다. 선택권을 잃은 아기들은 짜증을 내기 시작하더니 급기야 울음을 터뜨렸다.《나는 후회하는 삶을 그만두기로 했다》에 나오는 내용으로, 이는 선택권이 인간의 타고난 천성임을 알려준다.

인생 여정에서 누구나 수많은 갈림길에 직면한다. 마음이 끌리는 선택과 그렇지 않은 선택이 있다. 탁월한 선택과 어리석은 선택이 있다. 이득이 있거나 손해가 되는 선택이 있고 또 득실로 따질 수 없는 선택도 있다. 완벽한 선택지를 찾기란 항상 어려운 일이지만, 그렇다고 해서 삶에서 선택권 자체를 포기할 수도 없는 노릇이다. 대안은 하나뿐이다. 쉬운 선택에 끌려가지 않고 '올바른 선택'에 집중하는 것이다. 외부의 힘이 아닌 자신의 의식과 행동으로 이끌어갈 수 있는 올바른 선택에 힘을 쏟아붓는 것이야말로 삶에서 제일 중요한 문제이다. 그렇다면 '올바른 선택'이란 무엇일까? 무엇을 토대로 올바름의 기준을 정할 수 있을까? 그것은 다름 아닌 '자신의 꿈과 연결되어 있는가'이다. 어떤 상황에서도 꿈이 선택의 기준으로 자리매김을 해야 한다. 내 꿈을 성취하는 데 영향을 주는 일이 있다면, 타인의 시선을 개의치 말고 그것을 선택해야 한다. 그것이 매 순간 최고로 올바른 선택이다.

책, 《일본전산의 독한 경영 수업》의 저자, 가와카쓰 노리아키는 이렇게 말한다. "사람들 사이의 능력 차이는 있어봤자 고작 다섯 배 정도다. 하지만 의식의 차이는 100배까지도 벌어진다. 능력의 향상은 어렵지만, 의식은 연마하면 얼마든지 높일 수 있다." 승리와 실패의 차이는 결코 개인의 능력에서 출발하지 않는다. 누가 얼마나 밝은 의식을 가지고 매 순간 올바른 선택을 하느냐의 문제로 귀속된다.

우리가 어른이 된다는 것은 어떤 뜻일까? 스스로 선택한 결과를 존중한다는 의미이다. 그 선택과 더불어 살아가고 또 수반되는 일련의 책임을 스스로 져야 한다는 뜻이기도 하다. 어릴 때는 부모님과 선생님이 대신 결정을 내려주었다. 하지만 성인이 되면 자기 경계를 긋고 스스로 원하는 방향으로 삶의 틀을 잡아가야 한다. 쉬운 것과 어려운 것 사이에서 선택하는 것이 아니라, 무엇이 올바르고 무엇이 그른지 판단해 선택하는 것이 더욱 중요해진다. 자신에게 올바른 것을 선택하고 그에 따라 행동하는 것, 그것이야말로 명민한 능력보다 삶에서 더욱 중요한 가치이다. 주변 시선을 의식한 채로는 자신의 삶에 오롯이 다가갈 수 없다. 타인의 인정 여부와 관계없이 자신의 꿈을 존중하고 헤아릴 수 있어야 한다. 꿈을 갖는 것은 삶의 가치와 존엄성을 스스로 깨닫는 행위이기 때문이다. 꿈이 소멸되면 나를 지탱해주는 힘은 아무것도 남지 않는다. 그렇기에 절망적 상황에서도 꿈이 놓인 방향에 서는 것이 항상 '올바른 선택'이다.

뇌 과학에서 밝힌 사실에 기초하면, 인간의 뇌는 자신이 보고 싶은 것만 보려 하고 듣고 싶은 것만 들으려 한다. 또 느끼고 싶은 대상만 선별해 받아들이는 경향이 강하다. 이처럼 뇌는 항상 주어진 상황을 우리가 원하는 방향으로 인식하도록 만든다. 예를 들어보자. 아래 계단이 어떻게 느껴지는가? '올라가는 계단'일까, 아니면 '거꾸로 뒤집힌 계단'일까?

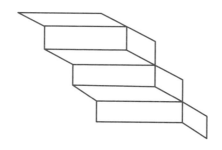

인간 착시현상을 다룬 이 퀴즈에는 애초부터 정해진 답이 존재하지 않는다. 처음 느낌과 무관하게 개인이 원하는 방향으로 얼마든지 뒤바꿔 인식할 수 있다. 뒤집힌 계단으로 보이지만 올라가는 것으로 인식하고 싶다면, 왼쪽 위에서 출발해서 관찰 시점을 서서히 왼쪽 아래로 이동해보라. 몇 초 내에 올라가는 계단으로 보인다. 그 반대를 원한다면, 맨 우측 아래에서 시작해서 좌측 위쪽으로 시선을 천천히 이동시키면서 관찰해보라. 그러면 처음과 달리 뒤집힌 계단으로 인식할 수 있다. 우리가 생각해볼 문제가 이 현상 안에 있다. 높은 곳에 가상의 목표가 있는데 올라가는 길이 오직 이곳뿐이라면 필연적으로

이것을 올라가는 계단으로 인식해야 한다. 처음에는 뒤집힌 계단으로 보일지도 모른다. 그렇다 해도 다시 마음을 모으고 관찰 시점을 바꿔 이곳이 내가 반드시 밟고 올라가야 하는 유일한 계단이라고 생각해라. 잠시 후, 정말 올라가는 계단으로 보일 것이다. 시선의 출발점이 어디인지에 따라 인식이 달라지는 것이다. 따라서 삶 가운데 성취를 일궈내기 위해서는 맨 먼저 마음속에 어떤 관점을 갖느냐가 무엇보다 중요하다.

부정적인 생각은 삶의 태도를 흐트러트릴 뿐이다. 인생에 전혀 도움이 되지 않는다. 꿈을 정할 때도 먼저 긍정적으로 자신을 바라봐야 한다. '내가 과연 그런 사람이 될 수 있을까?' '나에게 그런 꿈은 어울리지 않을 거야!' '단점이 너무 많은데 어떻게 그 꿈을 이룰 수 있단 말이야!' 혹시 이런 생각이 머릿속에 맴돌고 있다면 하나도 빠짐없이 걷어내야 한다. 단점이란 스스로를 옭아맨 편견에 지나지 않는다는 사실을 깨달아야 한다. 다른 사람이 내 꿈을 별 볼 일 없는 것으로 치부할 수도 있다. 나와 그 꿈이 잘 어울리지 않는다고 얘기할 수도 있다. 그러나 개의치 마라. 그건 다른 누구도 아닌 나의 꿈이다. 그들과는 전혀 상관없다. 타인의 감정에 압도당한 선택은 항상 후회만 낳는 법이다.

존 고든Jon Gordon의 《에너지 버스》라는 책이 있다. 쉽고 얇아서 금방 읽을 수 있다. 책에 나온 부처님 일화를 소개하면서 2장을 마무리하려 한다. 삶에서 '선택'의 문제가 왜 그토록 중요한지 명쾌하게 이해할 수 있을 것이다.

"어느 날 부처에게 제자 한 명이 찾아와서 물었다. '스승님, 제 마음
속에 두 마리의 개가 살고 있는 것 같습니다. 한 마리는 굉장히 긍정적
이고 온순하여 사랑스러운데, 또 한 마리는 아주 부정적이고 사납고 포
악하기까지 합니다. 이 두 마리가 날마다 제 마음속에서 싸우는데 누가
이길 것 같습니까?' 잠시 생각에 잠겼던 부처님께서 이렇게 말씀하셨
다. '네가 먹이를 잘 챙겨주는 놈이 이긴단다.'"

스스로 애정을 갖고 정성을 들이는 대상이 반드시 승리한다는 사
실을 알아야 한다. 삶은 포기할 수 없고 타인에게 양도할 수도 없다.
긍정적인 태도로 자신을 바라봐야 한다. 내 꿈이 옳다고 인정하고 그
꿈에 집중하는 것이야말로 삶을 변화시킬 수 있는 가장 '올바른 선택'
이다.

3장

꿈을 이루면
얻을 수 있는 것들

현재도 유익하고 미래에도 여전히 유익할 대상은 바로 햇볕 같은 '행복'이
다. 행복해지려면 반드시 그에 걸맞은 근거와 줄거리를 확보해야 한다. 꿈
의 성취야말로 행복에 다가가는 가장 큰 근거라고 할 수 있다.

1

'초점 착각'에서 벗어나려면

프랑스 파리 중심가에 정신과 병원을 개원한 꾸뻬 씨. 그의 진료실은 언제나 사람들로 북적였다. 환자가 넘쳐나고 또 의사로서 남을 도울 기회가 주어진 데에 꾸뻬 씨는 만족했다. 하지만 시간이 지날수록 한 가지 의문이 생겼다. 내담자들이 한결같이 삶이 행복하지 않다고 토로했기 때문이다. 사회적 지위나 경제적 측면에서 넉넉함이 묻어나는데도 말이다. 왜 사람들은 불행하다고 느끼는 걸까? 외부의 객관적 지표는 행복과 관계없는 걸까? 그렇다면 과연 인간 삶에서 무엇이 행복의 본체일까? 이런 질문이 끊임없이 꾸뻬 씨의 머리에 맴돌기 시작했다. 그러던 어느 날 문득 꾸뻬 씨는 자신 역시 별로 행복하지 않음을 발견한다. 그래서 여행을 떠나기로 결심한다. '행복 찾기 여행'을.

병원 문을 닫고 꾸뻬 씨는 세계 여러 지역을 방문한다. 행복의 참된 의미를 찾아 떠나는 여정이 시작되었다. 소수민족이 사는 중국 변방 고원지대를 거쳐 가난하고 위험한 땅 아프리카도 찾아간다. 마천루가 하늘을 찌르는 미국과 호주의 대도시도 방문한다. 빨래터에서 희희낙락 즐거워하는 중국 소수민족 여인들도 만나고 돈이 행복의 전부라 생각하는 상하이의 은행가도 만난다. 가족과의 화목한 삶을 위해 현재 마약 밀매를 할 수밖에 없다는 아프리카의 젊은 남자와 생애 마지막 여행을 하고 있다는 말기 암 환자도 만난다. 가까이 다가가 관찰하고 그들의 삶에 대해 직접 묻고 정리한다. 그의 수첩은 행복의 비밀에 대한 기록으로 채워져나갔다.

"행복이란, 고요한 숲속 길을 혼자서 산책하는 것과 같다. 행복에 이르는 첫 번째 비밀이 있다면 그것은 '남과 나를 비교하지 않는 것' 이다." 책《꾸뻬 씨의 행복 여행》에 소개된 내용이다. 이 말의 뜻을 되새겨보면 이렇다. 행복은 남이 나에게 선물처럼 주는 것이 아니다. 주변 사람을 의식하거나 남과 비교해서 얻을 수 있는 대상도 아니다. 타자의 시선으론 절대 행복을 만날 수 없으며, 행복을 찾으려면 반드시 나 자신이 주체가 되어야 한다.

내 삶의 모습은 남과 똑같을 필요도 없고 설사 남과 비슷하다 해도 절대로 그 가치를 타인의 것과 비교할 이유가 없다. 이 사실을 잘 알면서도 혹시 무심코 타인의 삶과 자신의 삶을 비교하면 어떤 상황에 빠지게 될까? 그 해답은 뇌 과학 분야에서 찾을 수 있다.

우리 뇌는 때로 다양한 현상에 대해 착각을 일으킨다. 대표적으로

'초점 착각Focusing illusion'이 있다. 초점 착각이란 여러 요소 중에서 특정한 한 가지에 대해 너무 신경을 많이 쓰면 그 부분이 나머지 전체에 과도한 악영향을 미치는 현상이다. 이 현상에 대한 실증적 연구 결과 한 가지를 소개해보겠다. 제목은 〈페이스북 이용이 삶의 만족도에 미치는 영향〉이다. 연구 결과, 일상에서 페이스북 접속 빈도가 높을수록 자기 삶에 대한 만족도가 현격히 떨어졌다. 예컨대, 친구가 멕시코 칸쿤에서 크루즈 여행 사진을 페이스북에 올렸다고 가정해보자. 카리브해 수평선 노을을 배경으로 폼나는 인생 샷 한 컷을 올려놓았다. 살살 배가 아파오지만, 할 수 없이 '엄지척(좋아요)'을 클릭한다. 그 친구는 얼마나 좋을까? 매일 시간에 쫓기며 살아가고 여행 갈 여윳돈도 없는 난 언제쯤 저런 곳에 가볼 수 있을까? 과연 내 평생에 그런 기회가 찾아오기는 할까?

소셜미디어에 올라온 행복 가득한 타인의 사진을 보면 자신의 삶이 항상 초라해 보이기 마련이다. 상대적 박탈감도 그만큼 커진다. 그래서 최근에는 '카-페-인' 중독자라는 말도 생겨났다. 카카오톡, 페이스북, 인스타그램 활동에 지나치게 빠져 있는 사람을 일컫는 말이다. 카-페-인에 중독되면 100퍼센트 초점 착각의 늪에 빠지고 만다. 타인의 모습에 신경을 쓰면 우리 뇌는 그들의 삶을 지나치게 과대평가할 수밖에 없고, 그 결과 자신의 현재 삶을 부정적으로 인식하게 된다.

실제로 2017년 리서치 기업 엠브레인EMBRAIN에서 시행해 발표한 〈SNS 이용 및 피로증후군 관련 인식 조사〉 보고서에 따르면, 국내 이용자가 생각하는 SNS 게시물의 성격은 '자기과시(36.7%)', '일상기록(33.6%)', '정보공유(29.8%)'로 나타났다. 이 결과에 대해 서울대학교 소비트렌드분석센터가 명확한 해석을 내놓았다. "주변의 평판으로 자존감을 느끼는 세상에서 사람들은 SNS에 경험을 자랑함으로써 자신의 존재감을 확인한다. 이를 위해 일상을 연출하고, 매 순간을 캡처해 SNS에 올린다." 이 연구를 통해 배워야 할 것이 한 가지 있다. 그럴싸한 타인의 삶의 모습이 내 마음속에 침투하는 것을 경계해야 한다는 것이다. 부러움의 감정은 잠시 머물다 가지만 그만큼 자신의 삶을 위축시키기 때문이다.

그래서 행복해지려면, 고요한 숲속 길을 혼자 걸으면서 자신에게 의미와 가치를 부여하는 대상이 무엇인지 스스로 찾아낼 줄 알아야 한다. 내 삶의 행복은 항상 내 안에 존재한다. 세상 사람의 말과 시선에서 자유로워지지 않으면 행복이라는 단어가 결코 내 곁에 다가올 수 없다. 행복이란, 타인과 비교함으로써 자신의 정체성에 물음표를 던지는 것이 아니라 비록 작고 보잘것없더라도 스스로 느낌표를 찍는 문장과도 같다. 이런 맥락에서 '불행'과 함께 '비교'는 행복의 또 다른 반의어다. 비교하면 결코 행복해질 수 없다. 남과 나를 비교하는 순간, 비참해지거나 교만에 빠지기 쉽다. 비교는 내 안의 행복을 앗아가는 도둑이다. 지금부터라도 나의 행복결정권을 절대로 타인에게 양도하지 말자.

2

과거의 불안을 걷어내는 연습

하늘 높이 나는 큰 새 한 마리가 있었다. 새는 날마다 원하는 장소에 내려앉아 새로운 경험과 마주했다. 신기하고 낯선 동식물을 보기도 하고 고통스럽고 위험한 상황에 부닥치기도 했다. 그럴 때마다 새는 작은 돌멩이를 하나씩 모았다. 기분 좋은 일이 있으면 흰 돌, 고통스러운 상황을 겪으면 검은 돌을 모았다. 나뭇가지에 앉아 양쪽 날개에 달린 돌멩이를 보며 과거에 겪었던 일을 자주 회상했다. 시간은 흐르고 흰 돌, 검은 돌이 점점 더 많아졌다. 돌멩이 숫자가 많아질수록 회상의 시간도 더 늘어났다. 더 많은 시간이 흐르고 양쪽 날개에 돌멩이가 가득해졌다. 날고 싶지만, 이제는 무거워서 날 수가 없다. 돌멩이를 털어내지 않는 한 드높은 하늘을 나는 것을 이제 더는 상상할 수 없게 되었다. 류시화의《새는 날아가면서 뒤돌아보지 않는다》에 소개된 예화다.

사람들은 흔히 말한다. 행복의 반대편에 놓여 있는 불행의 원인을 알려면 지나온 시간을 돌아봐야 한다고. 정신분석학자 프로이트의 말을 빌리면, 인간이 현재 느끼는 감정은 과거 일정 기간에 발생한 특정 '원인'으로부터 비롯된다. 과거의 경험에 기인한 억압된 정보가 현실의 지각과 정서 그리고 행동에 무의식적으로 영향력을 행사하기 때문이다. 이를 프로이트는 관념복합체라고 불렀고, 오늘날 많은 사람에게 콤플렉스라는 단어로 알려졌다. 공감이 충분히 갈 만하다. 하지만 이런 생각에 발이 묶여 헤어나오지 못한다면, 인간 활동의 상당수는 무의식과 콤플렉스라는 개념으로밖에 해석되지 못할 것이다. 자유롭고 독립적인 행동을 유도하는 우리의 의식활동은 무의식 세계 뒤편에 희미하게 존재하는 구경꾼쯤으로 취급되고 말 것이다. 그동안 과학자와 예술가가 역사 속에서 보여준 창조적 의식활동은 도무지 이해할 방법이 없게 된다.

과거는 우리의 현재 모습을 비춰주는 거울임이 분명하다. 각자의 역사에서 감출 수 없는 흔적이기도 하다. 하지만 과거 모습이 우리의 현재 실존 모습 그 자체는 결코 아니다. 과거에 저지른 생각의 과오나 잘못된 행동이 삶에 영향을 주는 것은 분명하지만 그것이 삶 전체에서 행복과 불행을 결정짓는 중요 변수가 될 수는 없는 노릇이다.

분명한 점은, 우리의 현재는 과거에 저항하는 새로운 시작점이 되어야 한다는 것이다. 과거를 붙들고 고민하다가 현재를 또다시 불행한 과거로 만들 필요가 없다. 과거 사건에만 머무르고 어두운 그림자 아래서 굳어버리면 미래를 볼 수 없음이 너무나도 당연하다. 드높은 하늘을 다시 날고 싶다면 날개에 달린 돌을 떨쳐버려야 한다. 그래서 프로이트의 생각에 동조하고 싶지 않다. 그가 주장하는 '인생은 후불제'라는 강박관념에서 벗어나야 한다. 지나온 과거의 잘못된 선택과 실수가 현재를 지배하는 것은 결코 바람직하지 않고 또 그 일에 사로잡혀 걱정만 하다가 새로운 진전을 맞이하기 어려운 상황에 놓여서도 안 된다. 그렇다면 어떻게 해야 할까? 어떤 생각으로 과거를 바라봐야 할까? 이미 벌어진 과거의 일은 단지 문제를 인식하는 용도로만 활용해야 한다. 바꿀 수 없는 과거 사건에 집착하는 대신, 우리 관심을 다가올 미래로 선회시키고 새로운 날갯짓을 준비해야 한다.

창조주는 불완전함을 전제로 인간을 흙으로 빚었지만, 자신을 닮은 일면을 인간에게 주었다고 성경은 기록하고 있다. 불완전성을 극복할 수 있도록 신성 일부를 비밀스러운 힘으로 인간에게 부여해준 것이다. 처음엔 무엇인지 알 수 없었지만 위대한 사상가와 철학자의 입을 통해 그 힘의 정체가 밝혀지기 시작했다. 그것은 다름 아닌 목표가 있는 곳으로 우리를 끌고 가는 살아 있는 생각, 즉 이성을 통해 발현되는 지혜, 용기, 절제력, 상상력, 창조성이다.

이 다섯 가지 단어에는 공통점이 있다. 과거형과는 절대로 어울리지 않고 언제나 미래지향적 행위와 짝지어 사용된다는 점이다. 인간은 원초적으로 불완전한 객체로서의 삶을 부여받았다. 그래서 똑같은 실수를 되풀이하기도 한다. 하지만 그 반대편에서, 언제든지 현재를 기점으로 과거에 저항하고 새롭게 시작할 수 있는 특권을 부여받기도 했다. 자신의 내면에 살아 숨 쉬는 지혜와 용기, 절제와 상상력 그리고 창조성을 동원하면 과거를 털어버리고 미래를 향해 달려 나갈 수 있다. 일찍이 현자들은 우리 삶 가운데 가장 큰 영광은 "다시 한 번 자리를 털고 일어서는 것"이라고 깨우쳐주었다.

정신분석학자 아들러는 이러한 생각을 뒷받침한다. 아들러는 프로이트, 융과 함께 심리학의 3대 거장으로 알려진 인물이다. 그는 인간의 모든 행위와 감정의 근원은 미래지향적 '목적'에서 비롯된다고 이야기한다. '목적론'은 앞서 프로이트가 말한 '원인론'과 사뭇 반대되는 개념이다. 인간은 이루고 싶은 명확한 목적이 있을 때 그것에 대한 추진 근거로 과거 경험을 끌어낼 뿐, 과거의 경험 자체가 현재와 미래를 구속하지는 못한다는 것이다. 다시 말해, 인간이란 과거가 아닌 미래에 의해 움직이는 생명체임을 강조한다. 아들러는 자유롭고 행복한 삶의 근원을 항상 미래의 시점에서 찾으라고 권한다. 이런 관점에서 우리는 인생을 후불제가 아닌 선불제로 인식해야 한다. 우리 모두 아들러의 주장을 감사하게 받아들일 수 있으면 좋겠다.

행복의 근원지가 있다면 그곳은 과거의 집착이 아닌 미래의 꿈이 놓여 있는 곳이다. 삶의 방향과 목표가 상실됐거나 혹은 그것이 안개 뒤편에 뿌연 형태로 존재한다면, 지금 다시 시작하면 된다. '과거에 꿈꿨던 내 삶은 온데간데없고 무기력한 모습만 남아 있다. 하지만 나는 또다시 일어날 것이다. 과거를 털어내고 현재를 기점으로 미래의 내 꿈을 향해 첫발을 내딛을 것이다!' 이렇게 생각할 수 있어야 한다. 그렇게 생각하는 것이 마땅하다. 그래야 불행의 그림자로부터 하루빨리 벗어날 수 있다.

지금이 출발점이다. 행복을 향한 첫발을 새로이 내딛을 때다. 주저하지 말고 행복의 씨앗을 꺼내라. '행복의 씨앗'은 다름 아닌 '꿈 씨앗'이다. 혹시 유년 시절 가슴 한편에 묻어뒀던 해묵은 씨앗이 있다면 한 톨도 버리지 말고 다시 꺼내라. 성인이 돼 현실과 타협하면서 멀어진 학창 시절의 꿈 또는 몇 년 전 불현듯 떠올랐던 꿈도 괜찮다. 이런 꿈 씨앗이 온데간데없을 수도 있다. 그렇다고 포기하진 말자. 지금이라도 다시 새 꿈 씨앗을 만들면 된다. 절대로 늦지 않았다. 나에게는 고등학교 때 품었던 꿈 씨앗이 있었다. 대학에서 학생을 가르치고 연구하는 사람이 되고 싶었다. 한동안 잊고 지내다가 대학을 졸업하고 몇 년 동안 직장생활을 한 이후에 다시 꺼냈고, 그 꿈을 30대 중반에 이뤘다. 지금은 20년 뒤 성취하고 싶은 또 다른 꿈 씨앗도 심었다. 날마다 그 꿈을 상상하면서 인생 후반전을 준비하고 있다.

자신의 꿈 씨앗이 새 움을 틔우고 꽃을 피워 튼튼한 열매를 맺는 순간을 그려볼 줄 알아야 한다. 잊고 있던 꿈 씨앗을 끄집어낼 수 있다면 행운이다. 그럴 처지가 아니라면 또 다른 꿈 씨앗을 만들어보길 권한다. 행복한 삶을 소망한다면 반드시 꿈 씨앗을 마련하고 더불어 그것을 발아시키고 성장시킬 수 있는 계획도 준비해야 한다. 꿈 계획을 구체화하기는 어려울 수도 있다. 그동안 아무도 가르쳐주지 않았기 때문이다. 그러나 접근 방법만 배우면 누구나 할 수 있는 일이기도 하다.

먼저 자신의 꿈 씨앗을 끄집어내 삶의 실체적 목표인 꿈에 대한 생각을 정리해야 한다. 이것이 마무리되면 그 내용을 '꿈★지도'로 만들어본다. 이 책에서 소개하는 방법을 차근차근 따라가면 누구나 '꿈★지도'를 그려낼 수 있다. 그동안 성인 대상으로 진행한 워크숍 경험에 비춰보면 '꿈★지도'를 완성하는 데는 서너 시간 정도가 소요된다. 당장 완벽한 결과물을 만들지 못할 수도 있지만, 며칠 시간을 두고 보완하면 해낼 수 있다. 궁극적인 '꿈★지도'가 완성되면 과거에 느껴보지 못했던 감정을 느낄 수 있다. 삶에 대한 막연한 불안감이 해소되고 부족했던 자신감이 생길 것이다. 불안감은 특정 사실에 대해 올바르게 이해할 수 없을 때 싹트는 감정이다. 생각을 정리하고 '꿈★지도'를 그려보면 삶의 실체를 확인할 수 있고, 그러면 불안감 따위는 더 이상 문제가 되지 않을 것이다.

3

행복의 진짜 의미

산문집에서 다음 문장을 만났다. "오늘 만족하는 삶을 살아라. 그리고 지금 당장 행복하라. 행복을 준비한다는 것은 한 번도 행복해보지 못한 사람들이 하는 이야기이다. 그러니 평생 준비만 하지 말고 지금부터 행복하라."

글을 읽고 잠시 혼란스러워졌다. 어떤가? 위 내용에 충분히 공감할 수 있는가? 나는 의문이 남는다. 아무런 준비 과정도 없이 행복해질 방법이 있다면 그것이 무엇인지 알고 싶다. 행복을 통제할 수 있는 내적 시스템이 과연 인간 내면에 존재하는지도 궁금하다. 위 문장의 뜻을 명확히 파악하기 위해 행복의 실체에 다가가보자.

일부 고대 그리스 철학자는 쾌락의 향유만이 행복이라고 주장했다. 쾌락주의 학파다. 그들은 즐거움을 최대화하는 감각적 몰입을 통해 행복이 얻어진다고 생각했다. 반대로 소크라테스, 플라톤, 아리스토텔레스 같은 철학자는 다르게 생각했다. 행복은 인간의 이성적 판단에 의한 진리 추구와 관련이 있다고 생각했다. 근대 철학자인 존 스튜어트 밀John Stuart Mill의 생각도 맥락을 같이한다. 그는 '배부른 돼지보다 배고픈 소크라테스가 더 낫다'라는 말로 쾌락주의를 일축했다. 현대 철학자이자 심리학자 로저스Carl Ransom Rogers는 지성, 감정, 의지를 모두 갖춘 전인적 인간에 대한 이상향이야말로 행복의 표상이라고 주창했다. 눈여겨볼 가장 최근의 주장도 있다. 호주 출생의 철학자 피터 싱어Peter Albert David Singer는 남을 돕는 이타주의에 근거한 삶의 실천이 행복에 도달하는 지름길이라고 제시했다.

피터 싱어의 주장을 실증적으로 보여준 인물이 있다. 인도에서 '사랑의 선교 수녀회'를 설립하고 어려운 사람을 위해 평생을 보낸 테레사Mother Teresa 수녀님이다. 유고슬라비아에서 태어났지만 가난한 이국땅 인도에서 한평생 병든 자들의 어머니로 봉사하며 살았던 분이다. "세상에는 빵 한 조각 때문에 죽어가는 많은 사람들이 있습니다. 그런데 이 세상에는 그보다 더 많은 또 다른 사람들이 있습니다. 사랑이 부족해서 죽어가는 사람들이 바로 그들입니다." 가진 것은 침대, 책상, 옷장, 십자가가 전부였지만, 특정 종교를 넘어 높은 차원의 사랑과 박애의 실천이 필요함을 일깨워준 테레사 수녀님의 말씀이다.

비슷한 시기에 우리 땅에도 성자가 한 분 계셨다. 속인으로 태어나 부처의 길을 택했던 성철 스님이다. 큰스님은 오직 진리를 위해 모든 것을 버리고 남루한 승복으로 평생 수행자의 삶을 사셨다. 8년 동안 눕지 않고 좌선하는 장좌불와長坐不臥 수행을 통해 깨달음을 얻었고, "산은 산이요, 물은 물이로다"라는 법어를 우리에게 남겨주었다. 올바르게 깨어 있는 정신으로 자신과 세상을 바라보고 또 남을 위해 기도할 수 있어야 한다고 가르쳐준 것이다.

동시대를 서로 다른 곳에서 살았지만 두 분은 닮아 있다. '나'로 시작한 생각의 중심을 '세상'으로 확장하는 것, 그것이 참된 삶임을 알려주신 것이다. 한 분은 실천적 수양으로 또 한 분은 참선 수행으로 마음 챙김을 했다고 생각한다. 변화무쌍한 감정, 이를테면 불안정한 쾌락과 고통의 멍에를 떨쳐버리고 정제된 마음으로 세상을 바라보고 그 가운데 온전한 행복의 길을 찾았을 두 분은 분명히 우리가 지금 논하고 있는 행복이라는 감정을 조절할 수 있었다.

이제 평범한 우리 이야기를 해보자. 나와 당신은 아쉽게도 인위적으로 행복을 통제할 수 있는 내적 시스템을 갖고 있지 못하다. 오히려 폭발적인 감정을 멈추지 못하고 그로 인해 타인과 자신의 내면을 빈번히 파괴한다. 분노의 노예가 되어 고통의 끝자락으로 끌려가기 일쑤다. 일부는 어리석게도 마약으로 이 상황에서 벗어나려 시도한다. 아편, 모르핀, 헤로인으로 행복에 다가가려 한다. 그렇지만 조금만 생각해보면 이런 물질은 행복감과 거리가 멀다. 그로써 얻는 것은 행복이 아니라 쾌락이다. 감각기관의 자극에 신체기능이 잠시 반응하는 흥분 상태에 지나지 않는다. 욕망이 충족되어 찾아오는 잠시의 유쾌

한 느낌일 뿐, 결코 행복감이라고 할 수 없다.

현대 철학자들은 대부분 쾌락과 행복을 명확하게 구분 짓는다. 쾌락은 일시적인 흥분 상태로, 행복은 주관적 안녕감이 아주 오래 이어졌을 때 나타나는 심리적 결과물로 해석한다. 사회학, 심리학 분야에서도 비슷한 맥락으로 행복을 이해한다. 인간이 과거의 경험에 의존해서 감정 편의적 판단을 내린 결과의 일부로 행복감을 설명한다.

철학, 사회학, 심리학 관점을 종합해보겠다. 행복감이란 편안함이 느껴지는 감정의 일환이다. 객관적이지 않고 주관적이며 과거의 감각적 경험과 미래의 정신적 경험에 의해 나타난다. 단순히 흥분된 상태나 순간의 감정을 표현하는 개념이 아니며, 일정 수준 이상의 시간이 지속되는 가운데 발현되는 고차원적 감정의 일환이다. 따라서 행복감은 마약과 같은 알약을 통해 얻어지는 인위적인 쾌락이 결코 아니며, 맛있는 음식을 먹을 때 나타나는 일시적 만족감과도 거리가 멀다. 행복감에 대한 반응은 마약, 음식을 통해 나타나는 뇌 보상체계의 작동 방식과는 사뭇 다른 것이 분명하다. 이와 같은 정의에도 불구하고 행복감이라는 단어가 여전히 피부에 와닿지 않을 수 있다. 조금 더 에둘러 설명해보겠다.

우리말에 '햇빛, 햇살, 햇볕'이라는 단어가 있다. 이 세 가지는 모두 해에서 나오는 빛을 표현하지만, 어감은 조금씩 다르다. 햇빛은 직접적이고 강한 느낌이다. 햇살은 햇빛과 비슷하지만, 햇빛보다 날카롭진 않다. 간접적이고 부드러워 온화한 느낌마저 든다. 햇빛에 비해 비추는 면적도 다소 넓게 느껴진다. 이를테면 '창가 테이블 위로 아침 햇살이 가득 들어왔다'라는 문장에서 느껴지는 정도의 분위기다. 그렇다면 햇볕이라는 단어는 어떤 느낌일까? 햇볕은 강하면서 또 오래 지속된다. 더불어 비추는 영역도 햇빛이나 햇살에 비해 넓다. '가을 햇볕이 참 좋다. 들판이 황금빛으로 물들고 있다'와 같은 표현에 잘 어울린다. 햇빛이나 햇살에 비해 훨씬 높은 온도가 느껴지기도 한다.

이제 다시 행복의 정의에 대해 생각해보겠다. 먼저 쾌락은 햇빛과 같다. 일시적으로 뼛속 깊이 파고들며 날카롭고 강하게 느껴진다. 마약으로 느낄 수 있는 일시적인 흥분 상태가 이러할 것이다. 그렇다면 맛있는 음식을 먹거나 보고 싶었던 친구와 함께 시간을 보내면서 느끼는 기분 좋은 감정은 무엇일까? 그것은 햇살과 같다. 한때 유행어였던 '소확행'이라 할 수 있다. 잘 사용하지 않아서 생소한 유락愉樂이라는 단어로도 설명할 수 있다. 마음이나 기분이 흐뭇하고 좋은 상태를 뜻하는 말이다. 일상에서 만나는 소소한 즐거움과 그것을 통해 한나절 또는 며칠 동안 입가에 미소를 머금게 된다면 그것이 바로 소확행이자 유락이다.

이제 마지막으로 살아가면서 자신이 원하는 목표를 성취했을 때 느끼는 감정은 무엇일까? 취업준비생이 원하는 직장에 들어가거나 또 오랫동안 열망해왔던 일을 할 수 있을 때 느끼는 감정 말이다. 그것은 햇빛이나 햇살이 아니다. 이 감정은 햇볕과 같다. 강하고 오래 이어진다. 크고 넓은 영역을 높은 온도로 데워준다. 이것이 바로 행복감이다. '삶의 욕구가 충족되어 만족도가 높고 오랜 시간 꾸준히 안정을 느끼는 감정'인 행복감은 햇볕과 같다.

행복은 쾌락이나 소확행, 유락과는 구별돼야 한다. 진정한 행복이란 억지스럽지 않고 또 인위적이지 않다. 자연스럽고 평온한 상태에서 유효기간이 오래 이어진 결과다. 쾌락의 느낌은 강렬하되 잠시 왔다가 흔적 없이 사라지고, 소확행과 유락은 한동안 우리 곁에 머물지만 이 역시 수일이 지나면 안개처럼 사라진다. 반대로 행복감은 넓고 완만하며 지속적이라 수개월, 수년 또는 생애 전반에 우리 곁에 머물 수 있다. 좋은 삶으로서의 행복, 그것이 진짜 행복인 것이다.

앞서 산문집에 나왔던 말을 다시 상기해보자. "오늘 만족하는 삶을 살아라. 그리고 지금 당장 행복하라. 행복을 준비한다는 것은 한 번도 행복해보지 못한 사람들이 하는 이야기이다. 그러니 평생 준비만 하지 말고 지금부터 행복하라." 이 문장에 나오는 행복이란 단어는 '쾌락'을 뜻하지 않는다. 그렇지만 햇볕 같은 행복과도 분명히 거리가 있어 보인다. 이는 현재 시점에서 느끼는 소확행이나 유락과 잘 어울릴 뿐이다. 철학자들은 말한다. 진리는 현재도 유익하고 미래에도 여전히 유익한 것이어야 한다고. 우리 삶은 현재의 유익함만으로 채워지는 대상이 아니다. 현재와 미래를 관통하며 이로움을 제공하는 대상을 찾아야 한다. 그런 점에서 삶 가운데 현재도 유익하고 미래에도 여전히 유익한 대상은 바로 햇볕 같은 행복감이다.

4

행복과 꿈의 관계

우리는 지금 삶의 행복에 대해 논의하고 있다. 《꾸뻬 씨의 행복 여행》을 통해, 행복은 내 안에 존재하고 남과 비교해서는 결코 만날 수 없는 대상임을 헤아렸다. 또 아들러의 심리학을 통해 행복의 근원지는 과거가 아닌 현재와 미래 시점에서 찾아야 한다고 얘기했다. 더불어 행복은 쾌락, 소확행, 유락과 구별돼야 함을 살펴봤다.

이제, 이성과 감정에 대해 살펴보려 한다. 행복은 외부자극의 정보처리 결과가 내적 사고 과정을 거치면서 만들어지는데, 이러한 정신활동을 감시하고 조절하는 장치가 바로 이성과 감정이기 때문이다. 만약, 이성과 감정이 청군과 백군으로 나뉘어 줄다리기 시합을 한다면 어느 쪽이 승리할까? 이 질문의 답을 얻기 위해, 경이로운 인간의 뇌를 살펴보려고 한다. 뇌 기능 중에서 감정과 이성을 통제하고 검

열하는 영역이 어디인지 들여다보고, 그 둘 사이의 관계도 규명해보
겠다.

　뇌 과학자들에 따르면, 인간의 뇌는 '뇌간', '변연계', '신피질'의 삼
중구조로 이루어져 있다. 뇌간은 뇌의 가장 깊숙한 아래쪽에서 호흡,
심장 박동, 소화, 혈압 조절 등 의식적으로 조절하기 곤란한 생리적
자율기능을 담당하며 인간의 생명 유지에 필수적인 기능을 수행한
다. 그래서 '생명의 뇌'라 불린다. 인류 진화 단계상 파충류 시절에 생
긴 부위라 하여 '파충류의 뇌'라고 칭하기도 한다.

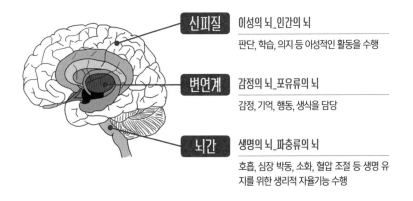

신피질 **이성의 뇌_인간의 뇌**
판단, 학습, 의지 등 이성적인 활동을 수행

변연계 **감정의 뇌_포유류의 뇌**
감정, 기억, 행동, 생식을 담당

뇌간 **생명의 뇌_파충류의 뇌**
호흡, 심장 박동, 소화, 혈압 조절 등 생명 유
지를 위한 생리적 자율기능 수행

　뇌간의 윗부분에는 변연계가 자리하고 있다. 변연계에는 기억, 감
정, 동기부여, 행동을 관장하는 해마와 편도체 등이 있고, 대표적으
로 해마는 기억을 담당하고 편도체는 정서적 감정을 관장한다. 해마

와 편도체는 의존적인 상호작용을 한다. 감정이 동반된 자극 경험은 기억으로 저장되고 향후 유사 자극에 노출됐을 때 해당 기억과 관련된 감정이 다시 인출된다. 그래서 감정이란 궁극적으로 과거의 경험에 대한 기억을 의미한다. 감정과 기억이 상호의존적인 이유는 해마와 편도체가 서로 붙어 있기 때문이다. 변연계는 이렇듯 기억과 함께 감정의 뿌리인지라 '감정의 뇌'라고 부른다. 지구상 모든 포유류가 변연계를 가지고 있어서 '포유류의 뇌'라는 별칭도 갖고 있다.

마지막으로 신피질은 뇌의 가장 바깥쪽을 둘러싸고 있다. 신피질은 포유류 중에서도 영장류에게만 있는데 특히 인간에게 가장 발달한 영역이다. 신피질은 전두엽(앞), 측두엽(옆), 두정엽(위), 후두엽(뒤)의 네 부분으로 구성되어 있고, 이 중 전두엽은 뇌의 모든 기능수행 프로세스를 총괄하는 사령탑에 해당한다. 신피질에는 수백억 개의 신경세포가 서로 얽혀 맞닿아 있다. 판단, 학습, 의지, 창조 등 인간의 이성적인 활동뿐 아니라 행위의 목적을 타인을 위한 배려에 두는 이타심 같은 최고난이도의 이성적 활동도 이 영역에서 관장한다. 그래서 신피질을 '이성의 뇌'라고 칭한다. 더불어 다른 동물과 구별되는 뇌 영역임을 강조하기 위해 '인간의 뇌'라고도 부른다.

악어와 같은 파충류가 알을 낳기만 하고 새끼를 돌보지 않는 것은 뇌간만 있을 뿐 변연계가 없어서이다. 어미 강아지가 새끼를 품고 젖을 물리는 행위를 하는 것은 변연계가 작동하고 있기 때문이다. 다른 동물과 달리, 인간은 상상력을 발휘하고 또 집단지성을 활용해 삶의 방식을 문화로 정착시켜나간다. 이것은 인간의 뇌에 신피질 영역이 있기 때문이다.

신피질의 무게는 600그램 정도로 전체 뇌 무게(약 1,500g)의 40퍼센트에 해당한다. 여기서 중요한 사실이 하나 있다. 필요하다면 최고의 중추인 신피질이 변연계와 뇌관의 기능을 통제하고 조절한다는 것이다. 예컨대, 뒤쪽에서 갑자기 누군가 다가와 내 어깨를 툭 치면 순간적으로 놀라지만 이내 친구임을 확인하고 평정심을 되찾게 되는 것이 이 경우이다. 변연계가 순간적으로 '놀람'을 유발하지만, 신피질이 내 친구임을 확인하고 안심하라고 최종 반응을 통제하는 것이다. 일상생활에서 스트레스를 받는 것도 이와 유사하다. 스트레스는 기본적인 감정과 욕구가 억압되는 데서 출발한다. 이는 이성의 뇌인 신피질이 감정의 뇌인 변연계와 생명의 뇌인 뇌간을 지나치게 통제할 때 생기는 문제이다.

덧붙여 또 한 가지 중요한 사실이 있다. 인간만이 느낄 수 있는 행복감, 긍지, 사랑 등의 고차원적인 감정은 외부환경으로부터 입력된 자극과 분리될 수 없다. 즉, 삶의 좋은 조건이 입력되면 신피질이 그에 대응하는 감정을 변연계가 산출해내도록 유도한다. 흔히 '감정을 조절한다'라는 말을 사용하는데, 여기서 감정을 조절하는 주체가 바로 신피질이 관장하는 '이성'이다. 이성은 발현된 감정 자체를 없앨 수는 없지만 그 감정을 파악하고 어떻게 대처해야 할지 통제하는 강력한 힘을 가지고 있다.

그렇다면 이성과 감정 사이에 어떤 장치가 있기에 이런 일이 가능한 걸까? 뇌 과학 분야에서는 감정을 담당하는 변연계와 이성을 관장하는 신피질 사이에 특별한 통로가 있음을 밝혀냈다. 바로 '파페츠 회로Papez Circuit'이다. 파페츠 회로는 변연계 내에서 경험으로 획득된 감정을 기억으로 연결하는 역할을 담당한다. 또 변연계가 느끼는 감정을 신피질이 통제하도록 작동한다. 외부자극에 대한 '즉각적이고 일차적인 감정반응'이 변연계에서 일어나지만, 그 결과를 신피질이 검열한 이후에 또다시 '정제된 이차적 감정반응'으로 변환시킬 수 있도록 만든다. 이성적 판단으로 감정이 조절될 수 있도록 중간 다리 역할을 하는 것이다.

심리학 분야에서도 최근에 위 내용을 뒷받침할 만한 논의가 있었다. 대표적으로 미국 심리학자인 리처드 래저러스Ricard S. Lazarus도 인간의 감정과 이성을 양분해 바라보지 않고, 본질적으로 이 둘이 분리될 수 없음을 강조한다. 감정과 이성이 상호작용해 외부환경에 대응하는 적절한 내적 시스템을 구축한다고 본다. 우리 감정은 어느 순간 짠 하고 나타나서 흘러가는 것이 아니라 그 하부에 이성이라는 기반이 구축돼 있어서 사고와 추론에 기초한 일종의 논리회로와 함께 작동한다는 것이다. 예를 들어보자. 아침마다 남편에게 신선한 오렌지 주스를 짜주던 아내가 평소와 달리 냉동 주스를 내놓았다. 남편은 짜증을 냈고, 아내 역시 신선한 주스를 마시고 싶으면 직접 짜서 먹으라며 분노를 표출했다. 아내는 왜 그랬을까? 그 뒤편에는 전날 밤 남편의 무심한 태도가 있었다. 전날 퇴근 후 집에 돌아온 남편은 회사에서 승진에 탈락한 일로 시무룩했다. 아내가 묻는 말에 묵묵부답으로 일관했다. 이유를 알 수 없었던 아내는 남편의 말 없는 행동이 불만족스러웠고 그 결과가 다음 날 아침 표출된 것이었다. 리처드 래저러스의 책 《감정과 이성》에 소개된 사례다.

리처드 래저러스는 사람에게는 대표적인 감정이 열다섯 가지 존재한다고 소개한다. 분노, 불안, 죄책감, 수치심, 실망, 질투, 안도감, 희망, 슬픔, 행복감, 긍지, 사랑, 감사, 동정심, 미학적 경험이 그것이다. 동물에게서 찾을 수 없는 이와 같은 고차원적인 감정은 마치 소설이나 드라마처럼 그것이 발생한 뚜렷한 근거와 줄거리를 가지고 있다고 강조한다. 여기서 근거와 줄거리가 바로 감정의 하부에서 작용하는 '이성적 논리회로'다. 이성을 기반으로 논리회로가 작동하고 그 결과를 바탕으로 고차원적인 인간의 감정이 새롭게 발현되는 것이다.

다시 정리해보자. 인간의 모든 활동을 조절하는 장치로 감정과 이성이 존재한다. 이 둘은 서로 대치하는 개념이 아니라 상호보완적 역할을 담당한다. 외부자극이 들어올 때 즉각적으로 앞에 나서서 대응하는 선수가 감정이며, 이 감정의 조절은 변연계 몫이다. 변연계의 일차적 대응이 미흡하거나 과도할 때 그 내용을 적절하게 조절하는 역할은 신피질이 담당한다. 이성이라는 장치를 동원해서 유입된 감정을 관찰하고 필요하면 지연, 촉진함으로써 통제된 형태의 이차적 감정반응이 변연계를 통해 재생산되도록 신피질이 지휘자 역할을 하는 것이다. 이런 점에서 외부자극에 대한 정신활동의 발현 과정은 '일차적 감정 발현→이성에 의한 통제→이차적 감정 발현'의 순서로 파악할 수 있다.

행복감도 마찬가지다. 행복감이란 외부자극에 대한 정보처리 내용을 정신활동을 통해 담아낸 긍정적 결과물의 한 유형이다. 외부환경으로부터 입력되는 자극, 즉 삶의 조건을 일차적으로 변연계가 받아들이고 이성적 검열을 거친 후, 또다시 변연계를 통해 이차적으로 표출해내는 긍정적 감정의 산물이다. 그래서 결론적으로 삶의 행복은 플롯으로 짜여 있다고 말할 수 있다. 플롯이란 특정 사건의 앞뒤가 원인과 결과로 연결된 구조라는 뜻이다. 여기서 행복의 원인은 우리 삶에서 나타나는 긍정적 경험이며, 이러한 경험이 이성적 논리회로를 거쳐 '지속적으로 기분 좋은 이차적 감정'이라는 최종 결과물을 만들어내는 것이다. 따라서 행복해지려면 그에 걸맞은 근거와 줄거리를 확보해야 한다. 꿈을 성취하는 일이야말로 행복의 가장 큰 근거라 할 수 있다.

5

자존감과 자아실현

한 걸음 더 다가가 행복을 들여다보자. 현실적인 우리 삶의 조건과 짝지어 생각해보려 한다. 앞서 행복이란, '우리가 살아가는 동안 일정 기간 자신의 삶에서 만족과 기쁨을 느끼는 상태'라고 설명했다. 또 행복감을 '삶의 욕구가 충족되어 만족도가 높고 오랜 시간 꾸준히 안정을 느끼는 감정'으로 해석한 바 있다. 여기서 '욕구'란 내면의 부족 상태를 보충하려는 인간의 생리적, 심리적 움직임을 아우르는 말이다. 이런 관점에서 행복감은 언제나 현실적인 '삶의 욕구'와 맞닿아 있다.

미국 심리학자인 매슬로Abraham H. Maslow는 '욕구단계설'을 통해 사람의 욕구를 5단계로 설명한다. 인간은 각자 주어진 삶의 조건에 따라 다섯 단계로 구성된 욕구에 직면한다. 이 욕구는 맨 아래쪽 첫 번째 층위로부터 시작해서 마지막 다섯 번째 층위까지 피라미드 형태로 이어진다. 맨 아래층에는 생존을 위해 필요한 '생리적 욕구'가 자리한다. 먹고 마시고 잠자고 배설하는 따위의 욕구를 의미한다. 이것이 해결되면 두 번째 층으로 올라간다. '안전 욕구'가 그곳에 있다. 위험이 생기거나 사고가 날 염려가 없는 상태를 바라는 마음이다. 세 번째 층은 '소속감과 사랑'을 필요로 하는 욕구다. 결혼하고 가정을 꾸려서 사랑을 주고받고, 원하는 집단에 귀속되어 소속감을 느끼고자 하는 마음이다. 그다음으로 '자존감'에 대한 욕구가 네 번째 층위로 뒤따른다. 자신을 아끼고 사랑하는 자아존중감을 느끼고 더불어 타인으로부터 인정받고자 하는 바람이다. 마지막으로 '자아실현'에 관한 욕구가 있다. 이것은 최상위인 다섯 번째 층위에 놓여 있다. 자기 행동과 태도를 조절하고 잠재능력을 끄집어내어 원하는 바를 추구하고자 하는 욕구가 여기에 해당한다.

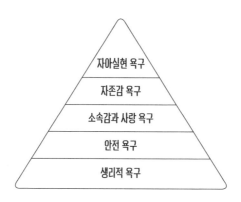

[5단계 층위로 구성된 인간의 욕구]

매슬로는 다섯 단계의 욕구가 순차적 위계로 구성된다고 인식했다. 아래 단계의 욕구가 충족된 후에야 비로소 그 위 단계의 욕구가 발현된다는 것이다. 테레사 수녀님처럼 특별한 경우를 제외하고, 보통 사람은 아래 단계를 충족하지 않고는 위 단계로 넘어갈 수 없다.

시간을 되돌려 돌도끼로 사냥하고 나무 열매를 채집하던 석기시대에 살고 있다고 가정해보자. 이때 행복 척도는 당연히 의식주와 연결된다. 생존을 위한 1단계의 생리적 욕구가 중심이다. 2020년 1월 초, 중국 후베이湖北성 우한에서 발생한 신종 코로나바이러스가 세계를 떠들썩하게 했다. 첫 사망자가 발생한 지 불과 한 달 만에 중국 전역에 2,000명이 넘는 사망자가 발생했으며 확진 환자도 8만 명에 육박했다. 여러 나라가 전세기를 띄워 중국에 체류 중인 자국민을 본국으로 소환했다. 하지만 세네갈에서 우한으로 온 열세 명의 유학생은 예외였다. 본국에 있는 가족들이 애타게 유학생 구출을 호소했지만, 세네갈 대통령은 "가난한 서아프리카 국가들이 큰 나라와 비슷한 긴급조치를 취할 수는 없다"라고 선언했다. 불행한 세네갈 유학생과 그 가족의 입장에서 인간의 욕구를 생각해보면 어떨 것 같은가? 바이러스가 창궐한 현장에서 아무런 보호조치도 못 받고 있다면 무엇이 제일 중요한 문제로 대두될까? 짐작하는 바와 같다. 보이지 않는 바이러스 공포로부터 자신과 가족을 지키기 위한 안전 욕구가 우선시됐을 것이다. 이 욕구는 매슬로 욕구단계 중 2단계에 해당한다. 안전이 보장되지 못하면 불행하고 반대로 안전이 보장되면 행복하다. 다시 우리 주변으로 시선을 옮겨보자. 돌봐줄 가족 없이 홀로 생활하고 있는 이웃들이 있다. 그들에게 행복의 의미는 가족으로부터 사랑받는 3단계, 소속감과 사랑에 관한 욕구와 관련 있을 것이다. 소속감과 애정이 느껴지면 행복하고 그렇지 않으면 불행하다.

이렇듯 행복이라는 단어는 개인이 처해 있는 상황과 조건에 따라 서로 다르게 해석된다. 각자 직면한 삶의 욕구가 무엇이냐에 따라 상대적 관점으로 이해해야 한다. 이 글을 읽고 있는 우리 상황이 그렇게 비관적이지 않기를 바란다. 위 사례보다 상황이 좀 더 낙관적이라면, 우리 욕구는 어느 층위에 놓여 있을까? 우리에게 행복의 의미는 매슬로 욕구단계 중 몇 단계와 관련 있을까? 적어도 1, 2, 3단계의 욕구는 해결됐을 것이다. 행복을 결정지을 척도로 이제 자존감에 대한 욕구와 자아실현에 대한 욕구가 남아 있을 뿐이다. 4, 5단계의 욕구를 충족하는 과정은 만만치 않다. 단편적이고 일회적인 문제가 아니며 대가를 지불하지 않고서는 쉽게 해결될 수 없기 때문이다.

최근 사회심리학 연구에 따르면, 현대인에게 행복이란 자존감 욕구와 자아실현의 욕구가 충족되지 않고서는 취할 수 없는 대상이다. 자존감이란, 외부적 요인에 의해서가 아니라 자기 내부에서 스스로에 대한 존중감이 생길 때 나타난다. 자신이 쓸모 있는 사람이라고 느끼고, 원하는 것을 스스로 통제할 수 있으며, 내적 평온함을 유지할 때 발현되는 긍정적 자아개념이 자존감을 획득하게 만든다. 자존감 낮은 사람은 결코 행복할 수 없다. 자아실현 욕구도 마찬가지다. 이는 자신의 잠재적 가능성을 실현하고 현실화하려는 욕구로, 한 개인이 고유한 인간으로서 남과 다른 생각을 품고 그것을 발휘하여 바람직한 결과물을 창출할 때 충족된다. 자아실현의 정도가 부족하면 삶의 가치가 낮아지고 행복도가 저하된다. 정리하면, 자존감과 자아실현은 꽤 오랜 시간 노력하고 공들여야 얻을 수 있다. 자존감이 높으면 행복해질 가능성이 높고, 자아가 실현되면 누구나 행복감을 만끽할 수 있다. 행복감은 자존감과 자아실현의 결과물이다.

행복이라는 녀석에게 감춰져 있는 세 가지 특징이 있다. 첫째, 절대적 관점에서 모두에게 똑같이 적용되는 기준은 있을 수 없다. 둘째, 행복이란 동경, 소원, 환상 등 죽어 있는 이성 작용으로는 달성할 수 없는 대상이다. 절제, 노력, 열정, 끈기처럼 살아 있는 이성적 활동에 근거한 적절한 대가를 지불해야 한다. 셋째, 우리 삶을 앞장서서 끌고 가지 못하고 항상 뒤처져버리기 쉽다. 그래서 이 녀석을 선봉대장처럼 삶의 전면에 내세우려면 특별한 방법을 찾아야 한다.

우리는 지금 거짓 행복이 아닌 온전히 참된 행복을 말하고 있다. 욕망을 충족시키는 쾌락 같은 자위적 행복을 논하는 게 아니다. 소확행과 유락처럼 유효기간이 짧은 한시적인 흐뭇함을 얘기하는 것도 아니다. 효과가 오랫동안 지속되는 고차원적인 행복을 말하고 있다. 태풍과 눈보라도 견뎌내는 튼튼하고 큰 행복을 얘기하고 있는 것이다.

비유하자면 인생의 참된 행복은 사과나무 열매와도 같다. 묘목을 심고 가지치기도 해주면서 3년 정도 땀 흘려 가꿔야 한다. 사과가 저절로 붉어질 리 만무하다. 그 속에 태풍 몇 개, 천둥 몇 개는 담고 있어야 가능한 일이다. 역경을 참아내야 한다. 가꾸는 사람의 의지와 노력이 수반돼야 한다. 그래야 비로소 행복의 열매를 탐스럽게 맺을 수 있다. 삶에서 저절로 얻어지는 것은 하나도 없다. 혹시라도 동경, 소원, 환상만으로 행복에 다다를 수 있다고 기대하지 마라. 행복하려면 그에 걸맞은 적절한 대가를 지불해야 한다.

행복한 삶을 원하고 또 그것이 굳건하게 인생 전반을 떠받치기를 원한다면 지금부터 미리 준비해야 한다. 그래서 때론 '준비한 계획'을 선봉대장처럼 삶의 전면에 내세워 언제든지 현재의 고민을 잠재울 수 있도록 만들어야 한다.

행복이란 자존감과 자아실현의 욕구가 달성됐을 때 나타나는 이성과 감정의 고차원적인 합작품이다. 미각, 후각 등으로 채워지는 단편적이고 감각적인 경험이 결코 아니다. 뇌 과학 관점에서 설명하자면 행복이란 우리가 이성적으로 품는 생각의 의식화 과정이 신피질을 통해 이차적 감정으로 표출되는 산물이다. 우리를 행복으로 끌고 가는 견인차는 열정과 끈기를 쏟아부을 수 있는 삶의 실체적 목표고, 그 목표를 성취했을 때 비로소 행복감을 느낄 수 있다. 그렇기에 행복해지려면 먼저 마음속에 '꿈'을 담아야 하고 또 그 꿈을 향해 전진할 수 있어야 한다. 꿈을 품지 않으면 행복한 삶의 조건을 갖출 수 없다. 지금부터라도 꿈을 달성하기 위한 계획을 세우고 '꿈★지도'를 만들어 삶의 전면에 선봉대장으로 내세울 수 있어야 한다.

4장

빛나는 인생을 만드는
가장 쉬운 방법

세상에서 가장 믿을 만한 것은 과학적 데이터가 아니다. 사람들이 읊조리는 뜻 모를 조언도 중요치 않다. 다만 자신이 세운 '상상의 목표'가 전부이다.

1

상상의 꿈 씨앗 뿌리기

르네상스가 시작되기 전 1,000년 동안 유럽 중세시대 사람들은 세상 모든 일의 중심에 항상 신의 뜻이 개입돼 있다고 믿었다. 자연현상은 물론 인간사회를 해석할 때도 신이 내어준 은총, 신의 계시, 신의 뜻을 떼어놓고는 아무것도 규정할 수 없었던 시대다. 이른바 신본주의 神本主義 사상이 모든 것을 지배했다. 하지만 근대에 접어들어 신본주의를 대체할 새로운 철학적 사유가 태동하기 시작한다. 데카르트가 대표적인 인물이다. 그는 신의 뜻이 아닌 인간의 '감각', '인식', '기억', '상상'의 힘이 세상을 판단하는 도구라 여겼다. 데카르트는 감각, 인식, 기억, 상상 중에서도 우리의 물질세계를 이해하는 핵심도구로서 인식력을 중요하게 꼽았다. 인식력이란 원인과 결과의 논리 관계를 토대로 특성 현상을 해석하는 능력이다. 입력값에 따라 출력값이 명확하게 달라지는 수학적 사고가 대표적인 인식력에 해당한다.

이제 데카르트가 살았던 400년 전에서 빠져나와 현시점을 기준으로 얘기를 진행해보자. 2016년 3월과 2017년 5월에는 인류 역사에 큰 획을 그은 사건이 있었다. 바로 구글에서 개발한 '알파고^{AlphaGo}'라는 인공지능 컴퓨터와 인간의 바둑 대국이다. 2016년 한국의 이세돌 9단을 비롯해서 2017년엔 중국의 커제柯洁 9단도 알파고와의 대국에서 패했다. 세계인의 기대를 한몸에 받았던 커제는 예상 밖으로 단 한 번의 승리도 잡지 못하고 0 대 3으로 완패했다. 알파고뿐 아니라 최근에는 IBM의 인공지능 컴퓨터인 '왓슨^{Watson}'도 유명하다. 한국의 여러 대학병원에서 왓슨으로 질병 진단과 의료처방을 하고 있다. 왓슨은 방대한 임상사례와 의학저널 자료를 종합해 적절한 치료 방법을 알려준다. 이미 2017년 4월 기점으로 인공지능 왓슨의 암 진단 정확도는 96퍼센트이다. 당시 국내 일반 의사의 정확도가 70~80퍼센트 수준임을 감안하면, 왓슨이 인간의 능력을 훨씬 앞서고 있다. 인공지능은 과연 어떤 능력이 있기에 이렇게 인간의 한계를 훌쩍 뛰어넘을 수 있는 걸까?

인공지능 컴퓨터는 인간의 뇌 신경망 구조를 닮은 알고리즘에 의해 동작한다. 그렇지만 인간보다 훨씬 뛰어난 계산능력과 데이터 저장능력을 갖고 있다. 앞서 데카르트가 얘기했던 네 가지 영역 중에서 인식(계산능력)과 기억(저장능력) 부분에서 이미 인간과 비교할 수 없는 수준으로 진화한 것이다. 또 2013년 개봉한 영화 〈그녀^{Her}〉를 생각해보자. 영화 속 남자 주인공 테오도르는 별거 후 외롭고 밋밋한 일상을 살아가다가 어느 날 뜻밖의 가상인물을 만난다. 바로 인공지능 운영체제인 '사만사'라는 존재다. 그녀는 매일 사랑스러운 목소리로 아침잠을 깨워준다. 처져 있는 테오도르에게 용기를 주고 또 잠들기 전에 달콤하게 말을 건네는 그녀에게 주인공은 사랑을 느낀다. 오래된 연인처럼 부드럽고 다정한 감정 교류가 지속된다. 감정을 소유한 인공지능 컴퓨터는 먼 훗날 얘기가 아니다. 어쩌면 10년 이내에 우리와 함께하게 될 또 다른 인류일지도 모른다. 최근 인공지능 연구자들이 제일 큰 관심을 갖고 도전하는 분야가 사람의 감정을 모사하는 알고리즘 개발이다.

그렇다면, 400년 전 위대한 철학자 데카르트가 말했던 인간만이 갖고 있는 네 가지 능력은 어떻게 되었을까? 현재 시점에서 모두 상실된 것일까? 아니다. 기억력과 인식력은 이미 인공지능이 인간의 수준을 뛰어넘었음이 입증되었고, 감각 부분도 머지않아 인간을 모사하는 수준에 도달할 것이다. 하지만 남은 한 가지가 있다. 바로 상상력이다. 실제로 경험하지 않은 사물과 현상을 마음속으로 그려낼 수 있는 힘, 상상력이야말로 인간이 포기하지 말아야 할 마지막 남은 능력이다.

인간은 꿈을 먹고 사는 동물이다. 그 꿈은 상상이라는 꿈 씨앗으로부터 키워낸 결과물이다. 상상의 결과물이라는 측면에서 혹자는 꿈은 단지 꿈일 뿐 그 안에 있는 어떤 것도 실재가 아니라고 주장하기도 한다. 하지만 이런 생각은 잘못이다. 상상이라는 단어를 허구적 개념으로 받아들인 탓이다. 인간의 상상력이 얼마나 위대한 자산인지 인류학적 견해를 소개해보겠다.

역사학자이자 미래학자인 유발 하라리Yuval Noah Harari의 관점을 살펴보자. 먼저 《사피엔스》에 등장하는 '사자-사람 상'은 몸체는 사람인데 머리는 사자 모양을 하고 있는 상상 속 이미지를 구현한 작품이다. 머매드의 상아를 깎아 만든 이 공예품은 1939년 독일 홀렌슈타인-슈타델Hohlenstein-Stadel 동굴에서 발견된 3만 2,000년 전 작품이다. 그렇다면 이 예술품 안에 숨겨진 비밀은 무엇일까?

유발 하라리는 이 조각 작품이 인류의 상상력을 입증하는 최초의 증거라고 말한다. 실제로 경험하지 못한 사물(사자 머리를 한 사람)을 마음속으로 그려보는 힘은 사람만 가지고 있는 능력이라고 말한다.

인간 개인의 신체적 능력은 나약하다. 만약 외딴 숲속에서 한 명의 인간과 한 마리의 고릴라가 생존게임을 벌인다면 누가 이길까? 차가운 날씨에 견딜 수 있는 털, 나무를 쉽게 오르내릴 수 있는 네 발, 그리고 강인한 이빨과 날카로운 발톱을 가진 고릴라가 생존에 훨씬 유리할 것이다. 하지만 조건을 바꾸면 어떻게 될까? 각각 한 그룹의 인간과 한 무리의 고릴라가 집단으로 경쟁한다면 어떨까? 그 결과는 반대가 된다. 인간이 생존게임에서 유리해진다. 인간은 연대의식을 발휘해 필요한 만큼 역할을 분담하고 협력할 수 있기 때문이다. 고릴라보다 명확하고 세련된 방식으로 상호보완이 이루어진다. 그리고 그

근간에서는 인간의 상상력이 큰 힘을 발휘한다.

예를 들어보겠다. 원시시대에 누군가 잡목 숲에서 열매를 채취하다가 주변에 어슬렁거리는 사자를 발견하면 그는 재빨리 마을 사람들에게 달려가 "저 숲에 사자 무리가 있으니 그쪽으로 가면 안 돼"라고 메시지를 전달할 것이다. 소식을 접한 부족원들은 본인이 직접 사자 무리를 보지 못했을지라도 동료의 말을 믿는다. 보이지 않는 사자 무리를 상상하고 그 숲으로 절대 가지 않는다. 보지 않고도 실체를 믿는 힘, 이 상상력이야말로 인류가 세상의 지배자로 군림할 수 있었던 가장 위대한 자산이다.

다시 한번 강조하건대 꿈은 상상이라는 꿈 씨앗으로부터 키워낸 결과물임이 분명하다. 현실 속에서 당장 만날 수 없다고 해서 허황한 것으로 취급하면 곤란하다. 대상을 느끼고 판단하고 실행하는 실존적 정신현상이라는 측면에서 상상의 꿈은 현실과 맞닿아 있다. 꿈은 자신의 내면에서 소망하는 것을 상상하고 그 상상을 씨앗으로 만들어 시간의 토양에 뿌려주면 현실로 변화하는 실존적 대상이다. 그래서 꿈을 달성하는 데에는 단지 시간이 필요할 뿐이다. 이 시간을 활용해서 꿈을 성장시키고 훗날 온전한 실체적 모습으로 완성해낼 수 있어야 한다.

유발 하라리가 인간의 위대한 자산으로 상상력을 주시했던 것처럼, 철학자 가스통 바슐라르Gaston Bachelard도 똑같은 생각을 품었었다. 그는 소르본대학교 철학과 교수였고 현재 '20세기의 코페르니쿠스

Nicolaus Copernicus'라는 평가를 받는다. 코페르니쿠스가 지구가 아닌 태양을 중심으로 우주관을 확립했듯이 가스통 바슐라르는 상상력을 중심으로 인류의 세계관을 정립한 철학자이다. 그의 책《상상력과 가스통 바슐라르》에는 인간이 세상을 이해하는 데 상상력이 얼마나 중요한지 잘 드러난다. 그는 다음과 같이 역설한다. "세상에서 가장 믿을 만한 것은 과학적 데이터가 아니다. 사람들이 읊조리는 뜻 모를 조언도 중요하지 않다. 다만, 자신이 세운 '상상의 목표'가 전부이다. 또 멋진 꿈을 꾸거나 추억을 상상할 때 펼쳐지는 환상적 세상의 주인공은 오직 자기 자신뿐이다."

넉넉하지 못한 현재 상황에 굴복하지 않으면 좋겠다. 우리에겐 인공지능에서 찾아볼 수 없는 상상력이라는 위대한 자산이 남아 있다. 상상이 실재가 되도록 준비할 수 있는 미래의 열린 시간도 할애받았다. 장년은 30~40년, 어린 학생이라면 60~70년, 결코 짧지 않은 삶의 시간이 남아 있다. 그래서 현시점에서 중요한 것은 오직 한 가지다. 꿈에 대한 온전한 상상력을 발휘하는 일 말이다. 상상력이 씨앗이 되어 훗날 꿈이라는 열매를 맺는 순간을 마음속으로 되새기는 것이다. 파울로 코엘료가 말했던 것처럼, 인생을 살맛 나게 해주는 것은 오직 꿈이 실현되리라고 믿는 것뿐임을 잊지 않으면 좋겠다.

2

상상력으로 꿈을 이루기까지

2008년 11월, 제44대 미국 대통령으로 당선되고 또 재선에 성공한 오바마 대통령의 에피소드로 상상력에 관한 얘기를 이어나가보자. 대통령 선거가 한창일 무렵, 나는 방문 교수로 가족과 함께 미국 시카고 근교에 거주하고 있었다. 처음엔 남의 나라 대통령 선거고 방문자 신분이어서 크게 관심을 두지 않았었다. 하지만 오바마 후보가 시카고에 선거 유세를 오면서 어깨너머로 관심이 생겼다. 연일 지역 매체에 쏟아지는 대선 뉴스를 통해 오바마라는 인물에 대해 조금씩 알아갈 수 있었다.

흔히들 얘기한다. 오바마가 하버드대학교 로스쿨 출신으로서 뛰어난 지적 능력을 겸비하고 있었던 것이 성공을 향한 출발점이었다고. 또 더러는 아프리카계 미국인들의 지지 덕분에 대통령이 될 수 있었다고 말한다. 물론 다 틀린 말은 아니다. 그렇지만 하버드에서 공부를 했다고 또 지적 능력이 남보다 뛰어나다고 해서 미국 대통령 자리에 오를 수 있는 건 아닐 것이다. 2008년 미국 대선 투표율은 64퍼센트이다. 당시 미국 인구 중 아프리카계 흑인이 차지하는 비율은 14퍼센트 정도이다. 역대 선거에서 이들의 투표율이 백인에 비해 상대적으로 낮았던 점을 참작하면, 흑인의 지지가 대권을 잡는 데 결정적 역할을 했다고 단정을 짓기도 쉽지 않다.

몇 년 시간이 흐른 뒤에 알게 된 사실이지만, 오바마가 미국의 대통령이 될 수 있었던 사실 뒤편엔 우리가 모르고 있었던 한 가지 전략이 숨어 있었다. 오바마 후보의 핵심전략은 다름 아닌 대선자금 확보 계획에 획기적인 방식을 도입하는 것이었다. 오바마는 당시에 클린턴Bill Clinton 전 대통령의 부인 힐러리Hillary Rodham Clinton와 경합을 벌여 민주당 대권주자가 됐다. 이어 공화당 후보인 존 매케인John McCain 상원의원과 대선 경쟁을 벌였다. 오바마는 40대 중반의 신예 정치인이었고 존 매케인은 70세 연륜의 노장이었다. 존 매케인은 그의 정치 경륜만큼 이미 탄탄한 지지층을 확보한 정치 9단 베테랑이었다.

누가 봐도 존 매케인은 오바마가 대적하기 버거운 상대였다. 오바마는 역대 대통령 후보가 사용했던 것과는 다른 방식으로 선거자금을 확보해야 했다. 과거 대통령 후보들은 대기업이나 부유한 독지가로부터 후원을 받아 자금을 모았다. 그렇지만 오바마는 이러한 접근 방식에 한계가 있음을 알았고, 국민 개개인의 쌈지돈을 끌어내 대선

전투에 임한다는 선택을 했다. 작지만 의미가 큰 후원금을 확보하기 위한 방안이었다.

그의 생각은 점차 구체화되었고, 온라인 네트워크를 활용해 유권자와 소통하는 전략을 세웠다. 소셜네트워크 서비스인 페이스북이 세상에 막 등장한 참이었다. 그래서 페이스북 공동창시자인 크리스 휴스Chris Hughes를 선거참모로 영입했다. 당시 스물네 살 크리스는 명민한 청년이었다. 그는 자신이 만든 페이스북을 선거에 어떻게 활용해야 할지 잘 알고 있었다.

오바마 가족사진을 페이스북에 띄우고 미국 국민 개개인과의 소통 네트워크를 확장해나갔다. 상상했던 대로 놀라운 일이 벌어졌다. 유권자들은 자신의 가족과 지인을 오바마 페이스북으로 초대했고 네트워크는 마치 개미집처럼 거대해졌다. 그 결과, 후원금으로 모금된 전체 265억 달러 중에서 기업과 부유한 독지가의 후원을 제외한 금액이 48퍼센트에 육박하는 127억 달러가 되었다. 이 금액은 미국 국민 개개인이 쌈지돈으로 후원한 200달러 이하의 소액이 합쳐진 결과다. 당연히 페이스북을 통한 소통전략이 큰 몫을 담당했다.

상대편 공화당 후보 존 매케인은 어떠했을까? 그의 전체 후원금 모금액은 88억 달러였다. 이 가운데 국민 개개인의 200달러 이하 후원금은 20퍼센트가 되지 않는다. 오바마가 후원금 총액에서 상대방의 세 배가 넘은 금액을 모았지만, 중요한 것은 이 부분이 아니다. 오바마 후보가 불특정 다수의 국민 개개인으로부터 '작지만 큰 지지'를 받았다는 점이 중요하다. 오바마의 정치자금 모금 결과를 설명하는 한 인포그래픽 기사는 'No small change'라는 표제를 달았는데, 그야말로 제목 그대로였다. 이 말에는 중의적 의미가 포함되어 있다. 영어 단어 'change'에는 '변화'라는 뜻과 함께 '푼돈'이라는 뜻도 있다. 그래서 'No small change'는 첫째, '작은 변화가 아니다', 둘째, '적은 푼돈이 아니었다'라는 두 가지 의미를 다 포함하고 있다.

말 그대로, 작은 변화가 아닌 거대한 물결이었고, 푼돈이 아닌 큰 선거자금이었다. 결과는 명확하다. 상상력이 큰 힘을 발휘한 것이다. 오바마는 새로운 상상력을 동원했고 존 매케인은 그러지 못했다. 혹자는 선거전략은 전략일 뿐 어떻게 그것이 상상력이냐고 반문할 수도 있다. 그러나 선거는 홍보 싸움이고 홍보는 곧 상상 스토리가 전부이다.

오바마 대통령은 연임에 성공해서 8년간의 임기를 마쳤다. 그는 퇴임 시 57퍼센트라는 엄청난 국민 지지율을 기록했다. 이후에도 그에 대한 미국인의 사랑은 가히 놀라울 정도다. 재임 기간인 8년을 포함해 2008년부터 2018년까지 미국인이 가장 존경하는 인물에 11년 동안 연속 1위로 선정됐다. 만일, 대기업이나 독지가로부터가 아닌 새로운 방법으로 선거자금을 모을 수 있다는 상상력이 그에게 없었다면 어 떠했을까? 24세 청년 크리스 휴스를 선거 참모로 영입하고 그가 만든 페이스북 활용을 고려하지 못했다면 어땠을까? 국민 개개인에게 지 지를 호소해서 작지만 큰 지지를 얻어내고자 생각하지 않았다면 선거에서 어떤 결과가 나왔을까? 단연코 그는 미국 44대 대통령 자리에 오르지 못했을 것이다.

꿈은 상상에서 시작되는 단어다. 과거의 데이터에 기초해서 생각하는 단어가 아니다. 꿈을 상상하고 그것을 통해 현실의 한계를 넘어 도전할 수 있으면 좋겠다. 앞서 소개한 가스통 바슐라르의 얘기처럼, 세상에서 가장 믿을 만한 것은 데이터가 아니라 스스로 세운 상상의 목표다. 눈을 감고 자신의 내면에서 간절히 소망하는 일을 상상하면 그것만으로 가능성이 열린다.

3

남과 똑같이 생각할 필요가 없는 이유

갤럽국제조사기구Gallup International Association가 행복에 관해 국가별로 비교 조사한 적이 있다. 세계 57개국의 행복도 비교에서 한국은 34위에 머물렀다. 경제적으로 어려운 태국, 콜롬비아, 멕시코보다 뒤처진 순위다. 몇 해 전 시행된 이 조사에 따르면, 한국 국민 절반가량은 삶이 '행복하지 않다'고 생각했다. 왜 그럴까? 사회심리 전문가들은 우리 사회에 퍼져 있는 쏠림현상과 비교문화에서 원인을 찾는다. 학창 시절에는 공부 잘하는 친구와 자신을 비교하고, 청년 시절엔 멋진 이성을 만나는 친구와 나를 비교한다. 성인이 돼도 이런 태도는 쉽사리 변하지 않는다. 더 많은 연봉을 받는 사람과 비교하고 내 아이를 친구 아이와 비교한다. 어깨너머로 다른 사람을 보면서 그들이 가진 것, 그들이 하는 것, 심지어 그들이 여행 가는 곳까지 부러워한다. 결국, 타인의 삶의 방식까지 흉내 내려고 한다. 혹시 당신도 그렇게 살고 있지는 않은지 생각해봐야 한다. 타인과 나 자신을 비교하는 태도는 인간으로서 당연한 것일까? 비교하는 습관을 일상에서 발현되는 소소한 감정처럼 자연스러운 현상으로 치부해도 괜찮을까?

스트레스 연구의 권위자인 리처드 래저러스는 인간의 위험한 감정을 소개했는데, 그중 대표적인 것이 '선망'이다. 내가 갖지 못한 것을 다른 사람이 가진 데 대한 불만으로 표출되는 이 감정은 비교에서 출발한다. 선망은 사람의 여러 감정 중 '분노' 다음으로 위험하다. 왜냐하면, 선망의 감정이 반복되면 패턴이 되고, 그 결과 무의식 속에 열등감이 증폭되어 결국 자신을 부정하도록 만들기 때문이다. 부정^{否定}이라는 말은 철학적 관점에서 '버리다'로 해석된다. 선망의 감정은 다름 아닌 자신을 스스로 버리게 만든다.

인간은 선망으로 타오르는 감정의 굴레에서 결코 벗어날 수 없는 걸까? 못된 이 감정을 통제하려면 어떻게 해야 할까? 나와 남을 비교해서 무엇을 얻을 수 있을지 반문할 수 있어야 한다. 그들도 절대로 완벽하지 않다고 생각해야 한다. 자기 자신에게 시선을 고정하고 주변으로 시선이 돌아가지 않도록 애써야 한다. 남과 다른 방식으로 세상을 바라보고 판단할 줄 아는 것이 가장 중요하다.

잠시 유치원에서 배운 동요, 〈산토끼〉를 떠올려보자. "산-토-끼 토-끼-야♩~♪ 어디를 가느냐♫~♩ 깡충깡충 뛰면서♫♪♩ 어디를 가느냐♪~♩." 자, 이제 난센스 퀴즈를 내보겠다. '산토끼'의 반대말을 말해보라. 진지하게 고민할 필요는 없다.

산토끼(산에 사는 토끼) ≠ 바다토끼(바다에 사는 토끼), 산토끼(살아 있는 토끼) ≠ 죽은 토끼, 산토끼(구매한 토끼) ≠ 판토끼(판매한 토끼), 산토끼(산성 토끼) ≠ 염기토끼(염기성 토끼), 산토끼 ≠ 끼토산(산토끼를 뒤집은 말).

우리가 사는 세상에는 매사 한 가지 정답만 존재하지 않는다. 관점, 태도에 따라 얼마든지 다른 답이 나올 수 있다. 사회학에 이를 설명하는 용어가 있다. 바로 '포스트모더니즘'이다. 모든 사회문화 현상에는 다양성이 존재하고 그 가치를 존중해야 한다는 개념이다. 1960년에 미국과 프랑스를 중심으로 확산된 포스트모더니즘 운동은 전 세계 정치, 경제, 사회, 문화, 예술 영역에서 현재까지 영향을 미치고 있다. 폭넓게 이해하고자 한다면 상당한 공부가 필요하다. 그렇지만 포스트모더니즘을 한마디로 요약한다면, '다양성 인정'과 '개별성 존중'이다.

현시대는 생각보다 복잡 미묘하다. IoT 제품으로 스마트홈 시대가 보편화됐지만 아마존과 뉴기니에는 비접촉 부족이 여전히 원시 방식으로 삶을 일궈가고 있다. 2019년 2월, 미국에선 우주탐사 기업 버진 갤럭틱Virgin Galactic이 민간인을 태우고 우주여행에 성공했다. 그러나 여전히 하루 한 끼를 해결하지 못하는 아프리카 어린이가 많다. 말기 암 환자도 완치되는 시대에 살고 있지만, 서아프리카엔 의사를 한 번도 못 보고 죽어가는 생명도 여전히 존재한다. 그래서 절대 획일화된 잣대로 현시대를 측정할 수 없다. 우리 삶의 모습도 천 갈래 만 갈래로 다양하다. 타인의 삶이 나의 삶이 될 수 없으며, 살아가는 방식과 목표도 서로 다를 수밖에 없다. 남과 다른 나, 남과 다른 생각, 남과 다른 삶의 방식, 남과 다른 삶의 목표는 잘못된 것이 아니다. 이런 가치는 항상 존중받아야 할 덕목이다.

또 다른 퀴즈를 소개하겠다. 좌우에 이미지가 있다. 왼쪽과 오른쪽 중에서 무엇이 크게 느껴지는가?

생각의 틀에 따라 역시 다르게 해석할 수 있다. 언어, 역사, 철학 등 인문학 전공자는 대부분 왼쪽 이미지가 크다고 말한다. 큰 대大가 크다는 뜻이니 왼쪽이 크다는 것이다. 반면, 기계, 건축, 미술, 디자인을 전공한 사람은 대체로 오른쪽이 크다고 답한다. 시각적으로 크게 보이니 오른쪽이 크다는 것이다. 내용과 형상이라는 두 가지 측면이 상반되어서 나타난 결과다. 이런 현상은 좌뇌와 우뇌의 역할이 서로 다른 데서 기인한다. 좌뇌는 논리적 사고와 언어 학습을 관장한다. 언어와 논리 구성에 친숙하다면 좌뇌형이다. 반면, 도형, 공간, 이미지 학습에는 우뇌가 주도적 역할을 담당한다. 우뇌는 시각을 포함한 인간

의 감각적 사고를 책임진다. 여기서 중요한 점은 좌뇌와 우뇌의 다툼에서 승자가 따로 없다는 사실이다. 두 가지 중에 무엇이 옳은지 그른지 얘기할 수 없다. 왼쪽과 오른쪽 이미지 중 남들이 크다고 말하는 것에 연연할 필요가 없다. 다만, 자신의 생각과 판단에 가치를 부여해야 한다.

개인의 꿈도 마찬가지다. 꿈에는 큰 꿈, 작은 꿈이 없다. 좋은 꿈과 나쁜 꿈도 따로 존재하지 않는다. 모든 사람에게 똑같이 적용될 수 있는 삶의 기준이 있을 수 없는 것처럼 꿈의 모양과 크기도 다르다. 중요한 것은, 오직 '나의 꿈'만 존재한다는 사실이다. 외부 힘에 지배당할 필요가 전혀 없다. 가족이나 친구들의 얘기는 내 꿈을 설정하는 과정에 지침이 될 수는 있지만, 그것은 단지 참고용이다. 크기나 빛깔에 상관없이 꿈은 오롯이 자신의 것이어야 한다. 자신의 꿈을 스스로 선택하고 존중하는 것이야말로 행복해지기 위한 첫걸음이다.

"그 친구는 사는 동안 하루도 빼놓지 않고 꿈을 갖고 살았고, 한 꿈이 이루어지면 또 다른 꿈을 꾸며 살았어. 그 친구를 통해 많은 사람이 꿈이란 어떻게 꾸는 것인지, 더 멋진 세상을 어떻게 상상해야 하는지 알게 됐지. 그 친구 이름은 바로 월트 디즈니Walt Disney야. 하지만 한 가지는 꼭 명심해야 해. 네 꿈은 반드시 네 꿈이어야만 해. 다른 사람의 꿈이 네 것이 될 수는 없어. 그리고 꿈이란 가만히 두는 게 아니라, 계속해서 키워나가는 것이지." 짐 스토벌Jim Stovall의 책, 《'최고의 유산' 상속받기》에 나오는 내용이다.

남들과 똑같이 살아보려고 발버둥 치는 것만큼 어리석은 일은 없다. 그렇게 되면 항상 비교할 수밖에 없다. 부러워하다가 스트레스성 탈모만 진행될 것이 뻔하다. 비교와 선망으로 타오르는 감정의 굴레에서 하루속히 빠져나와서 그들과 다른 내 생각을 찾아내고 그것을 꿈과 연결할 줄 알아야 올바른 삶의 모습을 만들어갈 수 있다.

4

재능이 없어도 된다

재능이 없다며 꿈을 포기하는 사람이 많다. 아예 처음부터 삶의 성취는 타고난 재능으로부터 기인한다고 단정 짓기도 한다. 과연 그럴까? 삶의 성취를 일궈낸 사람과 그렇지 못한 사람의 차이는 어디에서 비롯될까? 펜실베이니아주립대학교 교수인 앤절라 더크워스Angela Duckworth는 심리학 측면에서 이에 대한 해답을 찾기 위해 매진했다. 수천 건의 사례와 함께 진행된 20년간의 종단연구를 통해 그녀는 한 가지 중요한 사실을 밝혀냈다. 분야를 막론하고 자기 분야에서 큰 성취를 일궈낸 사람들은 보통 사람에 비해 '그릿GRIT 점수'가 높다는 점이다.

'그릿'이란 무엇일까? 앤절라 교수는 그릿을 구성하는 두 가지 속성이 있다고 알려준다. 열정Passion과 끈기Perseverance가 그것이다. 열정이란, 오랫동안 같은 목표에 일관되게 집중하는 힘을 뜻한다. 또 단념하지 않고 좌절을 딛고 목표를 향해 다시 일어서는 힘이 끈기다. 앤절라 교수는 이러한 '열정적 끈기'가 삶의 성취에 영향을 주는 요인임을 밝혀낸 것이다. 한 가지 더 중요한 사실이 남아 있다. 그녀는 '개인의 삶의 성취에는 타고난 재능보다 그릿(열정과 끈기)이 더욱 중요하다는 사실'을 강조한다. 그릿과 삶의 성취가 어떻게 연결되는지 좀 더 깊이 들여다보자.

열정을 갖는다는 것은 멀리 자신이 도달해야 할 꿈을 설정하고 그곳을 향해 꾸준히 나아가는 일에 정신을 쏟는 것이다. 이때 예상치 못한 장애물을 만날 수 있지만 주저앉지 않고 원래 목표를 향해 또다시 일어나는 에너지가 바로 끈기다.

열정과 끈기를 제대로 이해하려면 유의할 점이 있다. 첫째는 열정이 효과적으로 작동하려면 그 크기와 상관없이 목표를 한 가지 형태로 함축시켜야 한다는 점이다. 목표가 여러 개로 분산되면 절대로 꿈을 이룰 수가 없다. 한 가지 목표에 얼마나 오랫동안 집중할 수 있느냐가 관건이다. 모든 힘을 한곳에 쏟아부을 수 있어야 비로소 삶의 큰 성취를 일궈낼 수 있다. 자신의 힘을 분산시키는 오류를 범하지 말아야 한다.

두 번째는 정해진 목표를 향해 열정을 갖고 달려가야 하는데, 이 과정에서 속력(열정의 강도)의 문제를 신경 쓸 필요가 없다는 것이다. 개인이 처한 여건에 따라 목표에 다가가는 속력은 얼마든지 달라질 수 있다. 너무 빨리 달려가려 하다 보면 쉽게 지칠 수 있다. 더불어 타인의 속력과 비교해서 자신의 템포를 잃어버리는 것도 경계해야 한다. 천천히 느리게 가더라도 남의 속력과 비교하지 않고 목표를 완주하는 것이 훨씬 더 중요한 문제임을 이해해야 한다.

유치원 시절에 접했던 '토끼와 거북이' 우화를 생각해보자. 거북이가 승리한 이유는 한 가지다. 토끼는 경쟁자인 거북이의 느린 속력을 보고 자만했다. 반대로 거북이는 토끼의 빠름이나 자신의 느림에 개의치 않고 결승점을 향해서 한 발 한 발 나아갔다. 삶의 성취에 관한 문제도 마찬가지다. 얼마나 빨리 목표에 도달하는가(열정의 강도)가 중요한 것이 아니다. 남의 속력과 자신의 속력을 비교하는 것도 무의미하다. 느리더라도 얼마나 오랫동안 꾸준히 갈 수 있느냐(열정의 지속성)가 더 중요하다. 시간이 흘러도 꾸준히 목표를 고수하는 것, 천천히 가더라도 중도에 포기하지 않는 것, 목표를 향해서 뚜벅뚜벅 날마다 한 걸음씩 전진하는 것이 목표 달성에서는 훨씬 중요한 문제다.

'그릿'의 위대함을 소개한 앤절라 더크워스는 이른바 '재능 신화'에 스트레스를 받으면서 어린 시절을 보내야 했다. 중국인 아버지는 일찍이 가족을 데리고 미국으로 건너온 이민자였다. 미국 TV 프로그램에서 성공한 사람들의 후일담이 소개될 때마다 그녀의 아버지는 푸념을 늘어놓곤 했다고 한다. "봐라, 성공하려면 남들과 다른 특별한 재능을 갖고 있어야 하지. 그런데 우리 아이들에게는 별다른 재능이 없는 것 같구나." 이런 아버지 밑에서 양육을 받은 앤절라는 '재능

신화'에 대한 콤플렉스를 안고 살아야 했다. 이 같은 연유로 대학에서 심리학을 전공한 그녀는 재능과 성취의 관계에 특별한 관심을 갖게 된다. 그리고 많은 연구 주제를 뒤로하고 한 개인의 삶에서 성취 동력 이 무엇인지에 대해 집중하기 시작한다. 수천 건에 달하는 사례연구 를 통해 그녀가 밝혀낸 사실은 이렇다. 개인의 성취에는 아버지가 줄 곧 얘기했던 '재능'이라는 개념보다 오히려 '그릿'이 훨씬 중요하게 작동한다. 이 연구 결과는 다음과 같은 간단한 수식으로 표현된다.

$$성취 = 재능 \times 그릿^2$$

개인의 '성취'에는 '재능'과 '그릿'이 영향을 미친다. 그렇지만 재능 에 비해 그릿은 해당 점수의 제곱만큼 성취에 더 많은 영향을 준다. 위 수식을 통해 그릿의 크기가 클수록 성취를 나타내는 값도 기하급 수적으로 커진다는 사실을 알 수 있다. 재능이 3이고 그릿이 3일 때 에 성취 값은 27이지만($3 \times 3^2 = 27$), 똑같이 재능은 3이지만 그릿이 4라 면 성취 값은 48($3 \times 4^2 = 48$)이 될 것이기 때문이다. 수학 연산을 해보자 는 것이 아니다. 중요한 것은 성취 과정에서 재능이 차지하는 비중보 다 그릿의 가중치가 훨씬 높다는 점이고 또 그릿의 크기가 성취의 크 기와 비례한다는 사실이다. 이 발견은 성공심리학 분야에서 위대한 성과로 인정받았고 앤절라 교수는 맥아더재단의 맥아더 펠로상을 수 상했다. 2016년, 그녀는 그동안의 연구 결과를 한 권의 책, 《그릿》으로 집필했다. 책의 초고를 마무리해 출판사로 넘기기 전, 그녀의 아버지는 병원 침대에 누워 호흡기로 연명하고 있었다. 앤절라는 침대 옆에 앉아서 책의 내용을 한 자도 빠짐없이 아버지께 읽어드렸고, 모든 내용을 들은 아버지는 조용히 눈물을 흘리면서 이렇게 말했다. "내가 틀렸구나! 내 딸 말이 맞다!"

가슴이 먹먹해지는 실화다. 앤절라의 아버지처럼, 우리의 무의식 속에는 타고난 재능에 대한 선망이 가득하다. 그러나 돌이켜 생각해보면, 재능이라는 것은 안타깝게도 스스로 그 내용과 크기를 정할 수가 없는 대상이다. 부모로부터 물려받은 유전형질 정보와 뱃속 태아 시절에 유입된 자극의 질에 의해 결정된다. 그래서 재능이란 신이 부모의 손을 빌려 개인에게 부여한 일종의 선물로 인정해버리는 것이 차라리 현명하다. 남들은 다 받은 선물을 나만 받지 못했다고 마냥 울먹일 수는 없는 노릇이다. 재능이라는 선물보다 오히려 자신의 자산인 '그릿'으로 꿈을 달성하는 데 집중해야 한다.

다행히도 그릿 점수는 고정된 것이 아니라 변한다. 관점과 태도를 바꾸면 얼마든지 그릿 점수를 높일 수 있다고 앤절라 교수는 말한다. 다른 사람이 가진 재능보다 내 재능이 부족한지 넘치는지를 따지는 것은 어리석은 행위다. 지금 우리에게 필요한 것은 내게 어떤 꿈이 있고 그 꿈에 다가가기 위해 과거의 나보다 오늘의 내가 얼마나 더 많은 '그릿'을 챙기고 있는지 살펴보는 일이다. 우리가 살아가는 이유는 성공에 있지 않다. 남들에게 추앙받는 성공은 폼나는 일이지만 인생이란 폼으로 살아가야 하는 무대가 아니다. 그보다 자신이 원하는 삶의 궤적을 만들어가고 있다는 스스로의 실감이 더욱 중요하다. 이것이 바로 '성취'의 개념이다. 우리 삶은 성취를 향해 달려가는 여정이고, 꿈은 반드시 성취의 대상 중 으뜸이 되어야 한다. 포기하지 말고 그릿과 함께 삶의 실체적 목표인 꿈을 향해 달려가야 한다. 고단할 땐 잠시 휴식을 취하면 된다. 그렇지만 절대로 포기하진 말아야 한다.

현재 자신의 그릿 점수가 궁금할 것이다. 그래서 앤절라 교수가 제시한 체크리스트를 소개한다. 두 가지 표가 있다. 첫 번째 표 '그릿 점수 체크리스트'에는 1번부터 10번까지 항목이 있다. 각각의 항목별로 본인에게 해당하는 배점에 표시해보기 바란다. 마킹이 끝나면 그릿 점수를 계산해보라. 홀수 항목(1, 3, 5, 7, 9번)의 점수를 합산한 뒤 5로 나누면 그 값이 '열정' 점수다. 짝수 항목(2, 4, 6, 8, 10번)의 점수를 더한 뒤 5로 나눈 값은 '끈기' 점수다. 이제, 열정 점수와 끈기 점수를 종합해서 2로 나눈 값을 찾으면 이것이 자신의 최종 그릿 점수다. 최고 점수는 5점(그릿이 매우 높음)이며 최저점은 1점(그릿이 매우 낮음)이다. 자신의 그릿 점수가 어느 정도 수준인지 알고 싶다면, 두 번째 표 '그릿 점수 백분위'를 참조하라. 예를 들어 자신의 그릿 점수가 4.2라면, 앤절라 교수가 조사한 미국 성인 표본집단의 70퍼센트보다 높고 80퍼센트보다 낮다는 뜻이다.

앤절라 교수가 밝힌 또 한 가지 흥미로운 사실을 소개하고 마무리하겠다. 대부분은 열정 점수가 끈기 점수보다 낮게 나타난다는 점이다. 통념상 끈기가 열정보다 어려운 일이라고 생각할 수 있지만, 연구 결과에서는 그 반대로 나타났다. 삶의 목표 성취와 관련하여 오랫동안 같은 목표에 일관되게 집중하는 일(열정)이, 실제로는 좌절을 딛고 일어서는 일(끈기)보다 어렵다는 것이다. 이는 삶에서 끈기보다 열정을 지속해나가는 데 더 신경을 써야 한다는 사실의 방증이기도 하다. 그릿 연구에 관한 앤절라 교수의 최종 결론을 한마디로 요약하면 이렇다. '타고난 재능보다 스스로 키워낸 그릿이 삶의 성취에서 훨씬 더 중요하다. 개인의 꿈 달성은 수년간 쌓아온 자신의 열정 그리고 끈기의 결실이다.'

그릿 점수 체크리스트

그릿 항목	전혀 그렇지 않다	그렇지 않다	그런 편이다	그렇다	매우 그렇다
1. 나는 새로운 아이디어와 프로젝트 때문에 기존의 것에 소홀해진 적이 있다.	5	4	3	2	1
2. 나는 실패해도 실망하지 않는다. 나는 쉽게 포기하지 않는다.	1	2	3	4	5
3. 나는 한 가지 목표를 세워놓고 다른 목표를 추구한 적이 종종 있다.	5	4	3	2	1
4. 나는 노력가다.	1	2	3	4	5
5. 나는 몇 개월 이상 걸리는 일에 계속 집중하기 힘들다.	5	4	3	2	1
6. 나는 뭐든 시작한 일은 반드시 끝낸다.	1	2	3	4	5

7. 나의 관심사는 해마다 바뀐다.	5	4	3	2	1
8. 나는 성실하다. 나는 결코 포기하지 않는다.	1	2	3	4	5
9. 나는 어떤 아이디어나 프로젝트에 잠시 사로잡혔다가 얼마 후에 관심을 잃은 적이 있다.	5	4	3	2	1
10. 나는 좌절을 딛고 중요한 도전에 성공한 적이 있다.	1	2	3	4	5

그릿 점수 백분위(미국 성인 기준)

백분위수	그릿 점수	백분위수	그릿 점수
10%	2.5	70%	4.1
20%	3.0	80%	4.3
30%	3.3	90%	4.5
40%	3.5	95%	4.7
50%	3.8	99%	4.9
60%	3.9		

5

시간을 멀리 내다보는 연습

앤절라 교수의 그것과 비슷한 연구가 오래전에도 있었다. 삶의 태도
에서 어떤 요인이 개인의 사회적, 경제적 성취에 기여하는지를 밝힌
이 연구의 책임자는 하버드대학교 에드워드 밴필드Edward Banfield 박사
로, 1950년대 말부터 1960년대 초까지 연구를 진행했다.

　그는 개인의 성취에 영향을 주는 한 가지 핵심요인이 있고, 그것은
바로 'Time Perspective' 개념이라고 결론을 내렸다. 특히, 사회경제
적으로 자신의 분야에서 큰 성취를 일궈낸 사람들은 보통 사람과 다
른 방식으로 이 개념에 접근한다는 사실도 밝혀냈다. 'Perspective'란
통상적으로 '관점', '투시'로 번역된다. 따라서 'Time Perspective'는
'시간관(시간 바라보기)', '시간 투시'로 표현할 수 있다. 하지만 이 용어
에는 '시간을 멀리 전망하기'라는 의미가 함께 내포돼 있다. '전망'이

란 멀리 내다본다는 뜻이다. 빌딩 옥상에 올라가면 멀리 보인다. 그렇지만 하늘의 독수리는 빌딩 옥상에서 내려다보는 것보다 훨씬 더 멀리 내다볼 수 있다. 따라서 '전망'이라는 말보다 '조감鳥瞰'이라는 단어를 사용하면 좀 더 피부에 와닿는다. 지금부터는 'Time Perspective'를 '시간 조감'이라고 부르도록 하겠다.

동서양을 막론하고 모든 사회에서 독보적인 성취를 일궈낸 사람들은 의사결정 과정에서 '시간 조감' 개념을 적용한다. 이를테면 어떤 일을 결정할 때, 단기적 관점으로 생각하는 것이 아니라 현시점에서 최대한 멀리 있는 시점을 고려하면서 접근한다. 1년, 2년, 3년 뒤를 보면서 일을 추진하지 않고 10년, 15년 그리고 심지어 20~30년 이상을 내다보면서 계획을 세우는 것이다. 밴필드 박사가 인터뷰했던 사람 가운데에는 금융자산이나 부동산자산 관리를 통해 경제적 부를 일궈낸 인물도 포함돼 있었다. 그들은 공통적으로 미래의 더 큰 보상을 위해 단기간의 희생을 감수하는 태도를 보였다. 보통 사람의 사고방식은 '현재→가까운 미래'인 반면, 탁월한 성취를 일궈낸 사람들은 '먼 미래→현재' 법칙을 채용한다. 보통 사람은 가까운 곳의 '작은 목표'를 향해 달려가지만, 성취를 일궈낸 사람들은 적어도 10년 이상 멀리 있는 곳에 '큰 목표'를 우선적으로 설정해놓고, 그에 상응하는 현재시점의 올바른 태도를 결정한다는 것이다. 만약, 이 과정에서 단기적 희생이 뒤따르면 그것은 장기적 안전보장 비용이라 생각하고 충분히 감내한다는 사실도 연구를 통해 밝혀냈다.

'시간 조감' 개념이 탄생한 이래, 이 이론은 70년 동안 교육학, 심리학을 중심으로 여러 분야에 확산되고 있다. 대표적으로 심리 분야에서는 '시간원근요법Time Perspective Therapy: TPT'을 통해 개인의 심리적 문제를 해결한다. 가령, '과거-현재-미래' 중에서 개인이 겪는 고통이 과거의 부정적 기억 때문이라면 생각의 중심이 미래 시점의 긍정적 일에 놓이도록 유도한다. 심리적 문제를 해결하는 데 미래 시점이라는 변수를 새롭게 투입해서 부정적 과거를 대치하는 것이다. 이 사례에서 알 수 있듯이, 시간 조감을 우리 삶의 태도와 목표 설정에 적용할 수 있어야 한다. 코앞에 닥쳐올 일을 중심으로 생각하지 않고 자신의 생애 전체를 멀리 내다보고 달려가는 태도가 중요하다. 이를테면 '내년에 졸업하면 A라는 회사에 취업할 거야'라고 생각하지 않고, '20년 뒤에 난 어떤 일을 하는 사람이 될 거야!'라고 먼저 떠올려야 한다. 20년 뒤에 달성하고자 하는 큰 목표를 먼저 설정하고, 그 목표에 효과적으로 도달하기 위한 현실적 대안으로서 '내년엔 A회사에 입사하는 게 꼭 필요해'라고 접근하는 방법이 옳다. 20~30년 뒤 자신의 모습에 대한 큰 그림을 먼저 그린 다음에, 그에 걸맞은 가까운 미래의 작은 목표를 정하는 것이다.

시간 조감을 앤절라 교수가 밝힌 그릿과 연결해보겠다. 그녀는 분야를 막론하고 자기 분야에서 큰 성취를 일궈낸 사람들은 보통 사람보다 '그릿 점수'가 높다는 사실을 강조했다. 더불어 관점과 태도를 바꾸면 얼마든지 그릿 점수를 높일 수 있다고도 설명했다. 그릿의 두 가지 하부 속성인 '열정'과 '끈기'는 저절로 생기지 않는다. 그릿을 키우려면 시간 조감 개념을 활용할 줄 알아야 한다. 시간 조감을 통해 자신의 인생 전반을 길게 그리고 아주 멀리 내다볼 수 있어야 비로소 열정적 끈기의 힘인 그릿이 효과적으로 발현된다. 가까운 미래에 연연하지 말아야 한다. 독수리처럼 멀리 내다보고 목표에 집중하는 것이 곧 삶의 성취를 일궈내는 핵심 비법이다.

정보디자인 기법으로 '꿈★지도' 만드는 과정을 단계별로 설명한다. 꿈과 하부 주요목표를 유기적으로 연결하는 조직화 방식과 그 결과를 눈으로 확인할 수 있도록 시각화하는 방법을 제시하고 있다. 연령대에 따라 참고할 수 있도록 중고생, 대학원생, 직장인, 장년층의 '꿈★지도' 작성 사례도 함께 제시했다. 사례를 참조해서 자신만의 멋진 '꿈★지도'를 만들어보자.

제2부

나에게 딱 맞는
'꿈★지도' 만들기

5장

'꿈★지도'란
무엇인가

'꿈★지도'를 그리는 과정은 스스로 삶의 주인이 되기 위한 첫 단추다. 휘둘리지 않고 주도적 삶을 꾸릴 수 있도록 준비하는 출발점이다. '꿈★지도'를 그리면 관념 속에 갇혀 있던 꿈이 눈앞에 현실로 다가온다.

1

'꿈★지도'를 이해하려면

'꿈★지도'라는 말이 낯설게 느껴질 것이다. 생소하겠지만 어려운 개념은 전혀 아니다. 앞서도 살짝 언급했지만, '꿈★지도'란 무엇이고 어떤 배경에서 탄생했는지 찬찬히 살펴보자.

용어에서 짐작할 수 있듯이, '꿈★지도'는 꿈을 찾아가는 길을 표현한 시각적 결과물이다. 현시점에서 출발해 삶의 실체적 목표인 미래 꿈에 도달하는 핵심경로가 잘 파악될 수 있도록 만드는 것이 관건이다. 그렇지만 우리가 알고 있는 도로, 건물, 산, 하천이 포함된 통상적인 지도와는 다르다. 꿈에 도달하는 경로에는 지형지물이 포함되어 있지 않기 때문이다. '꿈★지도'에는 지형지물 대신 최종 꿈을 성취하기 위해 중간에 반드시 거쳐야 할 가상의 '주요목표'가 포함된다. 이 목표들은 왜 필요할까?

'꿈★지도'는 〈현재〉-〈미래〉가 하나로 연결된 도미노 블록과도 같다. 현재라는 스타터 블록이 미래라는 최종 블록을 만날 수 있도록 중간 과정에 여러 단계의 블록을 추가로 만들어 넣는 것이다. 중간에 놓인 블록들은 현재가 출발하면 미래를 자동으로 만날 수 있도록 지지해주는 하위 수준의 목표들인 셈이다. 따라서 '꿈★지도'의 핵심은 최종 꿈과 그 하부단계에서 성취해야 할 몇 가지 주요목표를 효율적으로 연결하는 것이다. 필요한 주요목표를 정하고 그다음엔 각각의 목표가 언제 달성되면 좋은지를 자신의 예상 나이에 맞춰 차례대로 정리한다. 이렇듯 '최종 꿈-하부 주요목표-달성 시한'을 짜임새 있게 배열하고 체계화하면, 삶의 큰 여정이 한눈에 펼쳐지는 '꿈★지도'가 완성된다.

사람마다 꿈의 내용은 다르다. 중간에 거쳐야 할 주요목표도 같지 않다. 설사 비슷한 꿈을 갖고 있더라도 도달하는 과정과 예상 성취 시점이 달라서 모든 이에게 일괄적으로 통용되는 '꿈★지도'는 존재하지 않는다. 그래서 자신의 '꿈★지도'는 반드시 스스로 만들어야 한다.

내가 '꿈★지도'를 고안해낼 수 있었던 데에는 정보디자인 분야를 연구한 배경이 있다. 나는 17년 동안 대학에서 정보디자인을 연구하고 학생들에게 가르치고 있다. 정보디자인이 무엇이냐고 묻는다면 이렇게 답하겠다. '복잡하고 어려운 데이터나 일정한 형태를 갖추고 있지 않은 추상적 개념을 일반 사람이 쉽게 이해하고 오래 기억할 수 있도록 시각적 정보로 탈바꿈시키는 분야'라고 말이다.

정보디자인에 대해 좀 더 설명해보겠다. 정보를 디자인하려면 먼저 재료가 필요하다. 관찰, 실험을 통해 측정된 양적 데이터나 설문, 인터뷰 등을 통해 얻은 질적 데이터는 향후 정보로 탈바꿈시킬 수 있는 정보디자인 재료다. 데이터를 획득하는 방법은 다양하다. 예컨대 천체망원경으로 관찰한 별자리 움직임은 컴퓨터 장비로 기록하여 데이터를 얻을 수 있다. 오이를 소금물에 담그면 쭈글쭈글해지는 삼투압 현상은 소금물에 담그기 전후의 오이 무게를 측정하고 그 차이를 데이터로 정리하면 알아낼 수 있다. 최근 소셜미디어 활동 빈도가 높아지는 사회현상에 대해서는 설문을 통해 그 이유를 설명하는 데이터를 확인할 수 있다. 이처럼 관찰, 실험, 설문을 통해 얻은 데이터는 통상적으로 숫자나 코드로 표현된다. 전문가들은 해당 분야의 전문지식을 갖고 있어서 숫자나 코드로 표현된 데이터의 의미를 이해하는 데 전혀 문제가 없다.

하지만 일반 사람은 다르다. 숫자나 코드로 표현된 양적, 질적 데이터 자체만을 보고 그 의미를 정확히 파악하기 어렵다. 그래서 일반인들이 쉽게 받아들일 수 있는 수준으로 데이터의 모습을 시각적 형태로 탈바꿈시킬 필요가 생긴다. 정보디자인은 바로 이 부분을 해결하기 위해 탄생한 분야이다. 숫자나 코드로 표현된 데이터 집합체를 해석하여 조직화하고 그 결과를 차트, 그래프, 다이어그램, 맵, 정보벽화, 일러스트레이션, 애니메이션, 영상 등 이미지 형태의 정보로 시각화하는 것이다. 이렇게 하면 일반인도 내용을 좀 더 쉽게 이해할 수 있다. 정보디자인은 심리학, 뇌과학, 경영학, 교육학, 통계학 등에서 활용도가 높을 뿐 아니라, 최근 IT 분야의 빅데이터를 실시간으로 시각화하는 고난도 활동에서도 중요한 비중을 차지한다. 정보디자인이 어떤 영역과 융합되든, 난해한 데이터 집합을 일반인도 쉽게 이해하고 오랫동안 기억할 수 있도록 시각적 정보 형태로 묘사하는 활동이라는 점에서 그 본질은 변하지 않는다. 이와 함께 정보디자인이 관심을 두는 중요한 영역이 또 하나 있다. 바로 사람의 마음속에 있는 추상적 개념을 구체화해 표현하는 일이다. 일정한 형태와 성질을 갖추고 있지 않아서 눈으로 확인하기 어려운 대상을 객체화하고 또 독립적 실체로 인식될 수 있도록 만드는 작업이다.

좀 더 풀어서 설명해보겠다. 4장에서 독일 홀렌슈타인-슈타델 동굴에서 발견된 '사자-사람 상'에 대해 이야기했다. 인간의 능력 중 '대상을 마음속으로 그려보는 힘'인 상상력이 얼마나 위대한 자산인지 설명했다. 그렇지만 상상력으로 얻어진 마음속 이미지를 실제 현실에 적용하는 과정에는 어려움이 뒤따른다. 상상을 바탕으로 획득된 이미지는 추상성이 강해 그 내용을 표현하기 힘들기 때문이다. 추상적이라는 말은, 정해진 형태를 갖추고 있지 않아 쉽게 지각할 수 없다는 뜻이기도 하다. 결과적으로 구체성이 결여돼 손에 잡히지 않고 막연하게 느껴져서 활용할 때 어려움이 생긴다. 정보디자인은 이 부분에 효과적으로 대응할 수 있다. 대표적으로 다이어그램을 이용해서 문제를 해결할 수 있다. 다이어그램을 활용하면 표현할 객체들의 관계, 순서, 구조가 겉으로 잘 드러난다. 따라서 막연했던 생각과 개념을 구체적으로 시각화해 정리하는 데 큰 도움이 된다.

이런 맥락에서 '꿈'은 정보디자인으로 담아낼 수 있는 소중한 대상이다. 항상 우리 곁에 머물지만, 그 형체가 불분명하고 추상적이어서 손에 잡히지 않는 것이 바로 꿈이다. 따라서 꿈은 정보디자인 기법으로 시각화할 수 있는 대상 중 하나임이 분명하다. 하지만 그동안 꿈을 정보 형태로 변환할 수 있다고 생각한 사람은 없었다. 오랫동안 정보디자인 분야를 연구한 경험에 비춰보면, 꿈은 시각적으로 표현할 수 있는 흥미로운 정보디자인 대상이다. 이런 생각을 처음 한 것이 벌써 15년 전이다. 그동안 꿈을 어떻게 정보디자인 기법으로 표현할 수 있을지에 대한 해답을 찾아냈고, 2013년부터 대학 및 공공기관에서 꿈에 관한 초청특강과 워크숍을 진행하면서 내가 찾은 답에 자신감이 생겼다. 특강과 워크숍에서 만난 사람들이 꿈을 지도의 형태로 구체화하는 작업을 통해 자신의 삶에 대해 확신을 얻어가는 모습도 확인할 수 있었다.

'꿈★지도'를 그리는 과정은 스스로 삶의 주인이 되기 위한 첫 단추이다. 휘둘리지 않고 주도적 삶을 꾸릴 수 있도록 준비하는 출발점이다. '꿈★지도'가 생기면 자신의 꿈을 눈으로 확인할 수 있고 또 스마트폰에 휴대할 수 있다. 휴대할 수 있다는 말에는 단순히 몸에 지니고 다닌다는 것 그 이상의 가치가 있다. 이를테면 삶이 힘들고 어떻게 해야 할지 모를 때마다 스마트폰 속 '꿈★지도'를 들여다보면 올바른 길이 어느 쪽인지 답을 찾을 수 있다. 난해한 문제에 직면할 때마다 일상에서 문제해결 도구로 활용할 수 있다는 뜻이다.

2

간략화의 힘

'꿈★지도'는 최대한 간략하게 만들어야 한다. 복잡하면 기억하는 데 방해만 된다. 간결한 '꿈★지도'를 만들기 위해서는 먼저 두 가지 개념을 이해해야 한다. '축척'과 '원근법'이다. 알다시피 축척은 지도를 만들 때 사용한다. 일례로 땅 위의 실제 거리를 몇만분의 1의 비율로 축소해 지도에 표현하는 개념이다. 풍경화나 사진에서 거리감과 공간감을 표현할 때 사용하는 원근법도 '꿈★지도'를 만들 때 필요한 개념이다.

축척과 원근법에 대해 좀 더 들여다보자. 지도에서는 거대한 공간을 작은 2차원 평면에 표상하기 위해 축척을 사용한다. 지표상의 실제 거리와 지도상의 거리를 비례관계로 축약해서 나타내야 하기 때문이다. 이를테면 실제 물리적 공간에서 50미터는 축척 1/5,000인 지도에서 1센티미터로 표현된다. 그런데 만약 축척을 사용하지 않으면 어떤 일이 생길까? 지형지물 간의 실제 거리를 지도상에 묘사할 수 없을 뿐 아니라 지도에 표현할 대상과 표현하지 말아야 할 대상의 범위도 정할 수 없게 된다. 1/500인 지도에서는 작은 골목길도 표현할 수 있지만, 1/50,000 지도에서는 큰 도로만 표현하고 골목길은 배제해야 한다. 지도는 실제 땅 면적만큼 큰 종이에 그릴 수 없다. 따라서 지도 제작자는 축척 비율에 따라 중요도가 높은 물리적 대상만을 선택적으로 표현해야 한다.

'꿈★지도'도 일반 지도처럼 축척 개념을 적용해 만들어야 한다. 50~60년 이상의 생애계획을 A3 같은 제한된 종이에 표현하기 위해서 '시간 간격 축척'을 적용하는 것이다. 만일, 60년 동안의 생애계획을 1년 단위로 표현한다면 '꿈★지도'에는 60가지 세부목표를 담아야 할 것이다. 이런 방법으로는 모든 정보를 A3에 담아낼 수 없을 뿐 아니라 설령 그것이 가능하다 해도 기억하기 좋은 간결한 '꿈★지도'가 될 수 없다. 따라서 축척 개념을 적용해서 60년간 전체 여정을 20년, 10년, 5년 등의 큰 단위로 분절하고, 더불어 중요도가 높은 목표만을 선택적으로 표현해야 한다.

축척의 개념과 함께 원근법을 고려하면 '꿈★지도'가 좀 더 명확해진다. 풍경화나 사진에서는 사물들의 관계를 표현하기 위해 소실점을 활용한 원근법을 적용한다. 원근법을 적용하면 사물들의 위치와 그 주변의 관계를 전경, 중경, 원경으로 통합해 표현할 수 있다. 더욱 중요한 점은, 가상의 소실점을 통해 일련의 시각적 흐름을 창출할 수 있다는 것이다. 이를테면 멀리 있는 원경도 전경과 중경과 연결해 눈앞에 다가오도록 만들 수 있다. '꿈★지도'도 마찬가지다. 현시점에서 가장 먼저 달성해야 하는 목표와 그다음 중간단계에 성취할 목표 그리고 최종 꿈이라는 대상을 일종의 근경, 중경, 원경처럼 배열할 수 있다. 멀리 원경에 위치해 그동안 보이지 않던 꿈을 근경, 중경에 있는 목표와 결속시킴으로써 마치 소실점을 통해 꿈이 눈앞에 다가오는 것과 같은 시각적 흐름을 창출할 수 있다.

'꿈★지도' 작성 과정에서 원근법 개념을 적용하면 또 다른 혜택을 얻을 수 있다. 중요도가 낮은 불필요한 대상을 배제할 수 있다는 점이다. 때때로 사진작가는 카메라 렌즈에 포착된 여러 사물 중에서 불필요한 피사체를 원근법으로 감추기도 한다. '세계의 간략화'를 반영하기 위해서다.

예를 들어보자. 사진작가는 렌즈로 들어온 대상을 모두 표현하진 않는다. 어떤 대상이 실제 존재하더라도 때에 따라 보여주기 싫은 부분이 있을 수 있다. 조대연 작가의 〈전남산림자원연구원길〉이라는 사진이 있다. 사진 좌우에 메타세쿼이아 나무들이 보인다. 그런데 좌측 메타세쿼이아 나무들 뒤쪽에는 건축 자재들이 쌓여 있을 수 있다. 하지만 작가는 의도적으로 건축 자재들이 등장하지 않도록 카메라 앵글을 배치했다. 나무들이 중첩된 부분을 통해 본인이 드러내기 싫은 건축 자재를 의식적으로 감춰버린 것이다. '꿈★지도' 작성 과정에도

전남산림자원연구원길, 조대연, 2020년

이 방식을 적용한다. 꿈과 그 하부의 중간목표들을 정의하는 과정에서 자신의 최종 꿈을 성취하는 데 꼭 필요하다고 판단되는 주요목표만을 추려내고 불필요한 내용은 표기하지 않는다. 군더더기를 배제함으로써 '꿈★지도'가 간략하게 정리되도록 만들기 위해서다.

조직화와 시각화로 구체화하기

축척과 원근법의 개념을 이해했다면, 이제 '꿈★지도'를 구체화하는 방법을 알아보자. '꿈★지도'에 포함된 정보들을 체계화하고 그 결과를 시각적으로 보여주는 과정이 필요하다. 정보디자인에서는 이를 '정보 조직화'와 '정보 시각화'라는 말로 표현한다. 조직화와 시각화라는 말을 어렵게 생각할 필요는 없다. 조직화란 질서를 부여한다는 뜻이며, 시각화란 그와 같은 질서 정연한 모습을 눈으로 확인할 수 있도록 그림으로 표현하는 행위다. 좀 더 구체적으로는, 꿈에 다가가기 위해 반드시 성취해야 할 목표들을 추려내고 그것들의 우선순위를 앞뒤 단계로 질서 정연하게 묶어내는 일이 조직화다. 또한 그 결과를 전체 시간 흐름과 연결해 한눈에 파악할 수 있도록 다이어그램으로 표현할 수 있어야 한다. 이것이 시각화 작업이다. 조직화와 시각화를 이해하면, 최종 꿈과 그 하부단계에서 성취해야 할 주요목표들의 위계질서를 유기적 관계로 표현할 수 있다.

지금부터는 조직화와 시각화에 대해 구체적으로 살펴보겠다. 용어가 낯설게 느껴질 수 있으니 이해하기 쉬운 용어로 바꿔 설명하려 한다. 먼저, 조직화는 '분류하기'와 '배열하기'를 합친 개념으로 이해하면 좋겠다. 시각화는 '관계 표현하기'로 바꿔 생각해보겠다.

첫 번째, '분류하기'에 대해 알아보자. 분류하기란, 구성요소 중에서 의미상 중요한 부분과 그렇지 않은 부분을 구분하는 것이다. 중요한 것이 무엇인지 발췌하면 자연스레 덜 중요한 것도 걸러진다. 예를 들어 전쟁터를 상상해보자. 상대 진영에 수천 명의 병사가 있다면, 그 가운데에는 중심이 되는 장수들이 있다. 핵심 역할을 담당하는 장수들을 파악하는 것이 '분류하기'와 같다. 하급 병사들은 장수들의 명령에 따를 뿐 전략과 전술은 모른다. 병사들 수십 명보다 장수 한 명을 제거하는 일이 효과적이다. 그래서 장수들이 중요하고, 일반 병사들은 그보다 덜 중요하다. '꿈★지도'도 마찬가지다. 꿈에 다가가는 여정 중간에 자신이 반드시 성취해야 하는 하위 수준의 목표들을 표현해야 한다.

두 번째는 '배열하기'이다. 배열하기란, '분류하기'를 통해 파악된 핵심 구성요소를 우선순위에 따라 질서 정연하게 배치하는 것이다. 상대 진영에 장수가 일곱 명 있다고 가정해보자. 이 일곱 명은 같은 계급이 아니다. 계급이 가장 높은 대장부터 서열이 낮은 장수까지 섞여 있다. 이 일곱 명의 계급과 서열을 파악해서 정리해야 한다. 그래야 누구를 먼저 생포할지 판단할 수 있다. '꿈★지도'의 원리도 같다. 앞서 분류하기 작업을 통해 '꿈★지도'에 필요한 주요 속성을 일곱 가지 뽑았다고 가정하면, 이 일곱 가지를 우선순위에 따라 배열하는 것이다(예: A-B-C-D-E-F-G). 이렇게 하면 무엇을 먼저 달성하고 또 무엇을 그다음에 이뤄야 할지 명확해진다. 마구잡이로 배열하는 것이 아니라 규칙을 갖고 대입하는 것이다.

세 번째는 '관계 표현하기'이다. '분류하기'와 '배열하기' 과정을 거쳐 파악된 내용을 시각적 형태로 묘사하는 과정이다. 상대 진영에서 핵심 역할을 담당하는 일곱 명 장수들을 각각 독립적으로 파악하면 곤란하다. 서열이 높은 장수부터 하급 장수까지 계보를 그려내야 한다. 장수들의 이름은 무엇인지, 얼굴 특징은 어떠한지, 어느 시점에 제거해야 하는지를 시각적으로 표현해야 한다. 이렇게 시각화하는 행위는 우리 편 장수들이 이 정보를 머릿속에 이미지 형태로 기억하도록 하기 위해서다. '꿈★지도'에서 '관계 표현하기'는 최종 꿈과 하부 주요목표들의 달성 시점을 시간의 축에 연결하여 계보 형태로 그려내는 일이다. 현재 나이가 20세고 최종 꿈을 달성할 시점을 60세로 정했다면, 그사이에 성취해야 할 일곱 가지 주요목표를 달성할 시점과 함께 시간 축 위에 표현하는 것이다. 현재 나이로부터 가까운 시점에 달성할 목표와 좀 더 먼 미래에 달성할 목표를 시간 흐름에 따라 시각화해야 한다. 그 과정을 효과적으로 수행하기 위해 물고기 뼈대

형상을 닮은 '피시본 다이어그램Fishbone Diagram'을 활용할 것이다. 뒤에서 설명하겠지만, '피시본 다이어그램'에는 두 가지 뚜렷한 장점이 있다. 일반인도 누구나 쉽게 그릴 수 있다는 것과 또 그 결과를 뇌 기억체계에 오랫동안 보관하기 쉽다는 것이다.

이제 정리해보자. '꿈★지도'는 조직화와 시각화 과정을 거쳐 완성된다. 조직화는 '분류하기(중요한 것 vs. 덜 중요한 것)'와 '배열하기(중요한 것들의 우선순위 정리)'로 이해하면 된다. 또 시각화는 '관계 표현하기(우선순위를 시간 축에 연결하여 계보로 표현)'로 바꿔 생각할 수 있다. 위 세 가지 항목을 이해하면 '꿈★지도'를 그릴 준비를 마친 셈이다. 이 중에서 시각화 작업이 왜 중요한지에 대해 좀더 설명해보겠다. 간혹, 자신의 마음속에 담고 있으면 충분하지 굳이 왜 꿈을 그림으로 표현해야 하는지 의구심을 갖는 사람이 있기 때문이다.

시각화가 필요한 이유

꿈의 시각화 작업이 어떻게 도움이 되는지는 네 가지 측면으로 설명할 수 있다. 첫 번째 이유부터 살펴보자. 대표적인 감각수용기인 눈, 코, 입, 귀 중에서 인간은 눈으로 80퍼센트의 정보를 수용한다. 정보를 이미지 형태로 시각화하면 정보 수용자에게 좋은 점이 있다. 시각화 작업에는 인간의 의식적 활동 내용이 잠재의식에 저장되도록 만드는 힘이 있다. 감정, 느낌, 생각, 말의 면면을 그림과 같은 이미지로 표현하면 그 내용은 '정신적 경험'의 형태로 잠재의식에 저장된다. 잠재의식에 저장된 경험은 그 경험과 관련된 사건, 사물, 동기 등 외부적 자극이 유입될 때 쉽사리 기억재생 상태로 변환된다. 친구와 얘기를 나누거나 혹은 책을 읽거나 낯선 곳을 여행하다가도 적절한 자극만 주어지면 문득 자신의 꿈이 떠오를 수 있다는 말이다. 잠재의식 속에서 꿈이 꿈틀대면 이후에는 의도적으로 기억하지 않아도 필요할 때 활용할 수 있다. 그래서 철학자들은 잠재의식을 슈퍼의식이라 칭하기도 한다. 꿈을 우리 잠재의식 속에 미래기억으로 저장시키기 위해 시각화가 필요한 것이다.

두 번째 이유는 이렇다. 시각화는 복잡한 것을 단순화하기에 용이하다. 마음속에 품은 생각은 때로 너무 복잡해서 뇌의 기억 용량을 넘어선다. 인간의 사고 과정은 상황, 순서, 흐름, 구조의 개념이 혼재된 상태로 존재하기 일쑤다. 이것들이 얽혀 있으면 생각이 복잡해진다. 다이어그램과 같은 시각언어를 활용하면 이 문제를 쉽게 해결할 수 있다. 앞서 '꿈★지도'에 표현해야 하는 속성에 대해 간략히 설명한 바 있다. 현재의 시점, 꿈을 달성하는 시간, 그사이의 세부 중간목표들은 순서, 흐름, 구조적 특성 안에서 서로 연계되어 있는데, 이들의 연계성을 머릿속으로만 상상하기는 상당히 어렵다. 하지만 직접 펜을 들고 다이어그램으로 시각화하면 관계성을 효과적으로 표현할 수 있다.

꿈을 시각화하는 세 번째 이유는 동기부여와 관계있다. 동기부여란, 우리 행동을 활성화하고 행동의 방향을 설명하며 그 행동을 지속하게 해주는 도전의식을 불어넣는 일이다. 동기부여를 설명하는 심리이론으로 '피그말리온 효과Pygmalion effect'가 있다. 긍정적 기대나 꾸준한 관심이 있을 때 결과가 좋아지고 능률이 오르는 현상을 뜻한다. 한 가지 사례를 생각해보겠다. 선생님이 수학 성적이 낮은 학생에게 좀 더 많은 관심을 보여주며 '너는 수학적 사고력이 뛰어나구나!'라고 칭찬해주면 정말로 수학 성적이 좋아질 수 있다. 꿈이라는 실체적 목표를 시각화된 이미지로 표현한다는 것은 선생님에게 칭찬을 받는 것과 같다. 목표를 시각화된 이미지로 만듦으로써, '그래 넌 계획이 다 있구나! 이렇게 분명한 삶의 목표를 가지고 있는데 안 될 이유가 있겠어!'라고 자신에게 의욕을 불러일으키는 것과 같다. 인생의 실체적 목표인 꿈을 설정하고 그곳에 다다르는 최종 모습을 시각적 이미지로 표현해야 한다. 그래야 꿈을 살아 있는 유기체로 만들 수 있고 또 그 꿈을 통해 실천적 행동을 끌어낼 수 있다.

꿈의 시각화는 꿈을 오랫동안 붙잡아두는 데 탁월한 효과가 있다. 뇌과학자들은 시각적 이미지를 관장하는 우뇌가 망각을 둔화시키고 기억력을 상승시키는 데 중요한 역할을 담당한다는 사실을 발견했다. 이미지와 같은 비언어적 정보를 담당하는 우뇌의 기억력이 문자나 언어를 담당하는 좌뇌 기억력의 100만 배 이상이라는 점도 밝혀냈다. 아주 오래된 사건일지라도 이미지로 저장된 정보는 머릿속에서 기억을 떠올리기가 쉽다. 좌뇌는 의식적인 활동을 관장하고 한 번에 소량의 정보를 직렬로 처리한다. 반면 우뇌는 잠재의식과 무의식을 관장하면서 대량의 정보를 종합적으로 처리한다. 따라서 생애계획과 같은 방대한 정보를 다이어그램 형태로 시각화하면 우뇌 사용을 촉진하고 결과적으로 꿈을 오랫동안 내 곁에 붙잡아둘 수 있다. 이것이 네 번째 이유이다.

정리해보겠다. 시각화하면 ① 꿈을 잠재의식 영역에 저장할 수 있다. ② 꿈에 대한 복잡한 생각을 간결하게 정리할 수 있다. ③ 꿈에 대한 동기부여가 촉진된다. ④ 꿈을 오랫동안 내 곁에 붙잡아둘 수 있다.

4

'꿈★지도'에는 무엇이 들어갈까

'꿈★지도'에 담겨야 할 정보 속성은 다음과 같다. ① 러닝타임 ② 타임라인 시작 시점과 종료 시점 ③ 최종 꿈 ④ 중간 경유지 배열 방향 ⑤ 중간 경유지 할당 순서 및 구현 방식 ⑥ 중간 경유지 명칭 표기 ⑦ 버킷리스트 투입. 이 일곱 가지 속성에 대한 개념을 소개하겠다. 실제 '꿈★지도' 작성 방법은 6장에서 다룰 것이다. 지금은 일곱 가지 정보 속성이 어떤 방식으로 '조직화-시각화'되는지 큰 틀에서 살펴보자.

① 러닝타임

꿈 여정에 소요되는 '전체 시간'이 러닝타임이다. 예컨대 8시에 시작해 10시에 종료하는 영화의 러닝타임은 두 시간이다. 현재 23세고 최종 꿈 달성 시점을 57세로 설정했다면 '꿈★지도'상의 러닝타임은

34년이다. 현재와 미래 사이에 34년의 러닝타임을 나타낼 수 있는 적당한 길이의 선분을 종이 위에 표현하면 된다.

② 타임라인 시작 시점과 종료 시점

꿈을 향한 여정이 어디서 시작되고 마무리되는지 정해야 한다. 현재 나이가 시작 시점이다. 종료 시점은 꿈을 성취하려는 예상 나이가 된다. 타임라인 좌-우 끝에 자신의 현재 나이와 미래 나이를 적는다. 시작 시점이 되는 현재 나이는 좌측 끝에 표기하고, 우측 끝에는 꿈 달성 시점의 미래 나이를 표기한다.

현재 나이   미래 나이

③ 최종 꿈

타임라인 우측 끝에 '꿈의 구체적인 내용'을 표기한다. 삶의 실체적 목표가 바로 '꿈'이다.

현재 나이   미래 나이

155

ⓓ 중간 경유지 배열 방향

현재 나이와 꿈을 달성하는 미래 나이 사이에는 거쳐 가야 할 여러 단계의 중간목표가 필요하다. 이 목표들이 바로 중간 경유지다. 먼저 중간 경유지를 배열해나가는 방향을 정해야 한다. 화살촉을 이용해 방향을 표시한다. '현재 나이←미래 나이'로 향하도록 화살촉을 할당한다. '현재 나이→미래 나이'가 아니다.

ⓔ 중간 경유지 할당 순서 및 구현 방식

타임라인 화살촉 방향에 맞춰 중간 경유지를 할당한다. '현재 나이←미래 나이'로 향하는 방향에 맞춰야 한다. 중간 경유지를 몇 군데로 설정할지는 개인의 나이에 따라 다르다. 중고등학생이나 장년층이라면 4~5개 내외, 대학생 또는 청년층이라면 6~7개 정도가 적합하다.

중간 경유지를 실제 '꿈★지도'에 할당할 때는 앞의 그림이 아닌 아래 그림과 같은 방식을 적용해야 한다.

왜 그래야 하는지는 6장에서 자세히 설명하겠다. 여기서는 큰 틀에서 확인만 하고 넘어가면 충분하다. 중간 경유지 ①의 위치는 미래 꿈 달성 나이와 현재 나이의 한가운데이다. 중간 경유지 ②는 중간 경유지 ①과 현재 나이의 가운데이다. 중간 경유지 ③은 중간 경유지 ②와 현재 나이 가운데 오도록 배치한다. 필요한 나머지 중간 경유지 할당에도 위와 같은 방식을 적용한다.

ⓑ 중간 경유지 명칭 표기

중간 경유지 ①, ②, ③에 대한 구체적인 내용을 표기한다. 중간 경유지는 꿈 달성에 필요한 주요목표이다. 목표의 내용을 이해할 수 있는 수준으로 구체화해 표기하면 되는데 이 과정에서 주의할 점이 있다. 무턱대고 생각나는 목표를 적는 것이 아니다. 중간 경유지 ①에는 타임라인의 맨 우측에 있는 '꿈'을 가장 효율적으로 달성하기 위한 '목표1'을 적는다. 중간 경유지 ②에는 앞서 '목표1'을 가장 효율적으로 달성하는 데 필요한 목표를 할당한다. 이것을 '목표2'라고 하겠다. 이제 중간 경유지 ③에도 목표를 할당한다. 이 목표는 '목표2'를 달성하는 데 가장 효율적인 목표여야 한다. '목표3'이다.

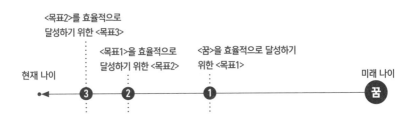

<목표2>를 효율적으로
달성하기 위한 <목표3>

<목표1>을 효율적으로
달성하기 위한 <목표2>

<꿈>을 효율적으로 달성하기
위한 <목표1>

현재 나이

미래 나이

❸ ❷ ❶ 꿈

⑦ 버킷리스트 투입

버킷리스트는 두 가지 의미를 포함하고 있다. 자신을 격려하는 '긍정적 보상물' 또는 타인에게 주는 '이타적 선물'이다. 이렇게 인식해야 하는 이유는 6장에서 설명할 것이다. 우선, 중간 경유지 ①과 ② 사이에 버킷리스트를 할당한다. '중간 경유지 ②=목표2'를 달성했다는 전제하에 자신에게 칭찬으로 주는 보상을 고려할 수 있다. 중간 경유지 ②와 ③ 사이에도 버킷리스트를 추가한다. 이것도 역시, '중간 경유지 ③=목표3'을 완수했다는 가정하에 무엇을 할당할 수 있을지 생각하면 된다.

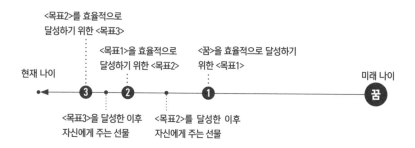

5

'꿈★지도'를 제대로 그리려면

꿈을 품고는 있지만 꿈 성취를 확신하는 사람은 많지 않다. 또 꿈이 이뤄질 것이라고 믿는 사람 중에도 실제로 그 꿈을 성취해내는 사람은 극소수이다. 왜 그럴까? 근본 원인은, 최종 꿈이 놓여 있는 미래 시점이 현재로부터 너무 멀리 떨어져 있기 때문이다. 예컨대 57세에 달성하고자 하는 꿈을 23세인 현재 시점에서 바라보면 너무 아련하게 느껴진다. 34년 뒤의 꿈만 보고 달리기란 불가능에 가까운 일이기도 하다. 너무 멀리 놓여 있어서 꿈을 성취하는 행위가 피부에 와닿기 어렵고, 더불어 34년 동안 그릿을 지속시키기란 더더욱 쉽지 않다. 그렇기에 '꿈★지도'에서는 꿈이 위치한 미래와 출발점인 현재 사이의 간극을 효과적으로 좁히는 방법을 사용한다. 다음 사례를 살펴보면 위 내용을 좀 더 쉽게 이해할 수 있을 것이다.

심리학에서는 일과 성취의 관계를 설명할 때 '목표 가속화 효과'라는 개념을 사용한다. 2006년, 란 키베츠Ran Kivetz가 밝혀낸 이 이론에 따르면 사람은 목표에 가까워질수록 더욱 동기를 부여받고 행동도 빨라진다. 예를 들어보자. '천안문'과 '만리장성', 두 개의 중국집이 단골 유치를 위해 적립식 스티커 카드를 동네 사람들에게 나눠주고 있다. 면 요리를 한 번 주문할 때마다 1회의 스티커를 붙여준다. 두 중국집 모두 10회 스티커를 받으면 무료로 탕수육을 준다고 한다. 그런데 스티커 적립 카드의 모양이 서로 다르다. 천안문에서 나눠준 카드에는 열 개의 칸이 그려져 있고 모든 칸이 비어 있다. 반면 만리장성에서 나눠준 카드에는 열두 개의 칸이 그려져 있다. 특이한 점은 열두 개 칸 중에 열 개는 비어 있지만 두 개 칸에는 이미 스티커가 붙어 있다는 것이다. 천안문과 만리장성 중에서 과연 어느 쪽이 단골 유치를 위해 좋은 전략을 구사했다고 판단하는가?

정답은 '만리장성'이다. 양쪽 모두 10회의 스티커를 받아야 무료 탕수육을 얻을 수 있지만, 전체 10단계의 목표에서 한 번의 스티커도

붙어 있지 않은 '천안문'의 카드보다 전체 12단계 목표에서 이미 두 번의 스티커를 획득한 것으로 인식되는 '만리장성' 카드를 사람들은 선호한다. 바로 '목표 가속화 효과'가 작동한 사례다. 그 이유는 이렇다. 이미 두 번의 목표가 채워져 있어 목표 달성까지 금방 다가갈 수 있다는 심리적 동기가 내면에서 작동하기 때문이다. 목표 달성까지 남은 거리가 짧게 느껴져서 사람들이 목표 성취를 위해 더 속력을 내는 것이다.

꿈을 품고 있지만 꿈을 성취해내지 못한 사람들은 꿈에 대한 최종 결과만을 생각하는 경우가 많다. 최종 꿈에 도달하기 위해서 거쳐야 하는 중간 과정을 전혀 고려하지 않는다. 하지만 단번에 사다리 꼭대기에 도달할 수는 없는 노릇이다. 바닥에서 한 칸, 두 칸 순서대로 밟고 올라가야 한다. 과정에 대한 고려 없이 마지막 결과만 떠올린다면 그 꿈은 실현 불가능한 죽어 있는 몽상과 다르지 않다.

그렇다면 어떻게 해야 꿈을 실현해내도록 만들 수 있을까? 최종 결과와 함께 중간에 거쳐야 하는 주요 경유지를 미리 설정하면 된다. 중간 과정이 생략되면 어떤 오류에 직면하게 될까? 승용차로 서울에서 출발해서 부산에 도착하는 일정을 생각해보자. 단순히 부산이라는 최종 목적지만 생각하고 차를 출발시키는 것은 어리석은 행동이다. '일단 출발하고 보자. 중간에 부산으로 향하는 이정표가 나타나겠지!'라고 생각하면 곤란하다.

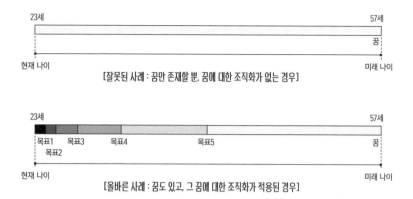

[잘못된 사례 : 꿈만 존재할 뿐, 꿈에 대한 조직화가 없는 경우]

[올바른 사례 : 꿈도 있고, 그 꿈에 대한 조직화가 적용된 경우]

　　서울과 부산을 연결하는 고속도로에는 수십 군데 갈림길이 나타난다. 각각의 갈림길에는 이정표가 있다. 하지만 모든 이정표에 부산 방향이 표기돼 있지는 않다. 이정표 근처에는 가까운 주변 지명들을 표기해야 하기 때문이다. 부산 가까이에 있는 대구쯤 도착해야 비로소 부산 방향 이정표를 만날 수 있다.

　　지금부터 올바른 방법을 생각해보겠다. 정확하고 빠르게 부산에 도착하려면 차량을 출발시키기 전에 확인할 사항이 있다. 지도에서 서울에서 부산에 도착하는 경로와 중간 경유지를 함께 확인해야 한다. 예컨대 대구를 먼저 떠올려보면 된다. 서울에서 대구로 향하려면 중부내륙고속도로를 타고 여주까지 가야 한다. 여주까지 가려면 영동고속도로를 타는 것이 효율적이다. 영동고속도로를 타려면 서울에서 일단 신갈분기점까지 내려가야 한다. '서울→신갈분기점→여주

→대구→부산' 또는 반대로 '부산←대구←여주←신갈분기점←서울'처럼 주요 경유지를 인식할 필요가 있다.

이와 같은 방식으로 중간에 거쳐야 할 몇 단계 큰 분기점을 생각하고 출발해야 한다. 만일 이 과정을 생략한 채로 차를 몰고 가다가는 도중에 올바른 방향으로 가고 있는지 확신할 수 없다. 분기점에서 어떤 길을 선택해야 할지 갈팡질팡하다가 사고를 당할 수도 있다. 내비게이션이 있는데 무슨 걱정이냐 싶겠지만 그건 잘못된 생각이다. 인생 여정에는 차량 내비게이션처럼 작동하는 기계가 존재하지 않는다.

'꿈'과 '지금 해야 하는 일' 사이에 중간 사다리 칸을 놓는 것처럼 단계별 하부목표를 설정하면 현재와 미래가 한눈에 연결되는 느낌이 생긴다. 특히, 현재와 미래 사이에 놓인 여러 개 사다리 칸 중에서 현시점으로부터 가장 가까운 목표(일반적으로 6개월 후 목표)를 설정할 때는 자신이 부담 없이 손쉽게 성취할 수 있는 내용을 목표로 삼도록 한다. 이렇게 하면, 만리장성 스티커 사례처럼 가까운 시일 내에 자신의 첫 번째 목표를 수월하게 달성할 수 있다. 이 과정을 통해 자신감도 얻을 수 있다. 두 번째 목표도 그리 멀지 않다. 첫 번째 성취한 목표로부터 1년 뒤에 놓여 있다. 이 목표도 최종 꿈에 비하면 아주 작다. 거창하지 않기 때문에 1년만 노력하면 성취할 수 있다. 이 목표를 달성하면 첫 번째 목표를 달성할 때보다 더 큰 자신감이 생긴다. 이렇듯 꿈에 다다르는 단계를 조직화하면, 결과적으로 꿈에 도달하는 과정에서 '목표 가속화 효과'를 맛볼 수 있다.

지금까지 '중간 경유지 인식'에 대한 중요성을 얘기했다. 나는 이것이 '꿈★지도'를 만드는 과정에서 핵심이라고 생각한다. 최종 꿈에 도달하기 위한 중간 과정을 단계별로 구분해서 설정하는 일이야말로, '꿈★지도' 작성에서 가장 중요하다.

중간 세부목표를 타임라인상에 표기할 때에도 간과하지 말아야 할 중요한 내용이 한 가지 더 있다. 중간목표를 달성하고자 하는 시점을 구분할 때 '등차수열'이 아닌 '등비수열'의 개념으로 간격을 나눠야 한다. 이것도 '꿈★지도'의 또 다른 비밀 중 하나이다. 너무 중요한 개념이라 뒤에서 다시 한번 다루겠지만, 먼저 아래 그림, '잘못된 사례'와 '올바른 사례'를 살펴보기 바란다.

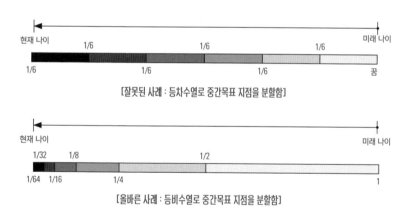

[잘못된 사례 : 등차수열로 중간목표 지점을 분할함]

[올바른 사례 : 등비수열로 중간목표 지점을 분할함]

수학에서는 '20-30-40-50'처럼 앞뒤 두 항의 차이가 모두 일정한

값(여기서는 10)으로 이루어진 수열을 등차수열이라 칭한다. 이와 달리, 앞뒤 차이가 '일정한 비율'로 구성된 수의 집합을 등비수열이라고 한다. 예를 들어, '80-40-20-10-5-2.5'처럼 앞뒤 차이가 1/2씩 감소하거나 혹은 그 반대로 1/2씩 증가하는 수들의 집합을 칭한다.

'꿈★지도'에는 통상적으로 일곱 가지 내외의 목표를 설정한다(대학생 또는 청년층의 경우 6~7가지, 중고등학생 또는 장년층의 경우 4~5가지). 이 중간 세부목표는 반드시 등비수열 개념을 적용해서 표현해야 한다. 만약, 등차수열을 적용하면 어떻게 될까? 예를 들어 '20세(현재)-30세-40세-50세-60세(미래)'로 구분해서 접근하면 두 가지 중대한 오류에 빠지고 만다. 현재 20세를 기점으로 보았을 때, 30세에 놓인 첫 번째 목표가 10년 뒤라는 상당히 먼 미래에 위치하게 돼, 그곳에 도달하기 전에 목표의식을 망각할 수 있다는 것이다. 설령, 목표를 기억하더라도 그곳을 향해 달려가는 과정에서 쉽게 포기할 수도 있다. 그래서 첫 번째 목표가 너무 멀리 놓이면 전혀 효과가 없다. 반면에 등비수열로 접근하면 현재 나이 20세를 기점으로 첫 번째 미래에 있는 중간목표가 6개월(혹은 3개월) 뒤로 설정되도록 만들 수 있다. 그 결과, 첫 번째 중간목표에 도달할 가능성이 그만큼 커진다.

덧붙여서 등비수열로 중간목표 지점을 분할할 때, 적용 구간도 잘 살펴야 한다. 앞서 천안문과 만리장성 중국집 사례처럼, 현재 시점에서 가까운 곳에 첫 번째 목표가 놓이도록 하는 것이 효과적이다. 다음의 잘못된 사례와 올바른 사례를 비교해보면 충분히 이해할 수 있을 것이다.

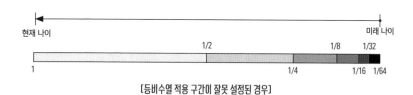

현재 나이　　　　　　　　　　　　　　　　　　　　　　　　　　　미래 나이

　　　　　　　　　　　　1/2　　　　　　　1/8　1/32

1　　　　　　　　　　　　　　　1/4　　　　1/16　1/64

[등비수열 적용 구간이 잘못 설정된 경우]

현재 나이　　　　　　　　　　　　　　　　　　　　　　　　　　　미래 나이

1/32　　1/8　　　　　　　1/2

1/64　1/16　　　1/4　　　　　　　　　　　　　　　　　　　　　　1

[등비수열 적용구간이 올바르게 설정된 경우]

6장
'꿈☆지도', 어떻게
만들어야 할까

'꿈'이라는 결과체는 '주요목표'라는 원인체를 통해 성취할 수 있는 대상이다. 그동안 막연히 상상했던 꿈이 더 이상 홀로 존재하지 않도록 이를 지지해줄 하위 수준의 주요목표들을 설정하고 이 둘을 인과관계로 결속시킨다.

다이어그램으로 사고하기

복잡한 문제를 간결하게 정리하는 사람이 있다. 명쾌한 논리로 대중을 압도하는 사람도 있다. 그들의 머릿속엔 과연 무엇이 있을까? 논리적 사고력이다. 태생적으로 좌뇌 역량이 탁월하거나 후천적으로 논리규칙에 기반한 사고력을 키운 덕분이다. 어려서 뇌 훈련을 꾸준히 하면 논리적 사고력을 키울 수 있다고 뇌 과학자들은 말한다.

그렇다면 우리는 어떻게 해야 할까? 시간을 거슬러 어린 시절로 돌아갈 수는 없는 노릇이다. 다행스럽게도 좋은 방안이 하나 있다. 바로, '다이어그램'을 이용하는 것이다. 다이어그램이란 우리 말로 '생각을 정리한 글 그림' 정도로 받아들이면 된다. 흩어진 생각의 파편을 간단한 문장으로 풀어내고 이것을 선, 화살표, 사각형, 원 등의 도형 요소와 연결해 종합적으로 정리한 그림이다.

일찍이 정보디자인 연구자들은 우리가 외부 세계의 무질서 상태를 많이 접할수록 그만큼 생각이 복잡해지고 사고의 과정이 추상적으로 변할 가능성이 크다고 봤다. 따라서 이런 상황에 매몰되지 않도록 적절히 대응할 수 있는 새로운 시각언어의 필요성을 인식했고, 그 대안의 하나로서 다이어그램이 효과적인 도구임을 강조해왔다.

정보디자인 전문가뿐만 아니라 연구원, 교수도 다이어그램을 활용한다. 연구계획서 내용을 총괄하여 보여줄 때 이보다 좋은 방식도 없다. 다이어그램은 주어진 개념에 대한 핵심사항과 하부내용의 관계를 큰 그림으로 통찰력 있게 파악하도록 도와주기 때문이다. 나 역시 수업 시간에 다이어그램을 자주 활용한다. 어려운 개념을 소개할 때 복잡하게 엉킨 실타래를 한 올 한 올 풀어서 설명하고, 학생들이 그 내용을 오랫동안 잊지 않도록 하기 위해서다. 골치 아픈 문제를 껴안고 머릿속으로만 궁리하면서 더 이상 갈팡질팡할 필요가 없다. 직접 다이어그램을 그려서 눈으로 확인하면 예상 밖의 해결책이 보인다.

다이어그램의 사례를 하나 소개하겠다. 초등학생 조카가 TV 중독이라고 가정해보자. 집에만 오면 TV 앞에서 자리를 뜰 줄 모른다. TV 좀 그만 보라고 하면, 자기도 학원 갔다 왔으니 이제 좀 TV 보면서 쉬어야 한다고 한다. 어떤 때는 일주일 동안 기다렸던 방송이니 꼭 봐야 한다고 말한다. 이런저런 핑계로 자신을 변론한다. 대충 해서는 절대 못 당해낸다. 조카를 굴복시킬 논리를 개발해야 한다. 자료를 찾아야 한다. 다행히 TV 과다 시청 폐해에 관한 자료는 인터넷에서 쉽게 찾을 수 있다. 수집된 자료를 통해 파악한 서너 가지 핵심사안을 다이어그램으로 정리해보면 다음과 같다.

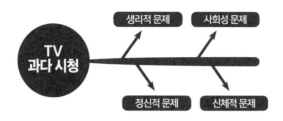

TV를 지나치게 많이 시청하면 여러 가지 안 좋은 문제가 생긴다. 크게 네 가지로 요약할 수 있다. 신체적 문제, 정신적 문제, 생리적 문제, 사회적 문제가 그것이다. 이제 각각의 사안에 대해 한 발짝 더 들어가보자.

TV를 과다 시청할 때 나타나는 신체적 문제는 시력 저하와 두통이다. 정신적 문제도 나타난다. 주의력을 지속하는 데 어려움을 느끼고 사소한 외부자극에도 산만해진다. 집중력이 떨어진 뇌는 더는 창조적인 생각을 꺼린다. 창조성 저하로 이어지는 것이다. 생리적 문제도 두 가지 측면으로 나타난다. 한자리에 오래 앉아 있게 되어 소화불량이 찾아온다. 수면장애도 나타난다. 어린이들이 TV를 한 시간 볼 때마다 수면시간이 7분씩 줄어든다는 연구 결과가 이를 뒷받침한다. 마지막으로 사회성 문제도 대두된다. 친구와 어울리는 시간이 줄어들기 때문에 또래집단과 사회적 상호작용이 부족해지고 TV에 노출된 폭력성도 학습하게 된다.

위 내용을 말로 표현하면 꽤 복잡할 것이다. 한 번에 암기하기에도 부담이 되는 분량이다. 그렇지만 다이어그램을 활용하면 간결하게 정리할 수 있다. 만드는 과정도 어렵지 않다. 도구는 종이와 연필 한 자루면 충분하다. '파워포인트'나 '아래아 한글'과 같은 컴퓨터 프로그램을 활용하면 깔끔해서 더 좋긴 하지만, 손으로 그려도 아무 상관 없다.

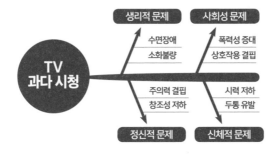

최종적으로 다이어그램이 완성되면, 이제 조카와 논리적으로 겨룰 준비는 끝났다. 하지만 타이밍을 잘 맞춰 설득해야 한다. 한창 TV를 보고 있을 때 공격하면 안 된다. 요즘 핫한 장난감 하나는 사줄 마음으로 거래를 해야 한다. 기회를 엿보다가 타이밍을 잡는다. 지금부터 5분 동안 삼촌이 하는 말을 잘 들어주면 장난감을 사주겠다고 해라.

그리고 다이어그램을 보여주면서 조목조목 TV 과다 시청이 왜 안 좋은지 설명해주는 것이다.

지난 수십 년 동안 다이어그램은 인간의 관념 속 이미지를 시각화하기 위한 도구로 널리 활용돼왔다. 그 중심에는 알반Albarn과 스미스Smith라는 두 인물이 있다. 이들은 1970년대에 '인간 사고의 도구'로서 다이어그램의 중요성과 효용가치를 강조했다.

"다이어그램은 관념이 구조화되는 증거이다. 그것은 관념의 특징을 명확히 드러내는 일종의 모델이다. 더 나아가 커뮤니케이션 속도가 빨라지도록 기능을 발휘하고 궁극적으로 적절한 구조화를 통해 또 다른 2차적 개념을 창출한다." 부연해 설명하면 이렇다. 다이어그램은 사람의 마음속 의식적 표상을 명확히 보여줄 수 있고, 더 나아가 다이어그램을 그리는 과정에서 미처 예상하지 못한 새로운 생각의 진전이 촉발된다는 것이다. 단언컨대, 복잡한 문제를 체계화하는 데 다이어그램만큼 좋은 것도 없다. 주어진 문제의 구조, 상황, 순서, 흐름이 한눈에 파악되도록 시각적으로 표현할 수 있기 때문이다. 만드는 방법도 어렵지 않다. 앞선 사례와 같이, 도형 몇 개를 선분과 화살표로 연결하고 단어, 문장과 함께 이미지를 완성하면 끝난다. 절대 어렵게 생각할 필요가 없다. 책에서 소개하는 대로 차분히 따라오면 누구나 자신의 '꿈★지도'를 다이어그램으로 표현해낼 수 있다.

2

피시본 다이어그램이란?

다이어그램에는 여러 유형이 있는데, 각각의 다이어그램은 객체의 상태, 구조, 관계를 표현하는 데 활용된다. 수학 시간에 배웠던 벤다이어그램은 합집합, 교집합 등 객체의 '상태'를 보여주고, 한 집안 족보에 있는 가계도(트리 다이어그램)는 가족 간의 '관계'와 '구조'를 보여준다. 우리가 표현할 '꿈★지도'는 상태, 구조, 관계를 한꺼번에 드러내야 한다. 현재와 미래의 꿈 사이에 놓인 주요목표를 구체적인 글로 묘사하는 것은 '상태'를 표현하는 일이다. 이에 덧붙여 해당 목표를 '구조화'하고 우선순위에 따라 '위계 관계'도 표현할 수 있어야 한다. 그렇기에 '꿈★지도'를 효과적으로 표현하는 데에는 피시본 다이어그램이 제격이다.

용어에서 알 수 있듯이, 이 다이어그램은 형태적으로 물고기 골격

모양을 닮았다. 물고기의 특징인 머리, 꼬리, 척추, 등뼈 가시, 배 가시 이미지를 활용해서 완성하기 때문에 그렇게 부른다. 기능적으로는 상태, 구조, 관계를 모두 담아낼 수 있다. 이 중에서도 피시본 다이어그램은 '관계'를 드러내는 데 가장 큰 효력을 발휘한다. 특히, 사건의 전후관계를 잘 표현할 수 있다는 장점이 있다. 무엇이 '원인'으로 작용하고 그 '결과'가 어떤지에 대한 인과관계를 일목요연하게 묘사할 수 있어서 '코즈-앤-이펙트 다이어그램Cause-and-Effect Diagram'으로도 불린다. 피시본 다이어그램은 1968년에 일본의 이시카와 가오루石川 馨라는 통계학 박사가 개발했으며 현재 창의적 문제해결 도구로 널리 활용되고 있다.

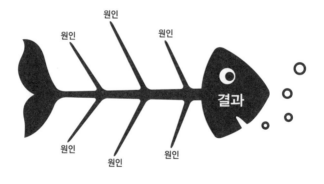

[피시본 다이어그램 기본 꼴]

이해를 돕기 위해, 먼저 피시본 다이어그램을 활용해 '원인'과 '결과'를 분석한 사례를 살펴보겠다. 피시본 다이어그램은 물고기 골격

형상과 닮았다고 했다. 그래서 크게 '머리-꼬리-척추-등뼈 가시-배 가시'가 있다. 이 형상을 적용해서 정연복 시인의 시, 〈영혼이 맑은 사람〉의 내용을 인과관계로 분석해보겠다. 먼저 시의 내용을 읽어보기 바란다.

영혼이 맑은 사람

영혼이 맑은 사람은
자기를 티내지 않는다

나 여기 있다고
수다스럽지도 않고

나를 좀 알아달라고
안달을 떠는 법도 없다

그냥 들꽃같이
조용하고 다소곳하다

그런데도 사람들은
느낌으로 금방 알 수 있다

꽃향기 바람 타고
멀리멀리 날아가듯

하늘이 제 모습
감출 길 없듯

해맑은 영혼이 풍기는
은은한 그 향취

우리 마음에 와닿아
생명을 살리는 기운이 된다

전체 내용을 다이어그램으로 정리해보자. 시의 핵심을 한마디로 요약하면 '영혼이 맑은 사람에게는 생명을 살리는 기운이 있다'이다. 여기서 '영혼이 맑은 사람'은 '원인체'에 해당한다. 이 원인 덕분에 '생명을 살리는 기운'이라는 최종 '결과체'가 도출되는 것이다.

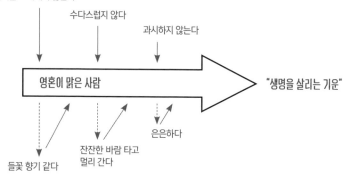

큰 화살표를 그려서 화살표 우측에는 '생명을 살리는 기운'을 적고, '척추'에는 '영혼이 맑은 사람'이라고 적는다. 이제 '가시선'을 만들어보겠다. 위아래 가시선에는 '영혼이 맑은 사람'의 직접적인 특성과 그것을 통해 파악되는 간접적인 특성을 짝지어 연결해보겠다. '등뼈 가시'를 살펴보자. '영혼이 맑은 사람'은 '자기를 드러내지 않는다.' 이것이 직접적 특성이다. 이제 '배 가시' 쪽을 보자. '영혼이 맑은 사람'은 '들꽃 향기 같다.' 이것은 간접적 특성이다. 유사한 방식으로 두 번째, 세 번째 가시선을 차례로 연결할 수 있다. '영혼이 맑은 사람'은 '수다스럽지 않다.' 그래서 '잔잔한 바람 타고 멀리 간다.' 마지막으로 '영혼이 맑은 사람'은 '과시하지 않는다.' 그래서 '은은하다.'

피시본 다이어그램을 적용해서 시 한 편의 핵심내용을 정리해봤다. 이 과정에서 중요한 것은 '원인체'와 '결과체'를 구분하는 것이다.

시의 마지막 행에 나온 '생명을 살리는 기운'을 결과체로 보고, 시의 제목인 '영혼이 맑은 사람'을 원인체로 파악했다. 이렇게 정리하면 시인의 생각을 큰 틀에서 구조적으로 파악할 수 있다. 혹시 자신만의 시를 쓰고 싶다면 이 과정을 역으로 적용할 수 있을 것이다. 먼저 얘기하고 싶은 핵심내용을 원인과 결과로 정리하고, 그다음에 중간 뼈대를 구성하는 표현을 개발한다. 다이어그램을 통해 시의 핵심내용을 체계화한 후 각각의 내용에 살을 덧붙이면 한 편의 시가 완성될 수 있다.

3

피시본 다이어그램으로 만드는 '꿈★지도'

><HHB

'꿈★지도'에서는 자신의 최종 꿈과 현재 나이 사이에 꼭 필요하다고 판단되는 몇 단계의 주요목표를 설정하는 것이 핵심이다. 최종 꿈에 도달할 수 있도록 지지해주는 버팀목으로서 하위 수준의 주요목표를 설정하는 것이다. 주요목표와 최종 꿈은 인과관계로 연결되어야 한다.

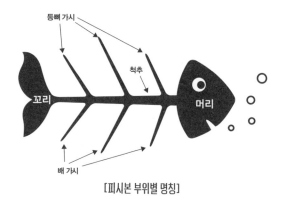

[피시본 부위별 명칭]

'꿈★지도'를 설명하기 위해 피시본의 부위별 명칭을 다시 한번 상기해보겠다. 피시본은 '머리-꼬리-척추, 등뼈 가시, 배 가시'로 형성된다. 지금부터는 이 용어를 사용해서 피시본 다이어그램을 '꿈★지도'로 변환시키는 방법을 살펴보겠다.

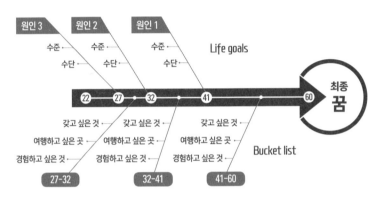

['꿈★지도' 기본 꼴]

꿈을 향한 출발점인 '현시점'은 물고기 '꼬리'에 해당한다. 최종 꿈이 놓인 시점은 물고기 '머리'다. 현시점과 최종 꿈은 꼬리와 머리 사이의 '척추'로 연결한다. 척추 상단부에 있는 '등뼈 가시들'은 꿈에 도달하는 중간 과정에 직접적으로 영향을 미치는 '주요목표'인 반면, 하단부의 '배 가시들'은 삶에 활력을 제공하는 '버킷리스트'로 채울 수 있다.

앞서 정연복 시인의 〈영혼이 맑은 사람〉을 피시본 다이어그램으로 분석한 내용을 참조하기 바란다. 등뼈 가시에는 '생명을 살리는 기운'의 직접적인 특성을 묘사했지만, 아래쪽 배 가시에는 '간접적 특성'을 연결했다. 피시본 다이어그램으로 '꿈★지도'를 묘사할 때도 마찬가지이다. 직접적으로 영향을 미치는 '주요목표'와 간접적이지만 삶에 에너지를 제공하는 '버킷리스트'를 구분해서 접근한다.

'주요목표'와 '버킷리스트'는 역할이 서로 다르다. 주요목표는 내 삶의 주연배우이고 버킷리스트는 조연배우라 생각하면 좋다. 영화에서는 주연배우의 역할이 제일 중요하지만, 그렇다고 조연배우를 빼놓으면 재미있는 영화를 완성할 수 없을 것이다. 우리 삶에서도 꿈 달성 과정에 큰 영향을 미치는 주요목표와 일상에 활력을 제공하는 버킷리스트를 페어링하면 완벽한 시너지를 이룰 수 있다.

피시본 다이어그램에서 '척추'는 머리와 꼬리를 연결하는 역할을 하는데 이는 시간이 흘러가는 경로이다. 즉, 현재 나이에서 출발해 미래 꿈에 다가가는 '시간의 흐름선'이다. 시간의 흐름선에는 최종 꿈에 도착하기 전에 반드시 거쳐야 하는 주요목표들을 배치한다. 이 목표는 척추에 연결된 '등뼈 가시'로 표현할 수 있다. 등뼈 가시에 놓인 '원인1', '원인2', '원인3'이 주요목표인 것이다. 높은 곳에 있는 물건을 사다리 없이 한 번에 잡을 수는 없다. 우리의 꿈도 마찬가지다. 반드시 몇 단계의 주요목표를 세우고 그 목표를 하나씩 밟고 올라가야 최종 꿈을 성취해낼 수 있다. 주요목표를 표기할 때는 목표 내용과 함께 그

'수준'이나 목표에 도달하는 '수단'까지 구체적으로 표현할 수 있다.

'배 가시'에 붙어 있는 버킷리스트에는 갖고 싶은 것, 여행하고 싶은 곳, 경험하고 싶은 것, 나누고 싶은 것, 베풀고 싶은 것 등 뭐든 원하는 내용을 적으면 된다. 각각의 내용을 달성 시점에 위치시키면 마무리된다.

4

꿈 물고기 '머리-꼬리-척추' 그리기

클라이밍이라 불리는 인공암벽 타기 스포츠가 있다. 모든 클라이밍 선수는 벽에 오르기 전에 '루트 파인딩Route Finding'을 통해 자신이 올라갈 경로를 머릿속으로 미리 파악해둔다. 이 과정을 생략하고 암벽에 오르는 선수는 아무도 없다. 루트 파인딩이 제대로 돼야 정상에 오르는 과정에서 취해야 할 적절한 손동작과 발동작을 준비할 수 있고 사전에 힘도 비축할 수 있다.

우리가 꿈을 성취하는 과정도 클라이밍에서의 루트 파인딩 과정과 닮았다. 현재라는 출발점에서 미래로 향하는 큰 경로를 파악해야 수월하게 꿈에 도달할 수 있다. 그래서 '꿈★지도'를 그리는 과정에서 전체적인 삶의 경로를 명료하게 파악할 수 있도록 중간 과정을 만드는 일이 가장 중요하다. 삶이라는 긴 여정에서 루트 파인딩이 가능하도록 꼭 필요한 분기점들을 그려내야 한다. 최종 도착지만 염두에 두고 이를 지지해줄 중간 수준의 목표가 없으면 꿈을 성취하기 어려워진다.

'꿈★지도' 작성 과정은 삶의 실체적 목표인 꿈을 선언하는 것으로부터 시작된다. 꿈을 선언한 이후엔 현재 시점과 미래의 꿈 사이에 반드시 거쳐가야 할 핵심 분기점들을 설정해야 한다. 이 분기점은 꿈을 이루기 위한 중간목표로서 현재와 미래를 관통하는 삶의 뼈대와 다름없다.

중간목표를 표현할 땐 주의가 필요하다. 생각나는 목표를 모두 나열하는 게 아니라 꿈 달성에 필요한 최소의 목표(통상적으로 일곱 개 이하)를 설정하고, 아울러 이 목표들이 꿈을 향해 동일한 방향으로 일관성 있게 놓이도록 만들어야 한다. 목표의 개수가 필요 이상으로 많아지거나 각각의 목표 사이에 일관성이 결여되면 그만큼 불필요한 삶의 곁줄기가 생긴다. 이런 방식은 삶의 에너지를 분산시킬 뿐 효과적인 '꿈★지도'라 할 수 없다.

정리하면 이렇다. 최종 꿈을 지지해줄 중간목표들을 정할 때 그 개수를 최소화하고 그것들이 의미상 최종 꿈과 정합하도록 설계해야 한다. 멋지게 그릴 생각은 안 해도 된다. 쉽고 편한 방법으로 진행해라. 손으로 그려도 좋고 컴퓨터 프로그램을 활용해도 상관없지만 명료하고 간결하게 만들어야 한다. 지금부터 전체를 13단계로 나눠 차근차근 설명해보겠다.

현재 시점, 미래 꿈 달성 시점 정하기

4절 캔트지 한 장을 준비하라. 연필과 30센티미터 자도 필요하다. 캔트지가 없다면 A3, A4 용지에 그려도 괜찮다. 그렇지만 작은 종이에 그리는 '꿈★지도'는 연습으로 생각하고, 다시 큰 종이에 옮겨 정리하기를 권한다. 종이의 크기가 클수록 사고의 틀이 그만큼 확장될 수 있기 때문이다.

[1단계]

현재 ●───────────────────────────○ 미래

종이를 가로로 놓고 좌우 양쪽에 점을 찍는다. 왼쪽 점엔 '현재', 오른쪽엔 '미래'라 적는다. 오른쪽 물고기 머리 부분이 '미래'고 왼쪽 꼬리 부분이 '현재'라고 생각하고 접근한다.

[2단계]

현재 ●───────────────────────────▶ 미래

물고기 머리 부분에 화살촉을 할당한다. 인생 여정에서 시간의 흐름이 '현재→미래'로 향하고 있음을 나타내기 위해서다.

현재 **23** ————————————————————————▶ **57** 미래

왼쪽 점에 현재 자신의 나이를 적는다(예시 23세). 미래가 표시된 우측 점에는 꿈을 성취할 예상 나이를 적는다(예시 57세).

꿈 성취 나이는 스스로 정해야 하고 사람마다 예상 나이도 다르다. 서로 다른 두 사람이 게임개발회사를 경영한다는 같은 꿈을 꾸고 있다고 가정해보자. 한 사람은 직원 20명 정도의 작은 게임 벤처회사를 생각하지만, 나머지 한 사람은 300명 이상의 큰 조직을 원한다. 게임개발회사 대표라는 동일한 꿈이지만 회사 규모는 서로 다르다. 당연히 같은 조건에서 출발해도 대표가 되는 시점(나이)은 달라질 수 있다. 상황과 조건을 고려해 자신이 원하는 꿈 달성 예상 나이를 정하면 된다.

꿈 달성 시점을 정하는 행위는 삶의 클라이맥스를 정하는 것과 같다. 흡사, 발단-전개-절정-결말로 이어지는 영화에서 절정의 순간을 어느 시점에 배치할지 결정하는 것처럼, 인생 여정을 염두에 두고 삶의 성취를 결정짓는 클라이맥스 시점을 스스로 정하는 것이다.

꿈 달성 시점을 정하는 데 어려움을 느낀다면 이렇게 해보자. 현재 중고등학생이라면 40~50세, 대학생이라면 45~60세, 30대라면 55~65세 정도가 좋겠다. 이는 현재 부모 나이를 연관 지어 추천한 것이다. 가령 자신이 22세이고 아버지 나이가 57세라면 꿈이 최종 완

성되는 시점을 아버지 나이인 57세 정도로 정하면 무리가 없다. 여성이라면 엄마 나이가 기준이 될 수 있다. 장년층은 좀 다르다. 건강상태와 예상수명을 고려해야 한다. 통계에 따르면 한국인 평균수명은 81.4세이다. 자신의 건강과 예상수명을 고려해 최종 꿈 달성 시점을 정하면 된다.

원하는 미래 시점에 꿈 할당하기

우측에 자신의 '최종 꿈'을 적어 넣는다. 예를 들어 '직원 100명 규모의 게임개발회사 대표로 활동함'이라고 설정해보겠다. 꿈은 내가 원하는 삶의 실체적 목표라 했다. 목표를 알아야 전진할 수 있다. 이 목표를 앞 단계에서 정한 미래의 마감 시간(57세) 위에 올려놓는다. 모든 목표는 마감 기한과 함께 인식할 때 달성 확률이 높아진다. 꿈을 어떻게 설정해야 좋을지 모르겠다면, 2장을 다시 참조하기 바란다.

[4단계]

꿈을 정할 때 간과하지 말아야 할 것이 있다. 오직 자신의 내면에 있는 간절함을 기초로 꿈을 생각해야 한다. 주위 사람의 시선을 의식하면 안 된다. 사회적 통념상 그럴싸한 모범적인 기준에 끌려가지도

말아야 한다. 꿈은 형태, 빛깔, 내용, 크기에 상관없이 반드시 자신의 꿈이어야 한다. 내 마음속 깊은 곳에서 꼭 필요하다고 갈망하는 바로 그 꿈 말이다. 한 번 더 강조한다. 남들 얘기로부터 끄집어낸 화려한 꿈이 아니라 자신에게 필요한 꿈이어야 한다. 내 몸에 맞지 않는 턱시도보다는 활동하기 편한 일상복을 선택하는 것이 유익하다.

꿈은 평범해도 좋고 특별해도 좋다. 내 제자 중 한 명은 자신이 꿈꾸던 경찰 공무원이 됐다. 지인 중 한 명은 지리산 자락에서 사과를 키우며 그림도 그리는 꿈을 갖고 있었다. 정형화된 꿈이든 또는 후자처럼 흔치 않은 색다른 꿈이든 상관없다. 유시민 작가가 언급했듯 "삶을 아름답게 만드는 인생의 품격은 평범함이나 비범함과 상관이 없다." 필요한 것은 오직 자신을 행복하게 해줄 수 있는 그 꿈을 선언하는 것뿐이다.

꿈의 형태를 정하는 완벽한 기준은 따로 없다. 직장, 직업, 일을 기준으로 해도 좋고 사회적 신분, 경제력으로 표기해도 괜찮다. 자신만의 독특한 방식도 좋다. 이를테면 '다문화가정 자녀들에게 멘토가 되는 사람', '우주 과학자가 되어서 한국의 우주 시대 서막을 열겠다'라는 식으로 표현해도 좋다. 불완전하더라도 현재 마음에 품고 있는 꿈이 있다면 주저하지 말고 '꿈★지도'를 그려보기 바란다. 자신이 확고히 갈망하는 꿈인지 아니면 모호한 허상인지는 '꿈★지도'를 그려보면 스스로 판단할 수 있다.

중간목표를 표현해내는 데 어려움이 없고 전체 경로를 마음속에서 잘 인식할 수 있다면 그것은 자신의 최종 꿈으로 설정하기에 충분하다. 하지만 '꿈★지도'를 그리는 과정에서 현재로부터 최종 꿈에 이르는 중간 경로를 표현해낼 수 없다면 그 이유를 진단해봐야 한다. 그것은 두 가지 연유 때문일 가능성이 크다. 첫째, 필요가 아닌 단순한 욕심으로 막연히 꿈을 생각하는 경우. 둘째, 갈망하고 있긴 하지만 어떻게 그곳에 도달해야 할지 방법을 모르는 경우. 전자라면 꿈을 다시 생각해봐야 한다. 자신의 내면과 대화하는 시간을 늘리고 삶의 방향과 의미가 어디에 놓여 있는지 다시 숙고해야 한다. 후자라면 걱정할 필요없다. 관련 분야의 전문가에게 조언을 구하면 해결된다. 예컨대 대학에서 학생들을 가르치는 꿈을 품고 있다면, 어떤 과정을 거쳐 교수가 될 수 있는지 기존 교수들에게 상담을 받으면 된다. 사례를 찾기 힘든 독특한 꿈을 품고 있는 경우라면 좀 더 노력해야 한다. 관련 자료를 찾아보고 도움을 받을 수 있는 사람을 찾아야 한다. 도움을 구할 사람이 다른 나라 사람이라면 정중히 이메일을 보내면 좋다. 용기를 내면 예상치 못한 행운이 반드시 찾아온다. 사람을 만나고 이메일을 보내는 행위가 번거롭게 느껴진다면 그 꿈은 자신의 꿈이 아니다. 모든 꿈은 간절함에서 시작된다. 간절함이 없다면 그건 꿈이 아니라 욕심에서 기인한 허상일 뿐이다.

5

꿈 물고기 '등뼈 가시' 그리기

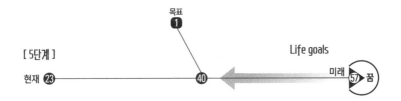

꿈 달성을 위한 첫 번째 목표 정하기

현재와 꿈 달성 나이를 절반으로 나눈 나이를 '척추' 중앙에 표시
하라. 현재 23세이고 미래의 꿈을 성취하는 나이가 57세라고 가정하
면 중앙은 40세이다.

40세 위에 '목표1'을 기입한다. 57세에 꿈을 달성하기 위해 40세에

무엇을 하고 있어야 효과적인지를 정하는 것이다. 예를 들어, 57세에 직원 100명 규모의 게임개발회사 최고경영자가 되겠다는 꿈이 있다면 '목표1'은 '게임 벤처회사 설립' 또는 '직원 30명 정도의 중견 게임개발회사의 본부장' 정도가 적합할 것이다. 왜냐하면, 57세에 게임개발회사 최고경영자가 되려면 40세 정도엔 게임 분야가 어떤 특성을 갖고 운영되는지를 직간접적으로 체험하고 있어야 하기 때문이다. 능력 있는 직원을 채용하는 방법과 회사 운영자금을 어떻게 관리하는지 등을 알아야 한다. 개발한 게임에 대한 마케팅 전략을 포함해서 회사 경영에 필요한 전체적인 흐름을 파악하고 있어야 한다. 40세에 게임 벤처 대표 또는 중견 게임회사의 간부가 된다면 큰 틀에서 게임개발, 인력 운영, 자금 유입, 마케팅, 수익모델 관리 등 전반적인 내용을 경험할 수 있을 것이다.

'목표1'을 정하는 과정의 핵심은 다음과 같다. 현재 나이(23세)를 기준으로 앞으로 40세에 어떤 목표에 도달할 것인가를 생각하는 것이 아니라, 57세의 최종 꿈을 달성하기 위해 40세에 필연적으로 무엇을 하고 있어야 할지를 생각해야 한다. 맨 우측에 있는 57세의 꿈을 원인체로 생각하고 40세에 달성할 '목표1'을 결과체로 인식하라는 뜻이다. 뒤바꿔 생각하면 안 된다. 꿈 물고기 '척추' 위에 음영으로 표시된 '넓고 큰 화살표'가 바로 그 중요성을 담고 있다. 실제 '꿈★지도'에서는 이 화살표를 그려 넣지 않는다.

'목표1'을 기술할 때는 현재 시제로 표현하는 것이 좋다. 이를테

면 '게임벤처회사 대표'보다는 '게임벤처회사 대표로 활동하고 있음'
으로 서술한다. 우리 뇌가 목표가 이뤄진 것처럼 착각하도록 긍정적
인 각인효과를 불어넣는 것이다. 이를 활용하면 좋은 점이 하나 더 있
다. 뇌가 도파민이라는 호르몬 분비를 도와주어 목표에 대한 자신감
이 높아진다. 도파민은 스트레스를 해소하고 동기를 유발하는 유익
한 물질이다.

꿈 달성을 위한 두 번째 목표 정하기

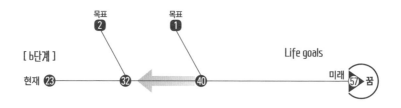

이제 '목표2'를 정할 차례이다. '목표2'의 위치는 현재 나이 23세와
'목표1'의 40세를 절반으로 나눈 곳으로 해당 나이는 32세이다.

앞서 40세, '목표1'이 중견 게임회사 간부(부장, 본부장, 이사)였다면,
'목표2' 시점인 32세에는 게임회사 과장, 대리 정도로 근무한다고 생
각하면 된다. 40세에 중견 게임업체 간부가 되려면 이론만 아는 것으
로는 부족하다. 직접 몸으로 게임개발에 참여하면서 40세 이전에 다

양한 실무경험을 쌓아야 한다. 게임개발 업무, 관리 업무, 마케팅 업무 등 필요한 분야에서 몸으로 부대끼면서 업무 특성을 파악할 필요가 있다. 과장이나 대리는 직접 실무를 책임지는 위치이다. 그렇기에 32세의 '목표2'는 '게임개발회사 과장으로 근무하고 있음' 정도로 표기하면 된다.

'목표2'를 표기할 때 주의해야 할 중요한 사항이 있다. '목표2'를 정하면서 맨 우측 '최종 꿈'에서 선언한 내용은 전혀 신경 쓰지 말아야 한다는 점이다. 게임회사 최고경영자라는 꿈은 '목표1'을 정할 때만 고려하면 된다. '목표2'에서는 앞서 '목표1'에 선언한 내용을 달성하기 위해 32세에 무엇을 하고 있어야 효과적인지만 생각한다. '목표2'를 설정하기 위한 출발점을 '최종 꿈'이 아닌 '목표1'로 삼아야 한다는 뜻이다. 그 이유는 바로 다음에 이어지는 '세 번째 목표 정하기'에서 설명하도록 하겠다.

꿈 달성을 위한 세 번째 목표 정하기

'목표3'을 정하는 과정은 '목표2'를 정할 때와 동일하다. 현재 나이 23세와 '목표2'의 32세 사이를 절반으로 나눈 나이에 '목표3'을 할당한다. 해당 나이는 27세이다. 32세 때 목표인 '게임개발회사 과장'이 되려면 27세에 어떤 일을 해야 효과적인지를 생각해본다. 이를테면 온라인 게임개발 업무 담당자로 일하는 것을 예상할 수 있다. 따라

서 '목표3'은 '온라인 게임개발 업무 담당자로 일하고 있음'으로 표기
할 수 있다.

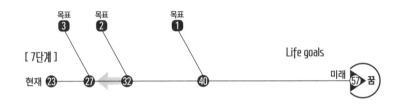

　그런데 여기에서는 한 가지 내용을 더 신경 써야 한다. 가능하면
목표를 구체적으로 기록해야 한다는 것이다. 어떻게 해야 '온라인 게
임개발 업무 담당자로 일하고 있음'보다 더 구체적으로 기술할 수 있
을까? 예를 들어 회사명을 함께 표기할 수 있다. 게임개발회사는 국
내외에 많다. 그중에서 자신이 일하고 싶은 회사를 정하면 된다. '카
트라이더', '메이플스토리', '서든어택' 등의 게임으로 전 세계 게이머
들에게 각광받은 회사가 있다. 바로 넥슨이다. 만약 넥슨에서 일하는
것을 고려한다면 '목표3'은 '넥슨에서 온라인 게임개발 업무 담당자
로 일하고 있음'이 된다. 모든 목표는 구체적으로 설정할수록 효과가
배가된다. 목표가 구체적일 때 우리 뇌가 해당 정보를 망각하지 않기
때문이다. 뇌 과학에서는 정보가 구체적으로 정립되는 것을 '정교화
과정'이라 부른다. 정교화 과정을 거친 정보는 쉽게 사라지지 않고 오
랫동안 뇌에 저장된다.

'목표3'을 정할 때도 맨 우측 '최종 꿈'은 염두에 두지 말아야 한다. 57세의 최종 꿈을 신경 쓰면 27세에 달성할 목표를 정하는 과정에서 갈피를 잡지 못한다. 너무 다양한 목표가 떠올라서 무엇이 올바른지 판단할 수 없게 된다. 앞서 설정한 '목표1', '목표2'와 일관된 정합성도 부족해진다. 더 큰 문제는 최종 꿈을 달성할 가능성이 매우 낮아진다는 것이다. 왜 그런지 설명해보겠다.

우리가 '꿈★지도'를 그리는 이유는 단지 자신의 꿈을 확인하기 위해서가 아니다. 궁극적으로는 꿈을 달성하기 위함이다. 꿈을 효과적으로 달성하려면 중간에 놓인 목표가 연속성 있는 인과관계로 묘사되어야 한다. 마치 도미노를 만드는 행위와 유사하다. 이해를 돕기 위해 사례를 들어보겠다.

프레온가스 사용이 지구 환경파괴의 주범이라는 견해가 있다. 심지어 프레온가스 배출 때문에 머지않아 지구 종말이 찾아온다고 예측하는 사람도 있다. 왠지 그럴 것 같다는 생각이 들고 일부 공감이 간다. 하지만 설명하려면 꽤 어렵다. 프레온가스와 지구 종말이라는 두 대상이 개념적으로 너무나 동떨어져 있기 때문이다. 두 대상이 명확하게 어떤 성격으로 연결되는지 설명하려면 중간 과정의 내용이 단계별로 추가되어야 한다.

먼저, '해수면 상승' 때문에 바닷물이 땅을 덮는 '지구 종말'이 찾아온다고 전제해보겠다. 이제 '해수면 상승'의 원인이 무엇인지를 생각해보자. 극지방의 빙하가 녹기 때문에 해수면이 상승한다. '해수면 상승'의 원인체는 '빙하의 액화'인 것이다. 그렇다면 극지방의 빙하가 녹는 원인도 있을 것이다. 정답은 '오존층 파괴'이다. 마지막으로 오존층이 파괴되는 이유를 '프레온가스'의 방출로 정리할 수 있다.

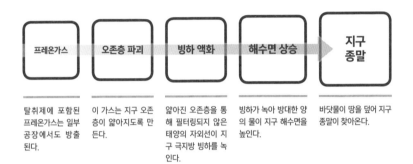

프레온가스	오존층 파괴	빙하 액화	해수면 상승	지구 종말
탈취제에 포함된 프레온가스는 일부 공장에서도 방출된다.	이 가스는 지구 오존층이 얇아지도록 만든다.	얇아진 오존층을 통해 필터링되지 않은 태양의 자외선이 지구 극지방 빙하를 녹인다.	빙하가 녹아 방대한 양의 물이 지구 해수면을 높인다.	바닷물이 땅을 덮어 지구 종말이 찾아온다.

정리해보겠다. 처음부터 '지구 종말'이 '프레온가스' 때문이라고 생각하기는 쉽지 않다. '지구 종말'과 '프레온가스'의 관계가 개념적으로 가깝지 않기 때문이다. 그러나 도미노를 만드는 방식처럼, 프레온가스→오존층 파괴, 오존층 파괴→빙하 액화, 빙하 액화→해수면 상승, 해수면 상승→지구 종말로 분절시켜 정리하면 쉬워진다. 가까운 내용을 도미노처럼 순차적으로 연결하는 것이다. 이렇게 정리하면 전체 내용이 연속성 있는 인과관계로 훌륭히 묘사된다.

'꿈★지도'도 마찬가지다. 매번 '최종 꿈'만 생각하면서 중간의 여러 목표를 한꺼번에 설정하는 것은 잘못된 방식이다. 상위목표와 뒤따르는 목표 사이의 인과관계가 명확히 드러날 수 있도록 한 번에 한 쌍씩 분절시켜 접근해야 한다. 최종 꿈→목표1, 목표1→목표2, 목표2→목표3과 같은 방식으로 정리하면 목표들 사이의 인과관계와 연속성이 확보된다.

이 방식을 추천하는 이유는 명확하다. 단지 '꿈★지도'를 그리는 데서 끝내지 않고, 실질적으로 꿈을 달성하도록 만들기 위해서이다. 만약, 최종 꿈→목표1, 최종 꿈→목표2, 최종 꿈→목표3과 같은 방식을 적용하면 어떻게 될까? 최종 꿈→목표2, 최종 꿈→목표3 부분에서 다음 세 가지 문제가 나타난다. 첫째, '목표2'나 '목표3'을 구체적으로 연상하는 행위가 어려워진다. 너무 다양한 목표가 머릿속에 떠올라 갈팡질팡하게 된다. 둘째, 목표를 떠올렸다 하더라도 그 내용을 현실적인 목표로 설정하려면 엄두가 나지 않는다. 57세에 달성할 최종 꿈은 거대해 보이고 상대적으로 현재 자신의 모습은 초라해 보이기 때문이다. 당연히 꿈을 향해 달려갈 용기가 나지 않는다. 셋째, 설사 용기가 생겨도 열정을 지속시키기 어렵다. 이 부분은 설명이 더 필요한데, 앞서 앤절라 교수가 밝힌 '성취 = 재능 × 그릿^2' 개념을 상기해보면 좋겠다. 그릿은 열정과 끈기로 구성된다. 대부분은 열정 점수가 끈기 점수보다 낮게 나타난다. 오랫동안 같은 목표에 일관되게 집중하는 '열정'이 좌절을 딛고 일어서는 '끈기'보다 어렵다는 뜻이다. '목표3'이 놓여 있는 27세부터 최종 꿈이 있는 57세까지는 30년이라는 시간이 필요하다. 57세의 최종 꿈을 염두에 두고 '목표3'을 정한다는 것은 향후 30년 동안 최종 꿈에 대한 열정을 지속시킬 수 있을 때

나 비로소 가능한 이야기다. 하지만 30년 동안 흔들리지 않고 한 가지 목표에 열정을 불태우기란 결코 쉬운 일이 아니다. 이런 이유로 27세의 '목표3'을 정할 때는 32세의 '목표2'만 고려하는 것이다. 30년보다는 5년 동안 열정을 지속시키기가 훨씬 수월하다.

'목표3'에 관한 이야기를 정리해보겠다. 현재 57세의 최종 꿈을 바라보면서 27세에 어떤 목표에 도달할지를 생각하는 것이 아니라, 32세의 '목표2'를 달성하기 위해 27세의 '목표3'을 정해야 한다. '목표2'에 도달하기 위해 '목표3' 시점에 필연적으로 무엇을 하고 있어야 할지 생각하면 된다. '목표3'을 정하기 위한 출발점은 최종 꿈이 아니라 '목표2'인 것이다. '목표2'만 바라보면서 '목표3'을 설정해라.

네 번째, 다섯 번째, 여섯 번째 목표 정하기

'꿈★지도'에 목표를 정할 때는 미래 방향에 놓여 있는 바로 앞 단계 목표를 기준으로 삼아야 한다. 현재를 기점으로 미래를 바라보지 말고, 미래를 기준으로 현재의 목표를 정하는 것이다. 그래야 꿈에 도달하는 단계별 여정을 쉽게 구현할 수 있다.

이제 '목표4', '목표5', '목표6'을 정할 차례다. 방법은 '목표2', '목표3'을 설정하는 과정과 동일하다. '목표3'만 바라보면서 '목표4'를 정한다. 그리고 '목표4'만 고려하면서 '목표5'를 정한다. '목표6'도 마찬가지다.

이때 주의해야 할 부분이 있다. 앞선 '목표1', '목표2', '목표3'과 무엇이 다른지를 이해해야 한다. 이를테면 '목표1', '목표2', '목표3'은 27세 이후에 달성할 사항이다. 일반적으로 대학 졸업 후 직장생활을 하면서 성취할 대상이다. 그런 점에서 직장명, 직함, 담당 업무, 일의 내용 등을 목표로 기술했다. 그러나 '목표4', '목표5', '목표6'은 대학에서 학업을 진행하는 동안 성취할 목표이다. 직장생활 시기가 아니므로 이 기간의 목표는 직장, 직함, 담당 업무, 일의 내용이 아니라 학업 분야, 공부할 내용, 자격증, 수상경력 등으로 채울 수 있다.

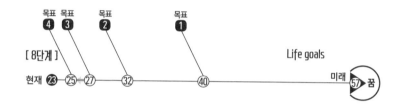

'목표4'를 기술할 때도 구체적으로 접근하는 것이 좋다. '목표3'을 전제로 '목표4'를 생각해보겠다. '목표3'은 '넥슨에서 온라인 게임개발 업무 담당자로 일하고 있음'으로 설정하였다. 따라서 25세의 '목표4'는 '넥슨 대학생 게임 공모전에서 수상함' 정도로 정할 수 있다. 넥슨 대학생 게임 공모전에서 수상실적을 확보하면 특별채용으로 넥슨에 입사할 기회를 잡을 수 있다.

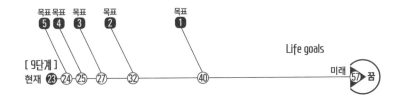

이제 '목표5'는 어떻게 정해야 할까? 25세에 넥슨 게임 공모전에서 입상하려면 그에 걸맞은 게임 프로그래밍 실력을 갖춰야 한다. 대학이나 학원에서 관련 교육 프로그램을 찾아 '목표5'에 할당한다. 24세의 '목표5'는 '프로그래밍 언어 C++ 고급반 교육을 수료함' 또는 'C++로 나만의 게임을 개발함' 정도로 생각해볼 수 있다.

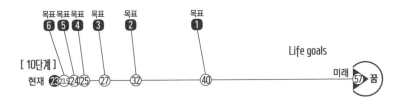

마지막으로 '목표6'을 생각해보겠다. '목표6'에 해당하는 나이는 현재 자신의 나이로부터 6개월 앞에 놓는다. 현재 23세라면 '목표6'에 해당하는 나이는 23.5세가 된다. 설정 목표도 '목표5'에 비해 거창하지 않다. 6개월 뒤에 달성할 목표는 'C++ 초급 교육과정을 수료함' 정도가 될 수 있다. 6개월 동안 C++이라는 게임 프로그래밍 언어에 대

한 기초지식을 확보하는 것이다. 고급 수준의 프로그래밍 능력은 '목표5'에서 달성하면 된다. 그래서 '목표6'은 두렵지 않다. 충분히 도전해볼 만하다고 느껴진다. 만만한 목표가 6개월 이내에 있으면 '열정'을 지속시키기가 어렵지 않다. 쉽사리 포기하지 않게 된다.

지금까지 '최종 꿈'과 '현재' 사이에 놓여 있는 중간목표 여섯 가지를 정하는 과정을 살펴보았다. 20대~30대라면 꿈을 달성하는 과정의 중간목표가 6~7가지 내외 정도로 정해진다. 고등학생이라면 7가지 정도 된다. 반면 장년층이라면 4~5가지 정도면 충분할 수 있다. 초등학생이나 중학생도 4~5가지로 정하는 것이 좋다. 세상에 대한 이해가 부족할 때는 간결한 목표가 효과적이다. 이 시점에서 제일 중요한 점은 목표 개수가 일곱 가지를 넘기지 않도록 하는 것이다. 왜 그런지 살펴보겠다.

우리 뇌는 순간적으로 정보를 처리할 수 있는 용량이 제한적이다. 한 번에 다룰 수 있는 정보처리 용량은 '7±2'이다. 약 아홉 개(7+2)에서 다섯 개(7-2)를 처리한다는 뜻이다. 이는 미국 심리학자인 조지 밀러George Miller가 연구를 통해 밝혀낸 사실로, 〈마법의 수 7 플러스 마이너스 2: 정보처리 용량의 한계The Magical Number Seven, Plus or Minus Two: Some Limits on our Capacity for Processing Information〉이라는 논문에 관련 내용을 담았다.

우리 뇌에는 정보를 처리하는 세 가지 영역이 있다. 첫째는 감각기관을 통해 들어온 정보를 2초 이내로 짧게 감지하는 '감각기억' 영역이다. 감각기억으로 유입된 정보 중에서 집중할 대상이 선택되고, 이런 주의집중 과정을 거친 내용이 '작업기억' 영역으로 넘어간다. 이곳은 논리화, 추상화 작업을 통해 입력된 정보를 능동적으로 이해하는 영역이다. 정보가 '작업기억' 영역에 머무르는 시간은 통상 2분 정도로 짧다. 작업기억 영역에 있는 정보 중 오랫동안 저장할 필요가 있는 대상은 '장기기억' 영역에 보관된다. 이른바 부호화 과정을 거쳐 보관되는 것이다. 부호화란 유입된 정보를 자신이 기억하기 쉬운 형태로 재구성한다는 뜻이다. 이야기 형태로 바꾸든 이미 자신이 잘 알고 있는 정보와 짝짓기를 하든 기억하기 쉬운 형태로 만드는 것이다. 장기기억 정보는 짧게는 몇 분 동안, 길게는 평생 저장될 수 있다. 장기기억으로 저장된 정보는 필요할 때 작업기억 영역으로 다시 소환할 수 있다. 예컨대 기억을 더듬는 행위는 장기기억 영역에 저장된 정보를 작업기억 영역으로 다시 끄집어내는 활동을 의미한다.

감각기억 —주의집중→ **작업기억** —부호화→/←인출(소환)— **장기기억**

앞서 설명한 '인간의 정보처리 용량 7±2'의 개념은 작업기억, 장기기억과 밀접한 관련이 있다. 감각기억을 통해 유입된 정보가 지나치게 많으면 모든 정보에 집중하는 것이 아니라 필요하다고 판단된 정보를 일곱 개 내외로 한정해 처리할 수 있다는 것이다. 또 장기기억에 저장된 정보도 필요에 따라 작업기억 영역으로 소환되는데, 이 과정에서도 정보를 한꺼번에 대량으로 처리하지 못한다. 보통 사람이라면 일곱 개 내외만 처리할 수 있다.

'꿈★지도' 작성 얘기로 돌아가보자. '꿈★지도'를 만들 때 중간목표는 6~7가지 이내로 설정하라고 추천했다. 필요하면 언제든 그 내용을 눈감고도 떠올릴 수 있어야 하기 때문이다. 삶에 지쳐 있거나 힘든 상황에서 장기기억에 저장된 자신의 '꿈★지도' 내용을 작업기억으로 소환해서 힘을 얻을 수 있어야 한다. '꿈★지도'를 상기하면 다시 마음을 가다듬을 수 있다. 반대로 중간목표가 6~7가지 이상이면 기억 소환이 어려워진다. 순간적으로 처리할 수 있는 정보 용량의 한계를 초월했기 때문이다. 그래서 중간목표를 최소화하는 것이 유리하다. 6~7가지 내외로 목표를 설정하면 힘들이지 않고 필요할 때마다 그 내용을 상기할 수 있다.

목표를 정할 때는 이전 단계 상위목표만을 생각하고 현재 목표를 정하는 것이 가장 중요하다고 했다. 만일 중간목표를 정할 때마다 인생의 '최종 꿈'과 결부해 접근하면 '꿈★지도'가 어수선해지고 일관성이 없어진다. 각각의 중간목표가 앞뒤 단계별로 정합성을 유지해야 '부호화'와 '인출(소환)' 과정이 쉬워진다. 생각을 단순화해 바로 직전의 상위 단계 목표에 집중하고 그것을 달성하기 위해 꼭 필요한 목표를 다음 단계에 기술해야 한다. 다시 한번 강조하건대 이 부분이 중간목표를 설정하는 과정에서 제일 중요하다. 앞서 프레온가스 사용이 지구 종말로 연결되는 도미노를 다시 한번 상기해보기 바란다.

이렇게 '꿈☆지도'를 완성하면 꿈을 달성하기 위한 여정이 훨씬 명료해진다. '꿈☆지도' 내용대로 실천하는 것도 어렵게 느껴지지 않는다. 현재 23세이고 다음에 놓여 있는 23.5세의 목표는 '목표6'이다. 즉, 'C++ 초급 교육과정을 수료함'이다. 따라서 지금은 최종 꿈인 '직원 100명 규모의 게임개발회사 대표로 활동함'은 신경 쓰지 않아도 된다. 오늘 해야 할 일은 현재를 기준으로 바로 다음 목표인 23.5세의 '목표6'을 향해 노력하는 것이다. 23세인 오늘은 57세의 꿈을 염두에 둘 필요가 전혀 없다. 오늘부터 23.5세가 될 때까지 6개월은 오직 '목표6'을 위해 열정을 불태우면 충분하다. '목표6'의 내용은 그다지 어렵지 않다. 'C++ 초급반 교육과정을 수료함' 정도는 만만하다. 두려워할 필요 없이 조금만 노력하면 도달할 수 있는 목표인 셈이다.

6개월이 지난 23.5세 이후에는 어떻게 해야 할까? 짐작하는 바와 같이 다음 단계인 24세의 '목표5'만 바라보고 달려가면 된다. '목표5'가 성취되면 1년 뒤 25세의 목표인 '목표4'를 염두에 두고 노력하면 된다. 그다음엔 2년 뒤 목표인 '목표3' 또 그다음엔 4~5년 뒤의 목표인 '목표2'에 집중하는 것이다. '목표2'에 도달하면, 약 8년 뒤에 놓여 있는 '목표1'을 생각하고 준비하면 된다. 드디어 '목표1'에 도달했다고 가정해보자. 이제 남은 것은 '최종 꿈'밖에 없다. '목표1'에 도착한 40세부터는 57세의 '최종 꿈'을 향해 달려가면 된다. '목표6'~'목표1'을 모두 달성했다면 최종 꿈을 성취할 자신감이 넘칠 것이다. 그동안 여섯 번에 걸쳐 자신의 목표를 성취해낸 사람이라면 세상에서 이루지 못할 일이 없다.

'목표1'에 도달했을 때 혹시 40세와 '최종 꿈'이 놓여 있는 57세 사이의 간극이 너무 멀다고 느껴지면 어떻게 해야 할까? 17년 동안 열정을 불태울 자신감이 없다면 어떻게 해야 할까? 맞다. 미루어 짐작하는 바와 같다. 40세부터 57세 최종 꿈에 도달하기까지 중간목표를 또다시 세우면 된다. 3~4개 내외의 목표를 설정하고 단계별로 추진하면 모든 일이 가능해진다. 40세가 되었을 때 다시 한번 '꿈★지도'를 새롭게 작성하는 것이다.

이제 정리해보겠다. 피시본 다이어그램을 활용함으로써 '꿈★지도'에서 무엇이 '원인체'이고 또 '결과체'인지 드러났다. 또 최종 꿈이라는 '결과체'는 주요목표라는 '원인체'에 의해 성취 가능한 대상으로 변모했다. 그동안 관념 속에 있던 '꿈'이 더는 홀로 존재하지 않고 이를 지지해줄 하위 수준의 주요목표들과 손을 잡음으로써 잠에서 깨어나게 된 것이다. '꿈'이 이제야 비로소 손을 뻗으면 만져지는 실체적 대상으로 변했다. 마음속 상상의 대상이 내 눈앞에 현실로 나타나게 된 것이다. 지금부터는 최종 꿈과 주요목표 사이에 버킷리스트를 할당해보자. 주요목표가 삶의 큰 뼈대라면, 다음에 설명하는 버킷리스트는 뼈대에 붙어 있는 근육 정도로 생각하면 좋겠다.

6

꿈 물고기 '배 가시' 그리기

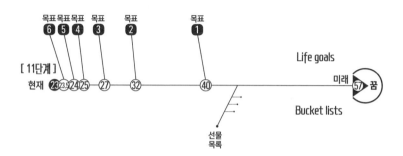

버킷리스트 할당하기

꿈 물고기 '배 가시' 부분에 버킷리스트를 할당한다. '등뼈 가시'와
연결했던 '목표1~목표6'은 최종 꿈을 달성하는 데 필요한 주요목표
였다. 꿈 성취에 결정적으로 영향을 미친다는 뜻에서 주요목표라 칭
했다. 반면에 배 가시 부분의 버킷리스트는 앞서 주요목표들이 잘 추
진되도록 돕는 역할을 담당한다.

그렇다면 버킷리스트를 어떻게 할당하면 좋을까? 지금부터는 버킷리스트를 자신에게 주는 '보상'이나 타인에게 선사하는 '선물' 목록으로 생각하겠다. 이를테면 40세에 '목표1'을 성취한 이후에 자신을 격려하기 위해 보상을 할 수 있다. 갖고 싶은 것, 여행하고 싶은 곳, 경험해보고 싶은 일 등은 훌륭한 보상물이다. 그렇지만 목록이 지나치게 많아지지 않도록 개수를 제한하기를 추천한다. 예상했던 것보다 다소 목록이 많아질 땐 우선 '보상목록 꾸러미 이름'을 하나 정하고 그 하부에 '세부적인 보상물'을 2~3개 내외로 만들어 묶음으로 정리한다. 일례로 '서재 만들기'라는 꾸러미 이름을 만들고, 그 하부에 ① 암체어 구입 ② 진공관 오디오 설치 ③ 풍경화 작품 구입 등을 넣을 수 있다.

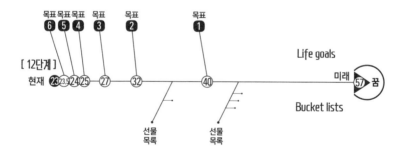

이제 '목표2'를 32세에 달성했다고 가정하고 그에 어울리는 긍정적 보상(선물)을 버킷리스트에 할당할 수 있다. 보상 시점은 32세~40세

사이에서 자신이 원하는 시점으로 정한다. '목표3'을 달성한 이후에
도 마찬가지로 자신이 원하는 긍정적 보상물을 배치한다.

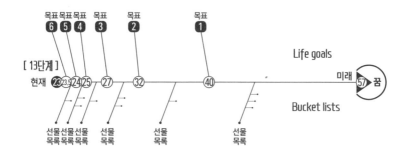

앞서 설명한 방식으로 '목표4~목표6' 사이에도 버킷리스트를 할
당한다. 각각의 내용이 반드시 멋질 필요는 없다. 소소하지만 살아가
는 동안 하고 싶은 일, 가보고 싶은 곳, 갖고 싶은 것이 있다면 뭐든
상관없다. 무겁고 거창한 내용을 버킷리스트로 정하는 것은 좋지 않
다. 버킷리스트 항목은 성취해야 할 목표가 아니라 삶을 풍요롭게 만
드는 보상(선물) 그 자체로서 의미가 있기 때문이다.

지금까지 13단계로 구성된 꿈 물고기를 완성했다. 물고기 골격을
접목한 피시본 다이어그램이 그동안 우리가 원하던 바로 그 '꿈★지
도'이다. 현재와 미래 사이에 반드시 달성해야 할 주요목표를 우선순
위에 따라 조직화했고 또 각각의 목표가 달성되어야 할 시점도 정했

다. 덧붙여 삶을 풍요롭게 만드는 버킷리스트도 함께 연결했다. 꿈이라는 삶의 실체적 목표를 달성하기 위해 꼭 필요한 하위 수준의 단계별 목표와 이를 지원해줄 버킷리스트가 한눈에 들어오도록 일목요연하게 시각화된 것이다.

이제 정리해보자. 꿈 물고기 척추를 중심으로 상단 등뼈 가시와 하단부 배 가시로 나눈 것은 '꿈'이라는 영화에서 주연배우(주요목표)와 이를 보조하는 조연배우(버킷리스트)가 각각의 역할로 균형감 있게 짝을 이루도록 만들기 위함이다. 최종 꿈 달성에 직접적으로 영향을 미치는 주요목표는 주연배우이고, 이 목표들이 달성되는 순간마다 이벤트로 제공되는 보상물과 선물은 조연배우다. 꿈이라는 영화는 주연배우 혼자서 끌고 갈 수 없다. 조연배우가 등장해야 감칠맛이 생긴다. 주요목표와 버킷리스트가 짝을 맞추어 페어링될 때 비로소 멋진 '꿈★지도'가 완성된다. 이제 삶의 큰 줄기가 제대로 만들어졌고, 앞으로는 더 이상 길을 잃지 않고 자신의 꿈을 향해 달려갈 수 있게 되었다.

7

중간목표를 제대로 설정하려면

'올바른 사례'와 '잘못된 사례'를 비교하면서 '꿈★지도'를 제대로 완성하는 방법을 다시 한번 정리해보자. 너무나도 중요해서 한 번 더 강조하려는 것이다.

'올바른 사례'는 출발지점(1)인 미래 꿈 달성 나이에서 시작해 현재 나이의 도착지점(1/64)으로 향하는 여정이 '등비수열'로 짜여 있다. 1 지점에서 다음 1/2 지점으로 여정이 진행되고 또 이는 1/4 지점→1/8 지점→1/16 지점→1/32→1/64 지점으로 향한다. 첫 출발지(1)에서 다음 목표(1/2)로 향하는 시간 간격이 가장 길고 그다음부터 절반씩 순차적으로 시간이 짧아지는 것을 확인할 수 있다.

도착지점
(현재 나이)

출발지점
(꿈 달성 나이)

1/32

1/64 1/16 1/8   1/4   1/2   1

[올바른 사례 : 등비수열로 중간목표 지점을 분할함]

이와 같은 등비수열 형식에는 한 가지 큰 비밀이 담겨 있다. 앞서 중국집(천안문 vs. 만리장성) 스탬프 얘기에서 소개했던 '목표 가속화 효과'다. 목표 가속화 효과란 사람들이 목표에 가까워질수록 더욱 동기를 부여받고, 행동도 더욱 촉진되는 현상을 일컫는 심리학적 개념이라 설명했다. 뒤집어 말하면 목표가 너무 멀리 있을 땐 포기하고 다가가려 하지 않는다는 뜻이다. '꿈★지도' 작성 과정에 등비수열이 적용되지 않으면 한 목표와 다음 목표 사이의 간격이 멀어진다. 특히, 현재 나이에서 바라보는 미래의 첫 번째 목표가 수개월이 아닌 수년 뒤에 놓이게 된다. 목표가 너무 멀리 설정돼 결과적으로 '목표 가속화 효과'를 기대할 수 없게 된다.

'꿈★지도'가 완성된 이후에 우리의 실제 꿈 성취 여정은 '꿈★지도'를 그렸던 순서와 정반대로 진행된다. '현재 나이(도착지점)'에서 시작해서 '꿈 달성 나이(출발지점)'로 달려가는 것이다. '올바른 사례'에서 현재 나이가 놓인 1/64 지점에서 생각해보자. 이 지점에서 다음 단계인 1/32 지점까지의 간격은 매우 짧다. 시간으로 따지면 6개월 (또는 3개월) 정도다. 6개월 동안 한 가지 목표에 집중하는 것은 그다지 어렵지 않다. 이곳에 놓인 목표는 그 크기도 작고 만만하다. 그래서 조금만 인내하고 노력하면 첫 번째 목표를 성취할 수 있다. 이 목표가 달성된 다음부터는 목표 가속화 효과가 더욱 힘을 발휘한다. 그때부턴 자신감이 생겨서 그다음 단계인 1/16 지점 목표에 빨리 도전하고 싶어진다. 1/32 지점에서 1/16 지점 사이의 간격도 1년 내외밖에 되지 않는다. 1년이라는 기간도 길지 않은 시간이다. 그곳에 놓인 목표의 크기 역시 최종 꿈에 비하면 매우 작다. 이미 첫 번째 목표 달성을 경험했기에 두 번째 목표에 도전할 자신감도 더 커진다. 결과적으로 현재 나이로부터 가까운 시점의 목표가 하나둘 성취될 때마다 자신에 대한 신뢰감이 증폭될 것이다. 2장에서 미국 심리학자 윌리엄 제임스의 이야기를 소개한 바 있다. 그는 인간이 실패하는 데는 딱 한 가지 요인이 존재한다고 말한다. "스스로에 대한 믿음의 부족." 마음속에 자신에 대한 믿음을 담고 있지 않은 사람은 실패하기 마련이다. 이 말을 뒤집어 생각해보면, 자신에 대한 신뢰가 쌓이면 모든 일에서 성취를 일궈낼 가능성이 커진다는 뜻이다. '등비수열'로 '꿈★지도'를 완성해야만 첫 번째, 두 번째 목표를 쉽게 성취할 수 있고, 그 과정을 통해 자신을 신뢰하는 힘이 발현될 수 있다.

이제 '잘못된 사례'를 살펴보겠다. 이 사례에서는 제일 왼쪽 도착지점부터 맨 오른쪽 출발지점까지 시간 간격이 '등차수열'로 일정하게 나뉘어 있다. 현재 나이부터 미래 꿈을 달성하는 최종 목적지 사이에 각각 똑같은 시간 단위로 구간을 정해 목표를 할당했다.

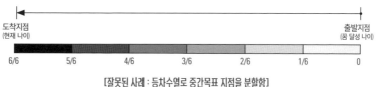

[잘못된 사례 : 등차수열로 중간목표 지점을 분할함]

앞선 '올바른 사례'의 '등비수열' 개념과는 사뭇 다르다. 제일 왼쪽 첫 번째 6/6 지점에서 그다음 단계의 5/6 지점까지의 시간 간격이 넓어서 이 기간에 첫 번째 목표 달성의 성취감을 맛보기가 어려워진다. 예를 들어 현재 23세인 사람이 57세에 최종 꿈을 설정했다면 첫 번째 6/6 지점에서 다음 단계인 5/6 지점까지 시간 간격은 대략 5.7년이다. 이 말은 현재 시점에서 5.7년을 기다려야 비로소 최초의 성취감을 맛볼 수 있다는 얘기다. 이런 방식은 실전에 적용할 수 없다. 무용지물이다. 너무 먼 곳에 목표를 설정해두었기에 그곳에 도달하기 전에 목표를 잊어버리기 쉽다. 설사 망각하지 않더라도 도중에 지쳐 포기할 가능성이 매우 크다. 자연히 목표 가속화 효과는 전혀 기대할 수 없다.

'꿈★지도' 작성 과정에서 자주 나타나는 또 한 가지 잘못된 사례를 살펴보겠다. 목표를 할당하는 과정에서 간혹 한 지점에 두세 가지 목표를 할당하는 사람이 있다. 이것도 좋은 방법이 아니다. 한 지점에는 반드시 한 가지 목표만 할당해야 한다. 왜 그런지 비유를 들어 설명해보겠다. 자신이 30대 중반이고 그동안 적립한 자산으로 생애 첫 아파트를 장만한다고 가정해보겠다. 머릿속에서 좋은 아파트를 고르기 위한 수많은 생각이 교차할 것이다. 아이들 교육 여건이 뛰어나고, 출퇴근하기 좋고, 공기가 깨끗하고, 소음이 없으며, 장보기가 수월하고, 이왕이면 신축 아파트면 좋겠고, 무엇보다 가격이 저렴하면 금상첨화일 것이다. 만약 이와 같은 모든 조건을 충족하는 아파트를 찾고 있다면, 살아 있는 동안엔 이사할 수 없다. 그런 집은 구할 수도 없고 세상에 존재하지도 않는다.

생각을 단순하게 정리할 필요가 있다. 여러 항목 중에서 무엇이 가장 우선순위가 높은지 선택해야 한다. 이를테면 아이의 교육 환경이 제일 중요한 문제라면 앞서 거론한 출퇴근 편의성이나 깨끗한 공기 항목은 잠시 접어둬야 한다. 교육 여건을 최우선으로 고려하려면 나머지 부분이 다소 만족스럽지 못하더라도 양보해야 한다. 그래야만 합리적인 의사결정을 내릴 수 있다. 목표는 항상 뚜렷하고 명확할수록 좋다. 그래야 집중력이 생긴다. 생각이 복잡해지면 목표가 불명확해지고 그만큼 해당 목표를 성취할 가능성이 작아진다.

우리의 '꿈★지도'도 마찬가지다. 한 지점에는 반드시 한 가지 목표만 할당해야 한다. 가장 우선순위가 높다고 판단되는 중요한 목표를 선택하고 나머지 자질구레한 목표는 배제해야 한다. 반려 식물을 키워본 사람은 알 것이다. 가지치기하지 않으면 식물을 건강하게 키울 수 없다. 나뭇가지가 서로 겹쳐 햇빛을 받지 못하고 불필요한 가지로 영양분을 뺏겨 탐스러운 꽃과 열매를 맺을 수 없다.

주어진 문제를 해결하지 못하는 사람들 대부분은 너무 복잡한 생각을 한꺼번에 처리하려는 경향이 있다. 이렇게 되면 문제가 풀리기는커녕 더욱 꼬이기 일쑤다. '인간의 걱정 중 96퍼센트는 쓸데없는 생각이다'라는 심리학 담론이 있다. 현명한 사람은 해결해야 할 문제에 직면했을 때 보통 사람보다 훨씬 단순하게 생각한다는 사실을 알아야 한다. 중요한 것만을 추려내는 사고방식이 여러 가지를 한꺼번에 생각하는 방식보다 항상 좋은 결과를 낳는 법이다.

이제 올바른 '꿈★지도'를 만드는 방법을 정리해보겠다. 첫째, 현재 출발지점과 최종 꿈 달성지점 사이에 중간목표를 할당할 때 '등비수열' 개념을 적용해서 시간을 나눠야 한다. 둘째, 중간목표들을 설정할 때는 한 지점에 가장 중요한 한 가지 목표만 할당한다. '꿈★지도'를 만들 때는 반드시 이 두 가지를 기억하자.

7장

버킷리스트에
숨겨진 비밀

'꿈★지도'에 버킷리스트를 채워 넣음으로써 삶에서 더 많은 '승자효과'를
경험할 수 있다. 한 번의 성취 경험이 또 다른 성취를 낳는 데 크게 기여
하도록 삶의 여정에서 버킷리스트를 활용할 줄 알아야 한다.

1

꿈의 조연, 버킷리스트

축구 덕후인 후배는 손흥민 선수 왕 팬이다. 자신이 운영하는 식당에 초대하고 싶단다. 동창회에서 만난 고등학교 친구는 승진 기념으로 아내와 함께 지중해를 다녀왔다. '무사카moussaka'라는 음식이 백미였다고 한다. S그룹에 다니는 친구가 말했다. 연말 보너스를 받으면 어머님께 자동차를 선물해주고 싶다고. 제자 중 한 명은 남편과 함께 아이슬란드에 가서 오로라를 체험하고 싶어 한다. 내 둘째 아들은 고양이 박사다. 독립하면 제일 먼저 고양이를 키우겠단다. 엄마가 반대하는 고양이와 원 없이 한번 살아보겠다고 으름장을 놓는다. 살다 보면 누구나 한 번쯤 꼭 해보고 싶은 이런 일들이 있다. '버킷리스트'다.

현재, 버킷리스트는 '죽기 전에 꼭 하고 싶은 일'이라는 뜻으로 널리 통용되고 있다. 유럽 12~13세기 중세 봉건시대에는 교수형이 성행했다. 많은 사람이 지켜보는 가운데 광장 단상에서 한 남자가 목에 밧줄을 매고 양동이 위에 서 있다. 집행자가 양동이를 걷어차버리면 목숨을 잃는다. 다만, 교수형이 마무리되기 전에 마지막 인간애가 표출될 때도 있다. 양동이를 차기 전에 '하고 싶은 말'을 남길 기회를 주는 것이다. 이렇게 '양동이Bucket를 차기 전에 마지막으로 남기는 말'에서 버킷리스트라는 용어가 유래했다.

　'죽기 전에 꼭 하고 싶은 일'이라는 표현은 거창하고 무겁다. 그래서 용어에 대한 정의를 바꿔보려 한다. 이 책에선 버킷리스트를 두 가지 의미로 해석하겠다. '긍정적 보상'과 '이타적 선물'이 그것이다. 계획했던 일을 완수했을 때 칭찬으로 자신에게 제공하는 것은 '긍정적 보상'이다. 다른 한편으로, 계획했던 일이 잘 마무리됐을 때 사랑하는 가족이나 주변 사람에게 베풀고 나누는 것도 고려할 수 있다. 이것은 '이타적 선물'이다. 보상과 선물은 삶의 훌륭한 에너지원이다. 자신에게 주는 보상만큼이나 사랑하는 사람에게 선사하는 선물도 궁극적으로는 자신을 위한 것이다. 직접적으로는 타인을 위한 것이지만 간접적으로는 자신을 위한 미래 담보이익이 되기 때문이다. 예컨대 승진 기념으로 아내에게 선물을 사주면 다음 날 아침 식탁 메뉴가 평소보다 근사해지는 이치다.

　우리가 상상하는 모든 것이 버킷리스트에 포함될 수 있다. 혼자 해보고 싶은 일, 가족과 함께 경험해보고 싶은 일, 갖고 싶은 물건, 선물해주고 싶은 물건, 만나고 싶은 사람, 여행 가고 싶은 장소 등 뭐든 괜찮다. 그렇지만 버킷리스트를 작성할 때는 한 가지 주의할 점이 있다. 버킷리스트를 '하고 싶은 모든 것에 대한 목록'으로 오해하면 안 된다는 점이다. '꿈★지도'에 버킷리스트를 할당할 때도 개수를 한정하는 것이 좋다. 영화에서 조연배우가 지나치게 많으면 줄거리가 어수선해지는 것과 마찬가지로, '꿈★지도'의 조연배우인 버킷리스트도 지나치게 많으면 좋지 않다. 어느 정도가 적정한지에 대한 기준은 따로 없지만, 추천하고 싶은 방식은 이렇다. 크게 몇 가지 영역으로 구분하고 영역별 목록의 개수를 몇 가지 내외로 한정하는 것이다. 예를 들어 '꼭 가보고 싶은 장소 Best 4', '반드시 경험해보고 싶은 일 Top 5', '꼭 갖고 싶은 것 Top 6', '가족에게 선물해주고 싶은 목록 Top 3' 등과 같이 정할 수 있다.

버킷리스트가 머릿속에서 정리됐다면 종이에 먼저 적어봐야 한다. 최종적으로 '꿈★지도'에 대입시키기 전에 예비 작업으로 버킷리스트 목록을 작성해보는 것이다. 그다음, 시간이 지난 후에 눈을 감고 버킷리스트 전체 내용을 되새겨보라. 이 과정에서 잘 떠오르지 않는 항목이 있다면 과감히 삭제하는 것이 좋다. 뇌가 기억을 꺼내지 못한다는 것은 마음속으로 간절히 원하는 대상이 아니라는 뜻이기 때문이다. 남들에게 뽐내기 좋은 버킷리스트는 우리에게 필요치 않다. SNS에 자랑하고 싶은 내용도 제거해라. 삶은 자랑하기 위해 꾸려나가는 무대가 결코 아니다. 작지만 훗날 개인 역사의 이야깃거리로 남을 수 있는 소중한 내용으로 정리해야 한다.

최종 버킷리스트가 결정되면 이제 '꿈★지도'에 담아내자. 각각의 항목이 달성되길 원하는 시점을 '꿈★지도'상에 표기하는 것이다. 이 과정은 세 가지 방식으로 접근할 수 있다. 첫째, 19세, 26세, 39세, 45세처럼 나이를 기준으로 버킷리스트 항목을 대입할 수 있다. 가장 손쉬운 방법이다. 둘째, '꿈★지도'상에 놓인 인생의 주요목표가 하나씩 달성될 때마다 버킷리스트 항목을 대입한다. 현재를 기점으로 가장 가까운 '목표 6'이 달성된 이후에는 '가볍고 멋진 노트북 구입하기', 그다음 목표인 '목표 5'가 달성된 이후엔 '제주도 여행 가기', '아내와 함께 예술의 전당 로얄석 공연 보기', '목표 4'가 달성된 후엔 '가족과 함께 유럽 여행 가기', '부모님께 1,000만 원 용돈 드리기'와 같은 방식으로 담아낼 수 있다.

첫 번째와 두 번째 방식이 딱딱하게 느껴진다면 또 다른 방법으로 접근할 수도 있다. 자신에게 의미 있는 특별한 이벤트 시점에 버킷리스트를 대입하는 것이다. 이를테면 '고등학교를 졸업하는 겨울에 꼭 경험해보고 싶은 일', '대학 졸업 전에 꼭 가보고 싶은 장소', '첫 직장에 입사하면 부모님께 해주고 싶은 선물' 등으로 정하는 식이다. 이런 방식을 채택하면 삶의 매 순간이 근사한 이벤트로 채워질 수 있다.

버킷리스트 내용이 꼭 멋질 필요는 없다. 소소하더라도 살아가는 동안 경험해보고 싶은 것이면 뭐든 상관없다. 무겁고 거창하면 오히려 지키지 못할 공산이 크다. 버킷리스트에 올라갈 녀석들은 성취해야 할 목표가 아니라 삶이라는 무대의 조연배우임을 잊지 말자. '꿈과 목표'라는 주연배우를 도와줄 자신만의 조연배우를 캐스팅해서 삶이 감칠맛 나게 만들어야 한다.

2

버킷리스트에 담긴 효과

버킷리스트를 '긍정적 보상' 또는 '이타적 선물'이라 설명했다. 보상과 선물을 소홀히 취급하면 곤란하다. 이는 지치고 목마른 삶을 이벤트처럼 즐길 수 있도록 만들어줄 뿐만 아니라 그동안 우리가 몰랐던 '승자효과Winner effect'라는 특별한 정신적 경험도 촉진한다. 그것이 무엇인지 확인해보자.

직장인 몇 사람이 그들의 대학 선생님 집을 방문했다. 대화는 금세 직장에서 느끼는 스트레스에 관한 이야기로 넘어갔다. 선생님은 부엌으로 가서 컵 몇 개를 가져왔고 제자들에게 물을 한 잔씩 따라 마시라고 권유했다. 제자들은 모두 평범하거나 싸 보이는 컵이 아닌 좀 더 비싸 보이고 좋아 보이는 컵으로 물을 따라 마셨다.

"자네들에게 필요했던 것은 물이지 컵은 아니었다네. 그렇지만 무의식적으로 좀 더 좋아 보이는 컵을 선택했구먼…" 선생님은 덧붙여 말했다. "인생도 마찬가지인데, 인생을 물로 비유한다면 직업이나 돈 그리고 사회적 지위는 컵에 해당한다네. 만약 우리가 모든 관심을 컵에만 기울인다면 컵 안에 담긴 물을 즐기는 시간은 결코 찾아오지 못할 수도 있다네."

위 이야기의 의미를 충분히 이해할 수 있을 것이다. 인생 계획도 마찬가지다. 현재 자신의 꿈과 목표를 놓치지 않고 달려가는 중이라면, 앞으로는 버킷리스트에 좀 더 많은 관심을 기울여보자.

'꿈★지도'에서 조연배우인 버킷리스트는 우리가 생각해보지 못한 특별한 역할을 담당한다. 다름 아닌 '승자효과'를 촉진하는 것이다. 승자효과란, 한 번의 성취 경험이 또 다른 성취를 낳는 데 크게 이바지한다는 개념이다. 버킷리스트를 '꿈★지도'에 연결하면 삶에서 더 많은 승자효과를 경험할 수 있다.

예를 들어보겠다. 대한민국 국가대표 축구팀이 월드컵 본선 게임을 앞두고 있다고 가정해보자. 선수들이 월드컵에서 좋은 성적을 거둘 수 있도록 하려고 감독은 다른 나라 축구팀과 시합 일정을 잡는다. 이 과정에서, 특별한 경우를 제외하고 대부분은 우리보다 약체인 팀과 경기를 치르게 한다. 가능하면 여러 팀을 골라 경기를 치른다. 우리 선수들이 승리를 자주 경험함으로써 자신감을 얻도록 하려는 의

도이다.《부자》라는 책을 집필한 리처드 코니프Richard Conniff는 이렇게 말했다. "작은 시합에서 승리하는 것이야말로 큰 시합에서 승리하기 위하여 거의 필수적으로 요구되는 것이며, 이것이 자수성가한 부자들이 사소한 경쟁에도 그처럼 결사적으로 임하는 이유이다."

그렇다면 왜 작은 시합의 승리 경험이 큰 시합의 승리에 영향을 주는 것일까? '테스토스테론'이라는 호르몬과 관계가 있다. 이 호르몬은 신체적으로 강한 육체를 만들어줄 뿐만 아니라 정신적으로 열정을 갖게 해준다. 20~30대엔 투지가 넘쳤던 사람이 나이 들면서 점점 패기도 없어지고 열정도 식어가는 이유는 테스토스테론이 감소하기 때문이다. 연구에 따르면 테스토스테론 수치가 높은 사람이 그렇지 않은 사람보다 친구도 많고, 대인관계가 원만하며, 성격적으로 활발하고, 사회적 지위도 높은 경우가 많다. 여기서 우리가 알아야 할 것은 나이 든 사람보다 젊은 사람이 테스토스테론 호르몬 수치가 높다는 사실이 아니다. 그보다는 나이와 상관없이 어떤 일에 대한 성취감을 맛볼 때 우리 몸이 테스토스테론 호르몬을 분비한다는 사실을 이해해야 한다. 성취 빈도가 높고 그 정도가 클수록 높은 테스토스테론 반응이 나타나고, 이것이 또다시 강인한 태도를 이끌어 향후 삶에서 더 많은 성취를 불러온다는 사실을 기억해야 한다.

'꿈★지도'에서 최종 꿈에 도달하기 위한 중간 과정으로 세부목표를 설정했다. 단계별로 설정된 목표를 완수하기 위해서는 열정과 끈기 그리고 시간이 필요하다. 그런데 만일 각각의 세부목표 사이에 상대적으로 달성하기 쉬운 말랑말랑한 버킷리스트를 추가하고 이것을 실행하는 과정에 성취감을 자주 맛본다면 어떨까?! '꿈★지도'에 계획된 단계별 목표를 성취하기가 그만큼 수월해질 것이다. 버킷리스트를 달성하는 행위는 일종의 작은 시합에서 승리하는 것과 같다. 버킷리스트를 통해 성취감을 자주 경험함으로써 보다 큰 시합인 '꿈★지도'상의 단계별 주요목표를 성취해낼 수 있다는 뜻이다. 승자효과는 현재 사회심리학 분야와 자기계발 분야에서 널리 적용되고 그 효과가 검증된 개념이다. '꿈★지도'에 버킷리스트를 포함하면 삶에서 승자효과를 자주 경험할 수 있다.

3

꿈과 목표 사이에서 균형 감각을 갖추려면

인생의 꿈과 주요목표는 일 또는 직업적 특성과 자주 결부되기에 때론 무겁고 힘겹게 느껴질 수 있다. 따라서 꿈과 주요목표에 비해 상대적으로 가볍고 소소한 것을 버킷리스트로 설정하는 것이 좋다. '베스트셀러 작가 되기', '유튜브 5만 구독자 확보하기' 등과 같은 진지한 내용을 버킷리스트에 포함하는 것은 좋은 방법이 아니다. 만일, 이런 내용이 자신의 삶에 꼭 필요하다면 오히려 주요목표 영역에 할당하는 것이 바람직하다.

'꿈과 목표' 그리고 '버킷리스트', 이 두 가지는 항상 공존해야 하고 또 유기적 관계로 협력할 수 있어야 한다. 주연배우 혼자서 멋진 영화를 만들 순 없다. 주연배우와 함께 케미를 맞추면서 때때로 주인공 뒤편에서 감칠맛 나게 재미를 선사하는 장면은 바로 조연배우의 몫이다. 일이나 직업으로 성취하고자 하는 목표만 갖고 살아간다면 삶 자체가 팍팍할 수 있다. 따라서 가볍게 삶의 여유를 만끽할 수 있는 버킷리스트를 만들고 이 목록이 주요목표들 사이에 징검다리처럼 배열되도록 할 필요가 있다. 그러면 '꿈과 목표' 그리고 '버킷리스트'가 균형감 있게 짜인 '꿈★지도'를 만들 수 있다.

'워라벨'이라는 용어가 있다. 'Work & Life Balance'를 줄여서 부르는 말이다. 'Work'는 꿈과 목표를 위해 처리하는 일의 내용이다. 'Life'는 흔히 말하는 '삶'이 아니라 '여가생활'로 번역된다. 일종의 '놀이, 소확행, 유락'으로 이해하는 것이 올바르다. 따라서 워라벨 개념은 일의 총량과 여가생활의 총량 사이에서 일종의 균형 감각을 찾자는 의미로 해석할 수 있다.

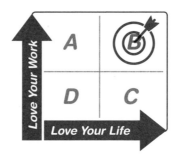

일과 여가생활이 반드시 1:1의 관계로 균형을 맞출 필요는 없다. 그보다는 두 가지를 조화롭게 엮어가자는 뜻으로 받아들이면 좋겠다. 여기서 말하는 여가생활은 '꿈★지도'에 포함될 버킷리스트와 의

미상 그 개념이 같다. 인생의 꿈, 목표와 함께 삶의 여유와 활력을 제공하는 버킷리스트를 조화롭게 배치해야 제대로 된 '꿈★지도'라 할 수 있다.

앞의 그림을 보고 자신의 삶에 대해 생각해보자. X축과 Y축이 만나는 영역을 살펴보라. A영역은 꿈과 목표를 이루었으나 삶의 향기와 여유가 부족한 부분이다. C영역은 반대로 삶의 여유는 많지만 일과 직업적 목표 성취가 부족해서 인생 전반의 만족도가 떨어지는 영역이다. 물려받은 재산이 많아 정해진 일 없이 생활하는 사람이 있다면 그의 삶이 이 영역에 해당할 확률이 높다. 선망의 대상으로 인식할 필요는 없다.

어떤 이의 모습이 D영역에 놓여 있다면 바람직하지 못하다. 일과 직업적 목표의 성취도 낮고 삶의 여유마저 부족하다면 매우 불행한 삶이다. 반대로 만약 B영역처럼 일과 직업적 목표의 성취도가 높고 삶의 여유도 많다면 어떨까? 이것이야말로 균형 잡힌 삶을 위해 우리가 지향해야 할 영역이다. 일 또는 직업적 성취와 삶의 여유라는 두 가지 대상을 적절하게 조화시켜 삶이 행복해지도록 만들어야 한다. 삶에 여유를 제공하는 버킷리스트를 가볍게 취급하지 말고, 꿈과 목표를 성취해가는 과정에서 추진력을 제공하는 에너지로 만들 수 있어야 한다.

버킷리스트에 적용되는 공통된 기준은 따로 없다. 여행, 취미, 습관, 자기계발, 음식, 건강, 가족, 친구 등의 단어를 기준으로 분류할 수 있다. 긍정적 보상과 이타적 선물인 버킷리스트를 정리할 땐, 스스로 반드시 지킬 수 있는 약속을 중심으로 접근한다는 사실을 기억해라. '꿈★지도'에 버킷리스트를 반영하는 이유는 승자효과를 되도록 많이 경험하기 위해서라고 설명했다. 따라서 지킬 수 없는 항목은 마음속에서 제거해야 한다. 그렇다고 너무 소극적인 태도로 버킷리스트 항목을 만들 필요는 없다. 현재 나이를 기점으로 가까운 미래에 놓일 항목은 가능하면 지키기 쉬운 것으로 채우고, 좀 더 먼 미래에 있는 항목은 다소 벅차게 느껴지더라도 인생에서 한 번쯤 경험해보고 싶은 내용을 중심으로 작성하면 된다.

8장

누구나 만들 수 있는
'꿈★지도'

꿈은 구체화해서 시각적으로 표현해야 한다. 꿈이 사라지지 않고 자신의 내면에 끈질기게 남아 있도록 하려면 이것만큼 좋은 방법이 없다. 중학생, 대학(원)생, 직장인, 장년층으로 구분해서 '꿈★지도' 사례를 소개하겠다. 자신에게 적합한 사례를 찾아서 참조해보기 바란다.

1

10대의 '꿈★지도'

몇 해 전, 설 연휴 때 중학교 1학년 조카에게 '꿈★지도' 그리는 방법을 설명해줬더니 연휴가 끝난 후 '꿈★지도'를 보내왔다.

'꿈★지도'를 보면 조카는 80세에 '2층집에서 자식들과 부유하게 살기'를 원한다. 줄곧 아파트에서 살았던 경험이 꿈에 영향을 준 듯 보인다. 귀엽고 사랑스러운 꿈이다. 조카의 꿈은 '47세에 로봇 과학자가 되는 것'이다(이 부분이 인생의 클라이맥스이기 때문에 80세가 아닌 47세에 이루고 싶은 것을 최종 꿈이라고 보는 것이 맞다). 그 꿈에 도달하기 위해 '31세에 로봇 연구원'으로 일하겠다고 적었다. 로봇 연구원이 되기 위해서 19세엔 'KAIST에 진학'하고자 한다. 꿈 물고기의 배 부분 가시에는 일본 도쿄를 여행하겠다는 버킷리스트도 있다. 초등학교 때 가족여행으로 다녀왔던 일본이 너무 좋았다고 한다. 조카는 또래보다

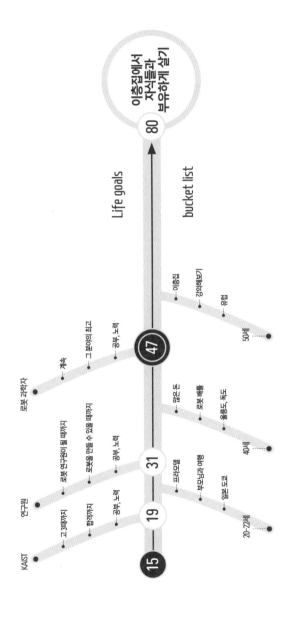

Life goals

bucket list

이층집에서
자식들과
부유하게 살기

80

47

로봇 과학자

계속

그 분야의 최고

공부, 노력

이층집

세계여행기

유럽

50세

31

연구원

로봇 연구원이 될 때까지

로봇을 만들 수 있을 때까지

공부, 노력

많은 돈

로봇 배틀

울릉도, 독도

40세

19

KAIST

고 3때까지

합격까지

공부, 노력

프라모델

부모님과 여행

일본 도쿄

20~22세

15

책을 많이 읽는 독서광이다. 한반도 역사에도 관심이 남다르다. 그래서인지 40세엔 울릉도와 독도도 방문하겠다고 적혀 있다. 50세가 되면 2층 집도 짓고 강의도 해보고 싶어 한다. 전체적으로 간결한 '꿈★지도'이다. 세상에 대한 이해가 부족한 청소년이라면 이처럼 주요 목표를 서너 단계로 정해도 충분하다. 청소년에게 제일 중요한 것은 목표의 수나 구체적인지 아닌지의 여부가 아니라 자신의 '삶의 실체적 목표'에 대한 명확한 근원적 의식을 확보하는 일이다. 시간이 흘러 꿈이 바뀔 수 있다고 미리 걱정할 필요는 없다. 꿈이 바뀌면 다시 한 번 더 '꿈★지도'를 만들면 충분하다. 청소년기에 중요한 것은 자신의 삶에서 꿈이라는 대상이 꼭 필요하다는 사실을 자각하는 일이다.

중고등학생들에게 '꿈'과 '공부'의 관련성에 대해 전해주고 싶은 말이 있다. 첫째, 공부는 꼭 꿈에 맞춰서 하기 바란다. 왜냐하면, 꿈은 공부할 의지를 굳건히 받쳐주는 훌륭한 버팀목이기 때문이다. 대학 입시를 위해 인내하는 중고등학교 6년의 힘든 시간은, 결국 미래 자신의 꿈 성취에 대한 기회 보장 확률을 높이는 과정이어야 한다. 무작정 열심히 공부하는 것이 아니라 꿈에서 공부할 이유를 발견하는 것이다. 공부해야 하는 강력한 동기부여 수단으로 꿈을 활용하고 싶다면 반드시 '꿈★지도'를 그려야 한다. 비록 서툴더라도 '꿈★지도'를 만들어서 학업 과정에서 자신의 의지를 진작시키는 도구로 활용할 줄 알아야 한다. 중학생 때 꿈을 정하는 것이 너무 이르다고 생각할 수도 있다. 향후 고등학생이 되어 꿈이 달라질 수 있기 때문이다. 설사 그렇게 꿈이 변할지라도, 중학교 때 '꿈★지도'를 그려보면 자신의 삶에 대한 근원 의식을 진작시키는 데 도움이 된다.

둘째, 고등학생의 '꿈★지도'는 대학입시전략에서 선택과 집중을 가능케 하는 훌륭한 수단이다. 자신이 고등학생이라면 수시모집전형을 준비하는 과정에서 큰 도움을 받을 수 있다. 현행 입시제도는 수시-정시로 구분되고 대학별, 학과별 학생선발기준도 다양하다. 수시모집에는 학생부종합-학생부교과-실기특기자 전형이 있고, 정시모집에는 수능위주-실기특기자 전형이 있다. 우리나라 대학 입시전형을 모두 합치면 3,000가지가 넘는다. 이런 상황에서 목표하는 대학과 전공을 빨리 정하지 않으면 최종 입시전형에서 혼란스러운 상황에 직면한다. 어떻게 해야 할지 갈피를 잡을 수 없게 된다. 수능시험을 마치고 정시모집에서 진학할 대학과 학과를 한두 달 짧은 시간 안에 정하려면 심리적으로 압박을 느낄 수밖에 없다. 반대로 고등학교 1학년 초에 '꿈★지도'를 완성하면 그곳에 명시된 대학과 학과를 중심으로 3년 동안 시간을 갖고 수시모집전형에 집중할 수 있다.

매번 교육정책이 바뀌긴 하지만, 대부분 대학은 전체 모집 정원의 70퍼센트 정도를 수시모집에서 충원하는 추세이다. 특히 수시모집 전형 중 학생부종합전형은 학생의 잠재력과 성장 가능성을 교과성적과 더불어 학교생활기록부, 자기소개서를 통한 서류평가로 진행한다 (면접이 추가되는 대학도 있다). 서류평가에서는 자율 활동, 동아리 활동, 봉사 활동, 진로 활동, 독서 활동, 수상실적 등을 참고하는데, 이때 다양한 활동 경험에 '일관성'이 있으면 유리하다. 고등학교 초기에 이미 '꿈★지도'를 작성하고 수시전형을 준비한 학생이라면 당연히 본인이 진학할 대학과 학과 특성에 맞춰 일관성 있는 활동 실적을 준비할 수 있다. 무엇을 어떻게 해야 할지 이미 정해졌기 때문이다. 만약 건축학과에 진학한다는 목표가 '꿈★지도'에 포함돼 있다면 그 학생은 건축 동아리 활동, 건축학 분야 진로 활동, 건축 공모전 출품, 건축 관련 도서 읽기 활동에 집중하면 된다. 또 자기소개서를 작성할 때도 유리해진다. 수시모집 전형으로 여섯 군데를 지원할 수 있는데, 이미 건축학과 진학을 목표로 실적을 채워왔다면 지원한 대학이 서로 다르더라도 자기소개서를 한 가지 형태만 준비하면 된다. 이와는 반대로 진로 분야(학과)가 서로 다른 여섯 군데라면 각각 내용이 다른 자기소개서를 여섯 개나 만들어야 한다. 노력과 시간 측면에서 비효율적일 뿐 아니라 완성도 높은 자기소개서를 기대할 수 없다.

현재 대부분 대학이 전체 입학 정원의 30퍼센트 내외만을 정시에서 모집하고 있다. 향후 정시 비율을 높인다 해도 당분간은 수시모집 전형이 비중이 높을 것이다. 고등학교 1학년 초에 자신의 '꿈★지도'를 만들어 놓으면 갈팡질팡하지 않고 수시모집전형을 준비할 수 있다.

2

20대의 '꿈★지도'

　석사과정에 입학한 김○○ 대학원생의 '꿈★지도'를 살펴보자. 지금 25세인 그녀는 65세에 '뉴욕에 ㈜인포워크 해외법인을 설립'하는 큰 꿈을 갖고 있다. 최종 꿈을 성취하기 위해서 45세에 정보디자인 전문회사인 ㈜인포워크의 서울 사무실을 오픈하려 한다. 대학에서 강의하는 목표도 설정돼 있다. 대학 강사가 되려면 박사학위가 필요하다. 목표를 달성하기 위해 35세에 정보디자인 연구 분야에서 박사학위를 취득하려 한다. 박사학위 진행 과정에서 기존에 없었던 독창적인 정보디자인 표현방식을 연구하고 더불어 그 결과를 활용해 ㈜인포워크를 경쟁력을 갖춘 회사로 키워가고자 한다. 30세 목표는 먼저 광주에서 ㈜인포워크 법인을 설립하는 것이다. 회사를 설립하려면 사전에 많은 경험을 쌓아야 한다. 28세엔 정보디자인 분야의 역량

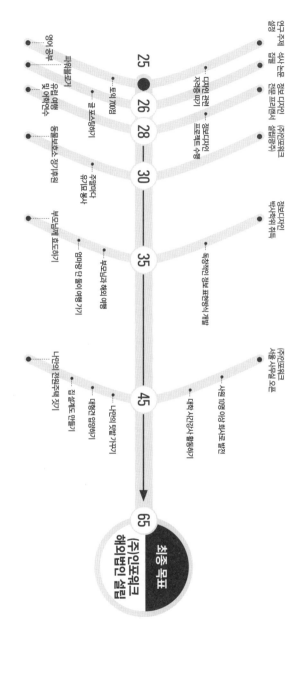

을 키워서 전문 프리랜서로 활동한다는 목표가 있다. 이를 위해 26세엔 석사학위를 취득할 것이다. 주요목표를 성취하는 과정에 자신에게 해주고 싶은 보상물 목록도 마련했다. 28세에 전문 프리랜서라는 목표를 달성하면 유럽 여행을 떠날 것이다. 어학연수 기회도 만들어서 영어 실력도 키우고자 한다. 35세에 박사학위를 취득하면 이를 기념한 부모님과의 해외여행 계획을 갖고 있다. 45세에 ㈜인포워크 서울 법인을 설립한 이후엔 자신만의 전원주택을 지어서 텃밭도 가꾸고 대형반려견도 키우겠다고 한다. 전체 6단계로 표현된 훌륭한 '꿈★지도'이다.

현재 대학(원)생이라면 꼭 '꿈★지도'를 만들어야 한다. 자신의 삶에 대한 '미래기억'을 일깨워 잠재의식에 저장하고 평상시에 십분 활용할 줄 알아야 한다. 잠재의식에는 몇 가지 특징이 있다. 첫째, 말이나 글보다 이미지에 더 크게 반응한다. 그래서 자신의 꿈을 다이어그램 형태로 그려보는 일이 중요하다. 둘째, 감정이 담긴 것에 강하게 반응한다. 앞으로 삶에서 소중한 것이 무엇인지를 생각해서 그 내용을 '꿈★지도'에 담아야 한다. 최종 꿈에 도달하도록 해주는 주요목표와 버킷리스트에 자신의 간절함이 온전히 실리도록 만드는 것이다. 셋째, 인간의 잠재의식은 현실과 상상을 구분하지 못한다. 즉, 자신이 원하는 삶의 모습을 반복적으로 떠올리면 그것이 곧 현실로 연결된다. '꿈★지도'를 그려서 삶의 궤적에 대한 '미래기억'을 촉진시키고 이를 통해 길을 잃지 않는 자신의 삶을 찾아야 한다.

혹시라도 현재 보잘것없는 내가 어떻게 그 꿈을 달성할 수 있을까 하며 주저앉지 말기 바란다. 메추리알은 얼룩진 껍질로 싸여 있다. 볼품없는 단백질 덩어리에 불과하다. 하지만 한 마리 새를 탄생시킬 수 있는 모든 잠재력이 그 안에 갖춰져 있다. 우리 모습도 이와 다르지 않다. 현재의 초라함 때문에 미래 모습을 포기하는 어리석은 판단을 하면 결코 안 된다. 인간의 참모습은 새로운 선택과 도전을 통해 더욱 극명하게 나타난다. 지금 우리에게 필요한 것은 현재의 초라한 모습에 매몰되는 것이 아니라 미래에 대한 막연한 두려움을 씻어내는 일이다. 젊은 대학(원)생들에겐 미래의 열린 시간이 충분하다. 이 시간을 활용하면 이루지 못할 꿈이 어디 있겠는가?

3

직장인의 '꿈★지도'

"평범한 직장인입니다. 고등학교 땐 나에게도 사업가라는 특별한 꿈이 있었습니다. 하지만 어느 날 뒤 돌아보니 아침에 출근하고 온종일 회사 업무에 시달리고 주말엔 아이와 놀아줘야 하는 평범한 가장이 되어 있었습니다. 이제 나에게 꿈은 사치입니다. 꿈을 좇을 여유가 없습니다." 직장인 특강에서 나왔던 말이다. 30~40대 평범한 직장인이라면 누구나 공감할 만한 내용이기도 하다.

그렇지만 이젠 생각을 바꿔야 한다. 현실에 매몰되면 훗날 후회밖에 남지 않을 것이다. 다시 꿈을 꾸지 않으면 열심히 살아왔던 시간이 아무런 보상도 없이 묻히고 만다. 자기 삶의 가치를 증명해줄 수 있는 대상을 어디에서도 찾을 수 없게 된다. 꿈이 없는 삶은 언제나 시들해지기 마련이다. 분주할수록 '꿈★지도'를 만들고 그것을 통해 미래의 삶에 활력이 생기도록 해야 한다. 바쁜 직장 생활 속에서도 꿈의 공백기를 두지 않고 살아가는 삶은 그 자체만으로도 충분한 의미가 있다.

새벽 시간을 쪼개어 미래를 준비할 수 있다면 좋다. 어렵다면 출퇴근 시간이라도 활용해야 한다. 하루 30분이라도 투자해서 꿈에 다가가는 데 필요한 '중요한 일'을 챙겨야 한다. 30분이 결코 적은 시간이 아니라는 점을 미리 밝혀둔다. 뒤에 나올 10장에서 하루 30분이 얼마나 큰 시간인지 설명할 테니 참고하기 바란다.

석사학위를 취득한 후 제약회사에서 디자인 업무를 총괄하는 직장인 전○○ 양이 있다. 미국 교환학생, 해외 인턴십 등 학생 때부터 끊임없이 도전 의식을 갖고 열정적으로 살아온 제자다. 현재 그녀는 33세이다. 54세에 '전가네 한식당 프랜차이즈 창립'이라는 최종 꿈이 설정돼 있다. 꿈 여정의 첫 번째 단계인 43세엔 요리사인 동생 부부와 함께 한식 전문점을 오픈하고자 한다. 이 과정에서 본인은 '브랜드 디자인을 전담'한다는 목표를 세웠다. 2장에서 삶의 방향을 끌어낼 수 있는 네 가지 방법으로 일-놀이-애착관계-이타활동을 소개했다. 이 중에서 주변 사람과의 애착관계를 통해 자신의 꿈을 설정할 수 있다고 설명한 바 있다. 전○○ 양은 동생 부부와의 애착관계를 바탕으로 자신의 꿈을 발견한 경우이다.

현시점에서 6개월 뒤인 33.5세엔 '디자인공모전 수상'에 도전한다는 목표를 설정했다. 34세엔 출산 계획이 있다. 너무 늦기 전에 아이를 갖고 싶어서 출산 계획을 중요한 목표로 삼은 것이다. 35세엔 국책

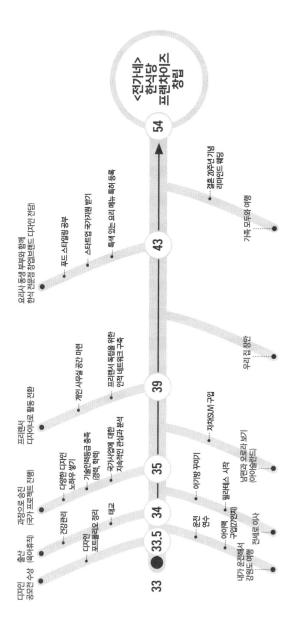

<전가네>
한식당
프랜차이즈
창립

54

43

요리사 동생 부부와 함께
한식 전문점 창업(브랜드 디자인 전담)

푸드 스타일링 공부

스타트업 국가지원 받기

특색 있는 요리 메뉴 특허 등록

결혼 20주년 기념
리마인드 웨딩

가족 모두와 여행

39

프리랜서
디자이너로 활동 전환

개인 사무실 공간 마련

프리랜서 독립을 위한
인적 네트워크 구축

우리 집 장만

자차(SUV) 구입

35

과장으로 승진
(국가 프로젝트 진행)

다양한 디자인
노하우 쌓기

기술인력등급 충족
(경력, 학력)

국가사업에 대한
지속적인 관심과 분석

아기방 꾸미기

넘편과 오로라 보기
(아이슬란드)

34

건강관리

디자인
포트폴리오 정리

태교

운전
연수

필라테스 시작

아이빵
구입(27인치)

남아시 여행

33.5

33

디자인
공모전 수상

출산
(유아휴직)

내가 운전해서
강원도 여행

전세금 모음

사업 프로젝트를 주도할 수 있는 과장으로 승진한다는 목표가 있다. 39세엔 프리랜서 디자이너로 활동하면서 전환점을 찾고, 43세엔 요리사로 활동하는 동생 부부와 함께 한식 전문점을 오픈할 예정이다.

꿈 물고기 배가시에 있는 버킷리스트도 살펴보자. 첫 번째 목표를 달성하면 아이맥 컴퓨터도 구입하고 강원도 여행도 다녀오겠다고 한다. 출산 이후엔 아이 방을 꾸미기 위해 더 넓은 전셋집으로 이사를 할 계획이다. 회사에서 과장으로 승진한 후에는 남편과 함께 아이슬란드에 가서 오로라를 보고 싶어 한다. 프리랜서 활동을 통해 경제적 여건이 좋아지면 40대 초반엔 내 집을 마련할 예정이다. 53세엔 결혼 20주년을 기념해 리마인드 웨딩을 계획하고 있다. 전○○ 양은 내가 첫 주례를 섰던 제자이다. 그래서 그녀의 삶에 각별한 애정이 있기도 하다. 동생 부부와 다 함께 꿈을 성취해서 가족 모두가 행복한 삶을 살아가기를 응원한다.

4

은퇴를 앞둔 사람의 '꿈★지도'

정년퇴직이 얼마 남지 않은 초등학교 교장 선생님의 '꿈★지도'를 소개한다. 심○○ 선생님은 한국과학창의재단이 주관한 '제76회 창의 인성교육' 워크숍에 부군과 함께 참여하셨다. 부군께서도 선생님이시다. 부부가 함께 열정적으로 워크숍에 임해주셨고 자신의 '꿈★지도'를 전체 참가자들 앞에서 발표해주었다.

당시 58세이신 교장 선생님은 90세를 시점으로 꿈을 설정했다. 요가 강사로 활동하면서 화가가 되는 꿈이다.

꿈 물고기 등뼈 가시 부분에 다섯 단계로 구분된 주요 목표를 살펴보자. 선생님은 80세에 팔순 기념 미술 전시회를 열려고 한다. 이를 위한 첫 단추로 59세부터 그림 그리기를 시작하고 62세에 첫 번째 개인 전시회를 개최할 예정이다. 좋아하는 요가 수련을 통해서 72세부

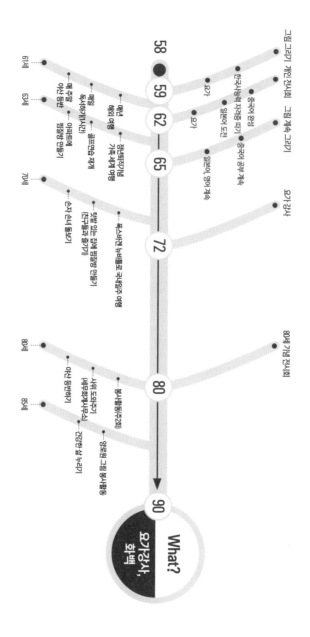

58

59 그림 그리기 개인 전시회 그림 계속 그리기

61세 요가

62 한국사능력 자격증 따기 중국어 공부 계속
중국어 완성
일본어 도전
요가

63세 일본어, 영어 계속

65 매주 책 주문 아선 둥부
아선 둥부 아파트에 평생바람 풍경 만들기
매일 독서하기(4시간)
골프연습 재개
매년 해외 여행
전녁식사겸 가족 세계 여행

요가 강사

70세 코스타리카 누에블로 국내외주 여행
무엇이든 것에 팝콘으로 만들기
(친구들과 즐기기)
손자 손녀 돌보기

72

80세 기념 전시회

80 봉사활동(주2회)
아선 둥부하기
80세 사회 도와주기
(세무회계사무소)
85세 안도울 그림 봉사활동
건강한 삶 누리기

90 What?
요가강사,
화백

245

터는 요가 강사로 활동하는 목표가 있다. 60대 초반에는 중국어와 일본어 공부를 시작하고자 한다. 어학 공부 목표가 설정된 이유는 꿈 물고기 배 가시에 있는 버킷리스트에서 찾을 수 있다. 정년퇴임을 기념해서 해외 가족여행을 할 때, 가이드 동반 없이 선생님이 앞장서서 자유여행을 다녀오고 싶기 때문이다. 자식과 손주들을 데리고 여행을 진두지휘하는 멋진 모습이 기대되는 대목이다. 골프를 좋아하지만, 허리가 좋지 않아 몇 해 전 그만두셨다고 한다. 그래서 등산으로 건강을 회복한 후 골프를 다시 즐기고 싶다는 내용이 버킷리스트에 추가돼 있다. 선생님은 폭스바겐 자동차를 좋아한다고 했다. 타보고 싶었던 '뉴비틀'을 구매해서 70세경엔 전국 일주를 할 예정이다. 80세엔 사위가 운영하는 세무회계사무소 일을 도와주면서 주2회 봉사 활동에 힘쓰겠다고 한다. 정년퇴임이 다가오면 보통 사람은 하던 일을 정리하는 모드로 전환한다. 하지만 선생님은 정년 이후의 삶을 위해 제2의 꿈을 찾았다.

"청춘이란 두려움을 물리치는 용기, 안이함을 선호하는 마음을 뿌리치는 모험심을 뜻한다. 머리를 높이 쳐들고 희망의 물결을 붙잡는 한 80세라도 인간은 청춘으로 남는다." 새뮤얼 울먼Samuel Ullman의 시 〈청춘〉에 나오는 구절이다. 청춘이란 인생의 특정 기간을 지칭하는 말이 아니다. 푸른 봄과 같은 마음가짐을 뜻하는 개념이다. 멈춰 있는 20대 청년보다도 성장하는 80세의 삶에 청춘이 있을 수 있다.

의학 매체는 100세 시대가 멀지 않았다고 예측한다. 삶에서 100번째 생일을 맞이한다면 축복받을 일이다. 하지만 신체적, 정신적으로 삶의 질이 낮아지는 것에 대비해야 한다. 심○○ 선생님처럼 제2의 꿈을 꾸고 그에 걸맞은 인생 후반전을 위한 목표를 세운다면 건강과 삶의 품격을 동시에 유지할 수 있다.

귀찮은데 '꿈★지도'를 꼭 그려야 할까?

간혹 다음과 같이 묻는 사람이 있다. "교수님, 저는 마음속에 명확하게 정해놓은 삶의 목표가 있습니다. 날마다 그 목표를 생각하면서 하루하루를 충실히 살아가고 있다고 생각합니다. 꿈처럼 인생의 소중한 목표는 겉으로 표현하지 않고 자신의 내면 깊은 곳에 담아두는 게 더 좋지 않나요? 소중한 만큼 남들에게 노출하는 것이 싫습니다. 제 마음속에만 담아두고 싶습니다."

혹시 그런 생각을 하고 있다면 빨리 벗어나야 한다. 우리가 만드는 '꿈★지도'는 남에게 보여주기 위한 것은 아니다. 자신만을 위한 삶의 설계도임이 분명하다. 그렇다고 마음속에만 담아두고 있으면 안 된다. 꿈은 반드시 종이 위에 구체적으로 표현해야 한다. 왜 그래야 할까? 지금부터 '꿈의 성취도'와 '꿈을 종이 위에 표현하는 행위' 사이에 어떤 상관관계가 있는지 살펴보겠다.

삶의 모습과 목표 설정의 구체성 정도

구분	비율	삶의 모습	삶의 목표의 구체성 정도
A그룹	3%	원하는 모습(부, 지위, 존경 등)으로 살아가는 사람들	분명히 기록해놓은 구체적 삶의 목표가 있다
B그룹	10%	비교적 경제적으로 여유 있게 살아가는 사람들	마음속으로만 그린 구체적 목표가 있다
C그룹	60%	빠듯하게 살아가는 사람들	막연한 기대만 하고 있다
D그룹	27%	보조를 받으며 어렵게 살아가는 사람들	목표 없이 산 것으로 나타났다

※출처: 잡코리아

위 표는 2018년 우리나라 고용서비스 분야에서 우수기관으로 선정된 '잡코리아JobKOREA'에서 발표한 자료이다. 먼저 표의 맨 하단부 D그룹을 살펴보자. 정부나 이웃의 도움을 받으며 살아가는 27퍼센트의 사람들이 이 그룹에 속해 있다. 경제적 궁핍 때문에 '보조를 받지 않으면 안 되는 사람들'이다. 그 위 단계인 C그룹 60퍼센트는 보조를 받진 않지만, 항상 지출보다 수입이 부족해 '빠듯하게 살아가는 사람들'이다. D그룹과 C그룹에 속한 사람들의 삶의 목표 인식에 대한 구체성 정도를 표에서 확인해보자. D그룹은 삶에 대한 뚜렷한 목표 없이 하루하루를 살아가는 사람들이었다. C그룹은 어떤가? 삶의 목표는 갖고 있지만, 그 형태가 구체적이지 않고 막연하다.

이제 그 위 단계에 놓여 있는 상위 10퍼센트 B그룹의 내용을 보자. 비교적 경제적으로 여유 있는 그들은 앞의 두 그룹과 달리 '마음속으로 그린 구체적인 삶의 목표를 갖고' 살아가고 있다. 마지막으로 최상위 3퍼센트에 해당하는 A그룹은 자신이 원하는 모습, 즉 경제적 부나 사회적 지위를 확보한 상태에서 살아가는 계층이다. 그러면 A그룹은 앞선 세 그룹과 비교해 삶의 목표가 어느 정도나 구체적일까? '분명히 기록해놓은 구체적 형태의 삶의 목표'를 갖고 살아간다고 한다. 이 사실을 우리 모두 잊지 않으면 좋겠다.

표를 통해 알 수 있듯 성취를 일궈낸 사람들은 그렇지 못한 사람과 뚜렷하게 비교되는 특징이 있으며, 그것은 바로 삶의 목표를 분명하게 구체화해서 기록한다는 점이다. 막연한 기대만 가진 60퍼센트의 사람들과 그 어떤 목표도 없이 인생을 사는 하위 27퍼센트 사람들은 우리가 알고 있는 성취와는 거리가 먼 곳에 있다. 경제적 부, 사회적 지위, 한 분야의 최고 전문가, 혹은 그 내용이 무엇이든 자신만의 간절한 소망이 있다면 반드시 목표를 세우고 그 목표를 구체화해야 한다. 형태를 구체화하지 않으면 꿈은 어느 날 문득 사라져버리고 만다. 그렇게 되지 않으려면 반드시 삶의 목표를 구체화해서 글과 그림으로 표현해야 한다.

브라이언 트레이시Brian Tracy는《겟 스마트》라는 자신의 책에서 글로 표현하지 않은 목표는 단지 소원이나 희망일 뿐이며, 목표는 종이에 옮겨 쓸 때 머릿속에서 밖으로 나와 분명하고 만질 수 있는 물체가 된다고 설명한다. 그의 말에 따르면 어떤 목표든 종이에 쓸 때마다 우리는 무의식에 목표를 프로그래밍하고 있다. 일단 목표를 썼다면 우리의 무의식은 이를 명령으로 받아들인다는 것이다.

꿈이라는 실체적 목표를 명확하게 설정하고 그다음엔 피시본 다이어그램을 활용해서 꿈에 다가가는 여정을 구체적으로 시각화하기 바란다.

상상만으로는 꿈을 성취해낼 수 없다. 꿈을 실체화하기 위해서는 모호한 접근 방식에서 탈피해야 한다. 막연한 기대만 하거나 마음속에만 꿈을 간직하고 있었다면 과감하게 옛 방식을 버리기를 권한다. 이제부터는 꿈의 최종 모습을 반드시 종이에 피시본 다이어그램으로 구체화하고 평상시에 휴대폰으로 간직하라. 꿈이 사라지지 않고 내면에 끈질기게 남아 있도록 하려면 이 방법이 최선이다. 불교 신자는 염주를 가지고 다닌다. 기독교 신도도 십자가 목걸이를 차고 다닌다. 이런 행위는 신앙을 지키기 위한 조건을 갖추기 위함이다. '꿈★지도'를 그려서 스마트폰에 휴대하자. 일상에서 직면하는 수많은 일들 중에서 어떤 일이 중요하고 무엇을 먼저 실천해야 할지 현명하게 결정하는 데 도움을 줄 것이다. 매 순간 삶의 길을 잃지 않고 살아가는 데이보다 더 좋은 방법은 없다.

제3부에서는 '꿈★지도'를 완성하는 데 그치지 않고, '꿈★지도'가 가져다주는 혜택을 일상에서 누리기 위해 꿈을 어떻게 지휘하고 관리하면 좋은지 소개한다. 꿈을 이루기 위해 '급박함'과 '중요함'을 구분해서 하루 24시간을 효과적으로 운용하는 방법을 알려준다. '꿈★지도'가 마련된 경우와 그렇지 못한 경우에 삶이 어떻게 달라지는지 판단할 수 있을 것이다. '꿈★지도'를 활용해 매 순간 자신의 삶이 선도적으로 나아가도록 만드는 방법을 확인해 보기 바란다.

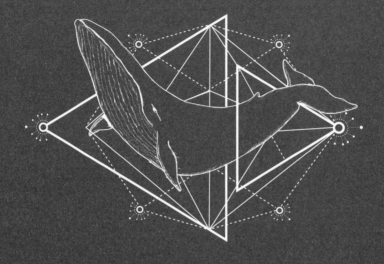

제3부

꿈은 계속되어야
한다

9장

가장 소중한 것을
찾으려면

일상에서 마주하는 수많은 일 중에서 '가장 소중한 일'을 중심으로 삶의 방향을 잡아가야 한다. 이에 대한 해답은 '급박하지는 않으나 중요한 일'에서 찾아야 한다.

1

중요함을 구분하기

음악 연주의 대표적인 형식에는 독주곡, 협주곡, 교향곡이 있다. 독주곡이 솔로 악기의 연주를 위해 만들어졌다면, 여러 악기가 조화롭게 연주될 수 있도록 만든 큰 규모의 기악곡을 교향곡이라고 한다. 독주악기와 관현악이 함께 어우러지도록 만들어진 곡도 있는데 이를 협주곡이라 부른다.

대표적인 협주곡으로 한국인이 좋아하는 비발디의 〈사계〉가 있다. 이 곡의 솔로 부분은 주로 바이올린이 담당한다. 〈사계〉 중에서 〈봄〉의 제1악장 도입 부분에서는 여러 악기가 어우러져 경쾌하게 활기찬 봄이 왔음을 알린다. 뒤이어 새들이 즐겁게 노래하고 시냇물이 흐르는 선율이 바이올린 독주로 들려온다. 음악을 잘 모르는 사람도 바이올린 협주곡 〈사계〉의 〈봄〉에서 바이올린이 가장 중심에 있는 악기라는 것을 알 수 있다.

개인의 삶도 협주곡 연주와 닮았다. 여러 악기가 어울려 소리를 내지만 그중에서도 바이올린이라는 대표 악기가 전체 분위기를 이끄는 것처럼, 일상에서 마주하는 수많은 일 가운데서 '가장 소중한 일'을 중심으로 삶의 방향을 잡아가야 한다. 소중한 일에 가중치를 두지 않으면 삶이 밋밋하거나 불협화음만 내는 협주곡처럼 흘러가고 만다.

우리에겐 하루 동안 처리해야 할 일의 목록이 너무 많다. 직장 업무는 물론 가정사를 비롯해 복잡한 일의 연속이다. 정신을 차리지 않으면 이리 치이고 저리 치이기 일쑤다. 일에 쫓겨 주먹구구식으로 살다가는 흡사 삶의 주인이 아닌 일의 노예로 전락하고 말 수도 있다. 이런 상황에서 벗어나려면 어떻게 해야 할까? 일의 노예가 아닌 당당한 삶의 주인이 되려면 어떤 생각을 품어야 할까?

시간을 효율적으로 관리하는 방법을 알아야 한다. 그러려면 일상에서 마주하는 여러 일의 우선순위를 구분할 수 있어야 한다. 해답은 '중요한 일'과 '중요하지 않은 일'을 분별하는 데 있다. 그렇지만 막상 그 구분이 왜 필요한지, 과연 무엇이 중요한 일인지 헤아리기란 생각처럼 쉽지 않다. 아는 듯하지만, 실상은 그렇지 못한 경우가 많다. '중요함'의 개념을 예화를 통해 소개해보겠다.

교수가 대학 강의실 교탁 위에 투명한 유리병 하나를 올려놓았다. 그리고 작은 자갈들로 유리병을 가득 채웠다. "이 유리병이 가득 찼습니까?"라고 교수가 묻자 학생들은 "네"라고 대답했다. 교수는 빙긋 웃더니 모래를 한 그릇 꺼내 유리병에 쏟아부었다. 자갈 사이로 모래가 골고루 잘 들어가도록 유리병을 흔들고 다시 물었다. "자, 이제 가득 찼습니까?" 학생들은 멈칫거렸다. "이 실험이 무슨 뜻일까요?"라고 교수가 다시 물었다. 학생들은 고개를 갸우뚱할 뿐 아무 대답도 못 했다. 교수는 다시 유리병에 물을 채웠다. 자갈과 모래 틈 사이로 물이 가득 스며들었다. "자, 이제 유리병이 가득 다 찼습니다. 지금 내가 여러분에게 보여준 것이 무엇을 의미하는지 아나요?"

학생 한 명이 손을 들었다. "아무리 스케줄이 꽉 찬 것 같아도, 언제든지 비어 있는 또 다른 시간을 활용해서 더 많은 일을 할 수 있다는 것을 의미합니다." 교수는 고개를 저으며 말했다. "아닙니다. 오늘 우리가 이 실험을 통해서 배워야 할 것은, 자갈을 먼저 넣지 않는다면 앞으로도 계속 그 자갈들을 병에 채울 수 있는 기회가 생기지 않는다는 것입니다."

책,《관계중심 시간경영》에 소개된 위 예화가 뜻하는 바를 정리해보자. '자갈'이란 우리 일상에서 가장 우선하여 처리해야 할 중요한 일이라고 할 수 있다. '모래'와 '물'은 상대적으로 덜 중요하고 사소한 일이다. 살다 보면 사소한 일에 급급한 나머지 정작 중요한 일이 미뤄지는 경우가 발생한다. 유리병에 모래나 물을 먼저 채우고 나면 제일 중요한 자갈을 채우지 못하는 격이다.

일상에서 마주하는 다양한 일 중에서 나에게 가장 중요한 일이 무엇인지를 우선 구분해야 한다. 이제 중요한 일이 무엇인지 이어서 설명하도록 하겠다.

2

꿈 관리 매트릭스를 적용하기

비발디 〈사계〉에서는 서정적인 바이올린 소리가 돋보이도록 나머지 악기는 보조를 맞춰야 한다. 만약 피아노나 트럼펫 등 다른 악기가 바이올린 선율을 압도한다면 바이올린 협주곡이라 할 수 없을 것이다. 삶을 지휘하는 것도 마찬가지다. 협주곡 〈사계〉 연주에서 바이올린 역할이 제일 중요하듯, 일상의 많은 일 가운데 무엇을 최상위 우선순위에 둘지 결정하고 그 일을 중심으로 처리해나가야 한다.

혹시, 하루에 처리할 일의 목록을 우선순위에 따라 진행한 적이 있는가? 그런 적이 없을 수도 있다. 그러나 복잡하게 여러 일이 얽혀 있을 때 효율적으로 일을 처리하려면 반드시 우선순위를 정해야 한다. 이제부터는 책에서 소개하는 '꿈 관리 매트릭스'를 활용하기 바란다. 이 개념을 이해하면 일 처리 우선순위를 손쉽게 정할 수 있다.

정확한 이해를 돕기 위해 다소 귀찮은 요청을 먼저 해야겠다. 책을 덮고 오늘 또는 내일 하루 동안 처리해야 할 일 목록을 종이에 적어보라. 큰일부터 사소한 일까지 목록을 만들어보라. 업무 미팅, 발표자료 정리, 전화 통화, 카톡 메시지 발송, 화분 물 주기, 약국 들르기, 저녁 약속, 드라마 시청 등 최대한 모든 일을 목록으로 적자. 목록이 완성되면 이제 각각의 일을 다음 네 가지 유형으로 구분해보라. '급박한 일', '급박하지 않은 일', '중요한 일', '중요하지 않은 일'로 나눠보는 것이다.

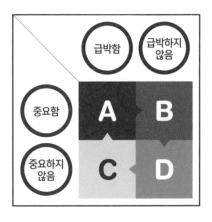

[꿈 관리 매트릭스]

처리할 일이 네 가지 유형으로 쉽게 구분되는가? 헷갈릴 수도 있다. 특히 급박한 일과 중요한 일의 구분이 쉽지 않을 것이다. 구분이 잘 안 된다고 실망할 필요는 없다. 다소 위안이 될 만한 내 경험을 소개해보겠다.

대학에서 '리더십 센터장'을 역임한 적이 있다. 학생들의 적성과 진로 문제를 상담하고 자연스레 꿈에 관한 얘기도 나눌 좋은 기회였다. 그때마다 학생들에게 일과 중에서 무엇이 중요하고 급박한 일인지 물어봤다. 결과적으로 한 가지 사실을 발견했는데, 대다수가 급박함과 중요함을 구분하지 못한다는 점이었다. 전공, 성별, 학년, 능력, 재능과는 아무런 상관이 없었다. 모두 두 가지를 구별하는 데 혼란스러워했다.

급박한 일과 중요한 일을 차례대로 설명해보겠다. 먼저 급박한 일과 급박하지 않은 일을 구분해보자. '급박하다'는 것은 어떤 사태가 발생했을 때 특정 시간에 맞춰 처리해야 하거나 혹은 주어진 시간 안에 곧바로 대응해야 한다는 뜻이다. 시간을 다투는 촉박한 대다수 문제가 여기 해당한다. 반대로 시간이 정해져 있지 않거나 혹은 대응할 시점을 탄력적으로 조정할 수 있다면 '급박하지 않은 일'에 해당할 것이다.

예를 들어, 아침 등굣길이나 출근길에 넘어져서 무릎에 큰 상처가 생겼다고 해보자. 이럴 때는 빨리 약국에 가서 소독약을 발라야 하고 상처가 깊으면 병원 치료를 받아야 한다. '약국이나 병원에 가서 치료받기'는 급박한 일임이 분명하다. 직장 상사가 오늘 중에 꼭 처리해야 하는 업무를 할당해줬다고 생각해보자. 내일로 미룰 수 없고, 오늘 퇴근 전에 마무리해야 한다면 이 일도 급박한 일이다. 자녀의 유치원 선생님으로부터 업무시간에 전화가 걸려왔다고 생각해보자. 아이가 아프거나 혹은 도움이 필요한 상황에 처했을 수 있으므로 곧바로 전화를 받아야 할 것이다. '전화를 받는 일' 역시 지금 바로 처리해야 하는 급박한 일이다. 동호회 총무로부터 내일 저녁 모임 참석 여부를 알려달라는 카카오톡 메시지가 왔다. 또 주말에 축구를 함께하기로 약속한 친구에게서 당일 몇 시에 어디서 만날지를 묻는 문자메시지가 왔다고 해보자. 이러한 일도 최대한 빨리 답을 주는 것이 소셜 에티켓이다. 바로 답을 주지 않으면 담당자가 일정을 관리하는 데 차질을 빚을 것이다. 따라서 이런 유형의 일은 '급박한 일'이 될 수 있다.

그렇다면 '급박하지 않은 일'은 무엇일까? 이를테면 그동안 기다렸던 재미있는 모바일 게임이 어제 새롭게 출시됐다고 해보자. 게임은 오늘 당장 다운로드하지 않아도 된다. 다가오는 주말에 천천히 다운로드받아도 충분하다. 아침에 이메일이 왔다. 친구가 자기 회사 설문조사에 협조해달라는 내용과 함께 설문지 파일을 보내왔다. 다음 주 초까지 설문 응답 결과를 받아볼 수 있으면 좋겠단다. 기한이 정해져 있지만, 오늘 당장 처리하지 않아도 된다. 하루 이틀 뒤에 짬을 내서 처리할 수 있다. 운동화가 낡아서 새 운동화를 사야 한다고 해보자. 돌아오는 주말에 구매해도 상관없다. 이런 일은 반드시 오늘 처리하지 않아도 된다. 그렇기에 급박한 일이 아니다.

이제 좀 더 어려운 문제로 넘어가보겠다. '중요한 일'과 '중요하지 않은 일'을 구분해보자. 먼저 '중요함'이란 무엇일까? 귀중한 것, 소중한 것, 결정적인 것, 필수적인 것, 중대한 것이라고 바꾸어 생각해 볼 수 있다. 의미나 내용적 측면에서 귀중한 가치가 있는 대상은 '중요함'과 관계가 있다. 그렇다면 무엇이 중요한 일이고 어떤 일이 중요하지 않을까? 생각을 집중해서 가늠해보라. 내 삶을 귀중하게 만드는 일은 무엇인가? 나에게 소중한 일은 무엇일까? 내 삶에 결정적인 역할을 담당하는 일은 어떤 것인가? 이런 질문을 통해 연상되는 답이 중요한 일과 맞닿아 있다. 이제 눈치챘을 것이다. 힌트는 이 책에서 이미 수없이 다룬 낱말에서 찾을 수 있다.

중요한 일이란 본질적으로 자신의 '꿈'과 연결된 일이다. 자신의 최종 꿈 달성에 영향을 미치는 일, 그것이 바로 중요한 일이다. 꿈을 성취하는 삶을 원한다면 이 개념을 명확하게 인식할 필요가 있다. 좀 더 구체적으로 설명해보겠다. 우리는 '꿈★지도'를 그리면서 꿈에 다가가기 위해 중간에 거쳐야 하는 주요목표를 설정한 바 있다. 이 목표들은 꿈 성취에 직접 영향을 준다. 따라서 주요목표의 달성과 관련된 크고 작은 일도 중요한 일이다. 향후 꿈을 달성하는 데 영향을 미친다면 직접적이든 혹은 간접적이든 그것이 오늘 하루 중에 제일 중요한 일이다. 자신의 꿈을 지휘할 수 있으려면 반드시 이 개념을 잘 이해해야 한다. '중요함'의 의미도 모르면서 꿈을 달성할 수는 없는 노릇이다.

그렇다면 중요하지 않은 일이란 무엇일까? 너무나도 자명하다. 개인의 꿈을 비롯해 하부 주요목표와 관련 없는 일은 중요하지 않은 일이다. 예를 들어 설명해보겠다. 현재 가구회사에 다니는 30대 초반의 김 대리. 그의 꿈은 50세에 글로벌 가구회사의 최고경영자가 되는 것이다. 사람들에게 사랑받는 감성 가구를 생산해서 글로벌 시장에 판매하는 회사를 설립하려 한다. 현재 다니고 있는 가구회사에서 그가 맡은 업무는 고객서비스 분야이다.

며칠 전, 가구를 구매한 신혼부부로부터 제품에 흠집이 있다는 이의신청이 접수됐다. 고객은 교환이나 환불을 요청했다. 김 대리의 담당 업무는 고객서비스이므로 오늘 중에 고객의 불평을 해소할 방안을 마련해야 한다. 무엇보다도 고객이 만족하고 아울러 회사에 손해를 끼치지 않는 합리적인 방안을 마련해야 한다. 김 대리에게 이 일은 중요한 일일 수 있다. 김 대리의 꿈은 미래에 글로벌 감성 가구회사의 최고경영자가 되는 것이다. 훌륭한 경영자가 되려면 고객서비스의 질을 높일 수 있는 소비자 감동 서비스 노하우를 습득해야 한다. 이 일을 효과적으로 처리해야 현재 몸담은 회사에서 업무처리 능력을 인정받고 승진도 할 것이다. 장차 이사진의 일원으로 승진해야 회사 경영을 체험할 수 있다. 고객에게 제공하는 서비스를 이해하지 못하거나 기업경영 노하우가 전혀 없는 사람이 장차 훌륭한 최고경영자가 될 수는 없는 노릇이다.

한편 김 대리는 축구 덕후로, 동호회 활동을 꾸준히 해오고 있다. 국가대표 축구경기는 빼놓지 않고 시청한다. 오늘 저녁 9시에 한국 대표팀과 멕시코 대표팀의 A매치 경기가 TV로 중계될 예정이다. TV를 못 보면 내일 인터넷으로 재방송을 봐야 한다. 오늘 축구경기를 시청하는 일은 김 대리에게 중요한 일일까? 이제 쉽게 답할 수 있다. 축구경기 시청은 김 대리에게 중요한 일이 될 수 없다. 가구회사를 경영하고자 하는 자신의 꿈에 영향을 미치는 일이 아니기 때문이다. 축구경기는 생방송으로 봐야 제맛이라면, 김 대리에게 이 일이 급박한 일은 될 수 있다. 그렇지만 분명히 중요한 일은 아니다.

이제, 급박한 일과 중요한 일을 구분할 수 있게 됐다. 하지만 안타깝게도 이것만으로는 부족하다. 일상에서 처리해야 할 일은 단순히 급박함 여부, 중요함 여부의 두 가지로 나뉘지 않는다. 이보다는 오히려 급박하다, 급박하지 않다, 중요하다, 중요하지 않다로 구성된 네 가지 영역의 행렬 결합 법칙에 따라 결정된다. 어려운 말이 아니다. 앞의 그림 '꿈 관리 매트릭스'를 보면 이해가 될 것이다. 가로축과 세로축이 만나는 지점에, 'A(급박하고 중요한 일)', 'B(급박하지 않지만 중요한 일)', 'C(급박하지만 중요하지 않은 일)', 'D(급박하지도 않고 중요하지도 않은 일)'의 네 가지 유형이 존재한다. 일상에서 우리가 처리해야 할 일을 이 네 가지 영역 안에 담아낼 수 있다.

오늘 하루 동안 자신이 처리할 일의 내용을 각각의 A, B, C, D 영역에 채워보라. 만약 너무 많아서 구분하기 어렵다면 각 영역에 최소 한두 가지 일이라도 적어보라. 쉽지 않더라도 그냥 넘어가지 말고 따라 해보길 권한다. 직접 해봐야만 '꿈 관리 매트릭스'가 왜 중요한지 피부로 실감할 수 있다.

이제 자신이 직접 분류한 네 가지 일의 유형이 의미상 잘 구분됐는지 확인해볼 차례다. 다음에 제시한 내용과 자신의 사례를 비교해보기 바란다.

우리의 주인공 김 대리의 일상으로 다시 들어가보자. 그는 30대 초반이다. 가구회사에 다닌 지 3년이 됐고 현재 고객서비스 관리 업무를 맡고 있다. 매일 고객의 불만을 처리하는 일이 힘들지만, 업무를 소홀히 할 순 없다. 내일은 지난달 고객만족도 평가 결과에 대해 이사들 앞에서 프레젠테이션을 해야 한다. 오늘 중으로 발표자료 준비를 마무리해야 한다. 다음 달엔 승진시험도 있다. 잘 대비해서 내년엔 과장으로 승진하고 싶다.

요즘은 기분이 날아갈 듯하다. 지난달에 구매한 생애 첫 자동차로 출퇴근하는 일이 즐겁다. 깨끗하게 잘 관리해서 오랫동안 함께하고 싶다. 김 대리는 친구들과 교류하는 것이 즐겁다. 대학 시절 함께 활동했던 축구 동아리 친구들과 가끔 만나서 식사도 한다. 페이스북을 통해 소통하는 것도 즐거운 일상이다. 장차 그의 꿈은 글로벌 감성 가구회사의 최고경영자가 되는 것이다. 50세에 이 꿈을 성취하려면 열정과 끈기가 수반되어야 한다. 마케팅 공부와 어학 공부를 꾸준히 해야 하고, 틈틈이 이케아IKEA나 허먼 밀러Herman Miller 같은 글로벌 가구회사 정보도 수집해서 시장 동향을 파악해야 한다.

오늘 아침에는 운이 좀 없었다. 출근길에 회사 주차장에서 핸드폰을 떨어뜨렸다. 핸드폰을 집으려다 그만 자동차 문에 부딪혀서 손목에 상처가 났다. 엎친 데 덮친 격으로 핸드폰 화면 액정에 금이 갔다. 손목은 생각보다 상처가 심해서 병원 치료를 받아야 한다. 어제는 깜빡하고 자동차 연료도 보충하지 못했다. 계기판엔 연료보충 경고등이 들어왔다. 오늘 퇴근길엔 잊지 말고 주유부터 해야 한다.

이제 김 대리의 일상과 '꿈 관리 매트릭스'를 연결해보자. 오늘 그에게 '중요한 일'은 여덟 가지다. 'A영역(급박하고 중요한 일)'과 'B영역(급박하지 않지만 중요한 일)'에 해당하는 내용이다. 이 일은 김 대리의 꿈 성취에 영향을 주기 때문에 모두 중요한 일이다.

김 대리가 처리할 일	급박함	급박하지 않음
중요함	A1. 병원 가서 치료받기 A2. 고객 불평 접수 전화 응대 A3. 고객만족도 프레젠테이션 자료 준비 A4. 승진시험 준비	B1. 건강관리 B2. 경영학 공부 B3. 어학 공부 B4. 글로벌 가구기업 시장동향 파악
중요하지 않음	C1. 고객관리팀 점심 도시락 주문 C2. 축구동호회 카톡 메신저 응대 C3. 자동차 연료 보충 C4. 한국 국가대표 축구경기 시청	D1. 핸드폰 액정 A/S 접수 D2. 페북 둘러보기 D3. 새 축구화 구입 D4. 자동차 세차

'A영역(급박하고 중요한 일)'을 살펴보자. ① 병원 가서 치료받기는 중요한 일이다. 상처를 방치하면 생체 조직에 변질이 올 수 있다. 자칫 상처 부위에서 증식한 파상풍균이 번식하여 독소가 신경세포에 침투하면 근육에 마비가 오거나 최악의 경우에는 사망할 수도 있다.

만에 하나라도 사망한다면 김 대리의 꿈은 의미가 없어진다. ② 50세에 글로벌 가구회사 최고경영자가 되려면 김 대리는 담당 업무를 잘 처리해야 한다. 고객 불평을 효과적으로 해결하고 만족도를 높이는 방식에 대한 경험을 축적해야 한다. ③ 고객만족도 프레젠테이션 자료를 소홀히 준비했다가는 상사에게 문책을 당할 것이다. 무능한 대리로 각인되어 인사고과 점수에 반영될 것이다. ④ 정해진 시일 내에 단계적으로 승진하지 못하면 회사 간부가 될 가능성이 그만큼 낮아진다. 장차 이사진의 일원이 되어 가구회사 운영 전반을 이해하려면 주어진 승진 기회를 잘 붙잡아야 한다. 이상의 일은 '꿈 관리 매트릭스'의 A영역에 해당하는 급박하면서 중요한 일이다. 오늘 하루 동안 정해진 시간 안에 잘 챙겨야 하는 일인 동시에 김 대리의 꿈 성취에 직접 영향을 주는 일이다.

이제 'B영역'으로 넘어가보자. 이 영역은 급박하지는 않지만 자신의 꿈을 달성하기 위해서 역시 중요하다. ① 건강관리는 평상시에 김 대리가 챙겨야 하는 중요한 일이다. 건강을 소홀히 다루는 사람은 절대 한 조직의 대표가 될 수 없다. ② 경영학 도서를 읽고 경영자로서 갖추어야 할 전문성을 확보해야 한다. 자금 및 조직 관리, 생산성과 수익성을 높이는 방식, 마케팅 전략에 대한 이해가 부족하면 장차 잘못된 의사결정을 내릴 수 있다. 최고경영자로서 회사를 책임지기 위해 꾸준히 경영학 공부를 하는 것은 김 대리에게 중요한 일이다. ③ 어학 공부도 마찬가지다. 미래에 설립할 글로벌 가구회사는 해외 현지법인을 거느릴 것이다. 해외 현지법인 대표들과 글로벌 커뮤니케이션을 원활히 진행할 수 있는 언어 소통능력이 필요하다. 또 회사 내 다국적 직원들과 원만하게 소통하기 위해서도 어학 공부는 소홀히 할 수 없는 중요한 일이다. ④ 평상시에 글로벌 가구회사들의 시장 동향을 파악하는 것도 중요하다. 현재 30대지만 김 대리는 향후 20년간 꾸준히 시장에 관심을 두고 흐름과 변화를 읽는 감각을 키워야 한다. 'B영역'의 일은 특별한 마감 시간이 없다. 그래서 급박하지 않다. 하지만 50세에 글로벌 감성 가구회사 최고경영자가 되고자 하는 김 대리의 꿈 달성에 크게 영향을 끼치는 중요한 일임은 분명하다.

3

꿈 관리 매트릭스에서 가장 중요한 것

'C영역(급박하지만 중요하지 않은 일)'과 'D영역(급박하지 않고 중요하지도 않은 일)'을 이해하기 위해서는 김 대리의 일상을 다시 한번 더 들여다 봐야 한다.

김 대리가 처리할 일	급박함	급박하지 않음
중요함	A1. 병원 가서 치료받기 A2. 고객 불평 접수 전화 응대 A3. 고객만족도 프레젠테이션 자료 준비 A4. 승진시험 준비	B1. 건강관리 B2. 경영학 공부 B3. 어학 공부 B4. 글로벌 가구기업 시장동향 파악
중요하지 않음	C1. 고객관리팀 점심 도시락 주문 C2. 축구동호회 카톡 메신저 응대 C3. 자동차 연료 보충 C4. 한국 국가대표 축구경기 시청	D1. 핸드폰 액정 A/S 접수 D2. 페북 둘러보기 D3. 새 축구화 구입 D4. 자동차 세차

'C영역'부터 살펴보자. 김 대리는 가구회사 고객관리팀 소속이다. ① 오늘 오전에 팀장님 지시사항이 생겼다. 업무가 바쁘니 고객관리팀원 모두 오늘은 배달 도시락으로 점심을 해결하자는 것이다. 회사 근처 도시락 맛집을 찾아서 주문을 넣으라신다. 이 일은 오전 중에 처리해야 할 급박한 일임이 분명하다. 주문이 늦어지면 배달이 지체되어 팀원 모두 늦은 점심을 먹어야 할 것이다. ② 축구 동호회 총무가 주말에 있을 친선 경기 참가 여부를 오늘 중으로 알려달라는 메시지를 보내왔다. 소셜 에티켓을 등한시하면 동호회 활동을 지속하기가 어려워질 수도 있다. 그래서 퇴근 전에 참가 여부를 통보해줘야 한다. 이 일은 오늘 중에 처리해야 할 급박한 일이다. ③ 김 대리는 어제 깜빡하고 자동차 주유를 하지 못했다. 계기판에 연료부족 경고등이 들어왔다. 오늘 퇴근길에 꼭 주유소에 들러야 한다. 주유하지 않으면 보험회사 긴급출동 서비스를 불러야 하는 번거로운 일이 생길 것이 뻔하다. 이 일도 오늘 처리해야 할 급박한 일이다. ④ 오늘 저녁엔 한국과 멕시코의 A매치 축구경기 생중계가 있다. 축구광인 김 대리는 생방송을 놓치고 싶지 않다. 다른 사람은 몰라도 축구를 좋아하는 김 대리에게 이 일은 오늘 해야 할 급박한 일이다. 이상과 같이 정해진 특정 시간 안에 꼭 처리해야 하는 일이 있다면 그것은 급박한 일이다. 그렇다고 '급박한 일'이 '중요한 일'이 되는 것은 아니다. 사람들은 급박한 일을 중요한 일로 착각하는 경향이 있다. '급박한 일'이 '중요하면서 급박한 일'과 '중요하지 않으면서 급박한 일'의 두 가지 유형으로 나뉜다는 사실을 명확하게 이해할 필요가 있다. 위에서 소개한 일들은 김 대리에게 급박한 일들이다. 하지만 김 대리의 꿈 성취에 영향을 끼치지 않으므로 중요한 일은 아니다.

이제 'D영역(급박하지 않고 중요하지도 않은 일)'으로 넘어가겠다. 김 대리는 오늘 아침 운수가 좋지 않았다. ① 회사 주차장에서 바닥에 핸드폰을 떨어뜨렸고 액정 화면에 금이 갔다. 핸드폰 사용에는 당장 큰 지장이 없지만, 조만간 A/S를 받아야 한다. 급박하지도 중요하지도 않은 일이다. 며칠 내에 시간이 날 때 A/S 센터를 방문하면 된다. ② 페이스북을 통해 친구들 근황을 살피는 일이나, ③ 새 축구화를 구매하는 일도 급박하거나 중요하지 않다. ④ 김 대리는 지난달에 구매한 생애 첫 자동차를 애지중지한다. 되도록 자주 세차하고 관리도 잘하고 싶어 한다. 세차 여부는 연료보충과 달리 오늘 꼭 처리해야 할 급박한 일은 아니다. 자동차 세차가 김 대리의 꿈인 글로벌 가구회사 최고 경영자가 되는 데 어떤 영향도 미치지 못함은 너무나도 자명한 사실이다.

지금부터가 '꿈 관리 매트릭스'에서 가장 핵심적인 이야기다. 앞서 살펴봤듯 김 대리에게는 하루에 처리해야 할 일이 너무 많다. 이렇게 많은 일을 효율적으로 진행하려면 '일 처리의 우선순위'를 정해야 한다. 그렇다면 꿈 관리 매트릭스의 네 영역 중 어떤 영역을 제일 먼저 처리하는 게 바람직할까? 정답은 당연히 'A영역'이다. 개인의 꿈과 목표 달성에 직간접적으로 영향을 주고 더구나 마감 시간이 정해진 일이라면 당연히 그 일을 우선으로 처리해야 한다. 너무 뻔한 답이라 실망했는가? 아직 실망하기엔 이르다. 중요한 이야기는 아직 시작도 안 했다. 얘기를 바꿔 네 영역 중 우선순위가 제일 낮은 영역은 어디인가? 당연히 'D영역'이다. 이것도 당연한가? 그렇지 않다. 우리 주변에는 어떤 일이 중요한지, 중요하지 않은지 구분 못 하는 사람이 많다. 중요함의 개념을 알지 못하기 때문이다. 꿈 성취와 주요목표 달성에 영향력을 행사하는 일이 중요한데, 이 사실을 정확히 인지하는 사람이 많지 않다. '중요한 일'을 구별하지 못하는 사람은 일반적으로 '급박함'을 '중요함'으로 착각한다. 그래서 때론 실제로 중요한 일을 간과하고 급박한 일을 중심으로 하루를 채운다. 때로는 중요하지도 급박하지도 않은 일을 가장 우선시하는 우를 범하기도 한다.

만약 'D영역'의 일을 우선으로 처리하면서 하루하루를 보낸다면 어떻게 될까? 미래의 꿈과 주요목표와는 절대 친구가 될 수 없다. 이 대목에서 스티브 잡스Steve Jobs의 명언이 생각난다. 그는 "해야 할 일 못지않게 하지 말아야 할 일을 판단하는 것이 매우 중요하다"라고 강조한 바 있다. 급박하지도 중요하지도 않은 일이 일과에서 우선시되지 않도록 만들어야 한다. 이 영역은 실패하는 사람, 성공과 거리가 먼 사람들과 가까이하기를 좋아한다.

보통 사람은 급박함을 우선으로 생각하기 때문에 'A영역'과 'C영역' 위주로 일과의 우선순위를 정하기 십상이다. 그렇지만 책을 읽고 있는 당신은 이제부터 'B영역', 급박하지 않지만 중요한 일에 좀 더 많은 관심을 두기를 바란다. 그 이유는 이렇다. 'A영역'과 'C영역'은 따로 신경 쓰지 않아도 그 일의 급박함 때문에 본능적으로 반응하게 된다. 그렇지만 'B영역'은 우리가 조금만 주의를 게을리하면 일상에서 챙기지 못하고 지나쳐버리기 십상이다. 그래서 이 책에서는 'B영역'을 제일 중요하게 취급한다.

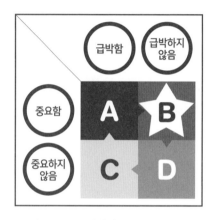

[꿈 관리 매트릭스]

일과 중에서 해야 할 과제를 생각하고 정리해보라. 그중에 혹시 장래 꿈과 주요목표를 달성하는 데 관련이 많은 중요한 일임에도 '급박하지 않다'는 이유로 차일피일 미루고 있는 일이 있는지 살펴봐라. '꿈 관리 매트릭스'의 네 영역 중 일상의 주인공은 바로 'B영역'이다. 이 내용을 반드시 기억하기 바란다. 핵심 중의 핵심이다.

성취를 맛본 사람들의 좋은 습관 중 하나는 미래를 위해 오늘의 시간을 투자하고 조금씩 적립한다는 것이다. 장래 꿈을 성취하고 목표를 달성하는 데 도움이 되는 중요한 일의 목록을 작성하고 그것에 일과 시간을 배분해야 한다. 건강 관리, 인적 네크워크 확장, 어학 공부, 진로 관련 도서 읽기 등이 대부분 여기 포함될 것이다.

이제부터 급박하지는 않지만 자신의 꿈을 위해 꼭 필요한 일, 즉 'B영역'에 해당하는 일을 챙겨야 한다고 자신과 약속하기 바란다. 뒷부분에서 다시 언급하겠지만, 이것은 인생의 꿈을 실현하기 위한 비밀 중 하나다. 이미 인류 역사에서 무수히 반복적으로 그 내용이 증명됐다는 사실도 잊지 않으면 좋겠다.

일상에서 마주하는 다양한 일 중에서 나에게 가장 중요한 일이 무엇인지를 구분하고, 그것 중심으로 삶을 채워나간다면 누구나 꿈을 성취할 수 있다.

10장
매일 설레는 인생을 만들려면

아침에 눈 뜨면 부가가치영역에 해당하는 일을 제일 먼저 챙기려고 노력해야 한다. 자신만의 '미라클 모닝'을 만들기 위해서다.

1

하루 24시간 배분하기

하루 24시간은 세 가지 영역으로 구분할 수 있다. 기초영역, 업무영역, 응용영역이 그것이다. 수면시간과 식사시간은 삶의 유지를 위해 꼭 필요하다. 학교나 직장으로 출퇴근하는 데 걸리는 시간도 있다. 이런 시간은 기초영역에 해당한다. 자신이 맡은 일을 처리하는 데 필요한 시간도 있다. 학생이라면 수업 참여, 과제 수행, 공모전 출품 준비에 드는 시간이 그렇다. 직장인이라면 업무처리, 고객 응대, 회의 준비 등이 필요하고, 또 선생님이라면 수업 준비, 학생 면담, 시험문제 출제와 채점을 해야 한다. 이런 일에 필요한 시간은 업무영역에 해당한다. 24시간 중에서 기초영역과 업무영역을 제외한 나머지 시간도 있다. 응용영역이다. 자신의 삶을 확장하기 위한 자기계발에 투자할 수 있는 시간 영역을 의미한다. 대표적으로 건강관리, 책 읽기, 외국어 공부, 자료 정리, 취미 활동이 진행되는 영역이다.

　꿈을 성취하려면 매일 주어진 24시간을 적절히 통제할 수 있어야 한다. 통제란, 일정한 원칙에 따라 수행 활동을 관리하는 행위다. 24시간을 어떻게 분배하고 배분된 시간 안에서 꿈 성취를 위해 필요한 '중요한 일'을 언제 처리할 것인지를 관리하는 것이다.

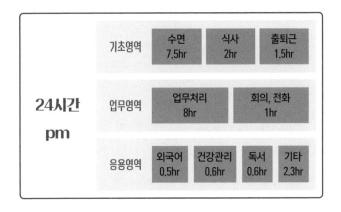

　보통 사람은 업무영역에 해당하는 일만을 '중요한 일'로 취급하는 경향이 있다. 하지만 삶의 성취를 일궈낸 사람은 일반인과 조금 다르게 생각한다. 업무영역은 물론 응용영역에 해당하는 일을 '중요한 일'로 규정한다. 왜 그럴까? 이런 차이가 왜 생기는 걸까? 9장에서 소개한 내용을 다시 짚어보겠다. 중요한 일이란, 자신의 최종 꿈 성취에 영향을 미치는 일이다. 더 나아가 꿈 달성을 위해 단계별로 세웠던 주

요목표에 직간접적으로 연결된 일이다. 여기서 한 가지 유의할 점이 있었다. '중요한 일'에 두 가지 유형이 존재한다는 사실 말이다. 첫째는 '급박하고 중요한 일'이며, 두 번째는 '급박하지 않으나 중요한 일'이었다.

이해를 돕기 위해 '꿈 관리 매트릭스'를 다시 상기해보겠다. 'A영역'은 급박하고 중요한 일이다. 'B영역'은 급박하지는 않으나 중요한 일이다. 꿈을 성취하는 사람과 그렇지 못한 사람의 차이가 바로 'B영역'에 대한 인식에서 나타난다. 보통 사람은 중요한 일을 업무영역에 국한해 생각하는 경향이 많다. 하지만 꿈을 성취하는 사람은 업무영역과 함께 응용영역도 십분 활용한다. 급박하지는 않지만 꿈 성취에 영향을 주는 일을 처리하기 위해 응용영역 시간대를 효율적으로 활용하는 것이다.

업무영역에서 발생하는 중요한 일은 주로 '급박하면서 중요한 일'이 대다수다. 학교 또는 직장에서 자신에게 주어진 일은 정해진 업무시간 내에 반드시 처리해야 하는 경우가 많다. 또 그런 일은 장차 자신의 꿈을 달성하는 데 큰 영향을 미친다. 전공 공부를 소홀히 하면 해당 분야에서 자신의 꿈을 이룰 수 없음이 당연하다. 직장에서도 마찬가지다. 주어진 업무를 잘 처리하지 못한다면 승진이 어려워질 것이다. 따라서 너무나도 당연히 업무영역에서 발생하는 급박하고 중요한 일은 효율적으로 처리해나가야 한다. 이 일을 게을리한다면 꿈을 성취할 수 없을 것이다.

그렇지만 이것이 전부라고 생각하면 곤란하다. 급박하고 중요한 일에는 누구나 쉽게 반응한다. 따로 신경 쓰지 않아도 일의 급박함 때문에 본능적으로 대처해나갈 수 있다. 그렇다면 어떤 부분에 더 많은 관심을 가져야 할까? 급박하고 중요한 일 외에 또 무엇에 신경을 써야 할까? 이에 대한 해답은 '급박하지 않으나 중요한 일'에서 찾아야 한다. 지금 당장 처리하지 않고 내일, 일주일 뒤, 한 달 후, 1년 뒤에 처리해도 상관없겠다고 생각하는 일들이 바로 그것이다. 지금부터는 급박하지 않으나 중요한 일에 집중하기를 권한다. 본능적으로 대처할 수 없어서 조금이라도 방심하면 놓치기 십상인 이 일을 챙길 줄 알아야 한다.

급박하고 중요한 일은 업무영역에서 처리할 수 있지만, 급박하지 않지만 중요한 일은 그렇지 못하다. 이런 일을 소홀히 다루지 말고 날마다 챙겨야 한다. 24시간 중에서 응용영역을 활용하면 이런 일을 수행할 수 있다. 매일 꿈에 대한 적절한 통제가 끊임없이 작동하도록 자신에게 주어진 24시간 안에서 응용영역의 일을 챙기고 관리해야 한다. 하루 동안 일어나는 수많은 일 중에서 '중요하지만 급박하지 않다는 이유로 미루는 일'을 추려내고 그 일들이 자신의 꿈을 향한 여정과 정합할 수 있도록 응용영역 시간대를 활용해라.

2

꿈을 이루기 위해 시간을 운용하는 법

개인마다 차이가 있지만, 한국 사람에게 기초영역은 대체로 열한 시간, 업무영역은 아홉 시간 내외로 나타난다. 이 두 영역을 합치면 20시간이다. 하루 24시간에서 20시간을 제외하면 네 시간이 남는다. 바로 이 시간이 응용영역에 해당한다. 지금부턴 응용영역도 두 가지로 구분하길 권한다. '잔여영역'과 '부가가치영역'이다. 잔여영역은 휴식 시간으로 생각하면 좋다. 여가활동을 하거나 한가롭게 뒹굴며 보내도 전혀 상관없는 시간이다. 대략 두 시간에서 두 시간 반 내외면 충분하다. 이제 응용영역 네 시간 중에서 잔여영역을 제외한 나머지 한 시간 반에서 두 시간은 부가가치영역에 할당하라. 그리고 꿈 성취를 위한 생산적 활동으로 이 시간을 채워라.

부가가치란, 말 그대로 기본적인 것에 새로 덧붙인 가치다. 따라서 부가가치영역은 먹고 자고 일하는 것 이외에 자신의 삶에서 특별한 가치를 창출할 수 있도록 활용하는 영역이다. 단순히 소비성으로 채워지는 여가가 아니라 꿈에 다가가는 생산적 활동으로 구성해야 한다. 부가가치영역에는 어떤 항목이 해당할까? 그렇다. 하루에 처리할 일 중에서 꿈을 실현하는 데 영향을 주는 중요한 일임에도 급박하지 않다는 이유로 차일피일 미루는 일이다. 즉, 급박하지 않지만 중요한 일이 그것이다. 이제 이런 일을 찾아내어 부가가치영역에 할당하자. 급박하지는 않지만 날마다 조금씩 챙겨야 하는 중요한 일들을 부가가치영역에 할당하고 그다음엔 각각 수행 시간이 어느 정도나 필요한지 생각해봐야 한다.

앞서 소개했던 김 대리를 다시 소환하겠다. 현재 30대인 김 대리의 최종 꿈은 50세에 글로벌 가구회사의 최고경영자가 되는 것이었다. 김 대리에게 건강을 관리하는 일, 경영학 도서를 읽는 일, 어학을 공부하는 일 등은 '급박하지 않지만 중요한 일'이었다. 이런 일을 부가가치영역과 연결해야 한다. 이제 시간을 어떻게 할당할지의 문제가 남았다. 한 가지 일에 한 시간 이상의 단위로 시간을 할당하지 말아야 한다. 30분 또는 15분 단위를 기준으로 설정하는 것이 바람직하다. 왜냐하면, 집중과 운동은 40분 이상 지속하기 어렵기 때문이다. 30분 또는 15분 단위로 짧게 나누면 주어진 일이 능률적으로 처리될 가능성이 커진다. 응용영역 네 시간 중에서 잔여영역을 제외한 나머지 한 시간 반에서 두 시간이 부가가치영역에 해당한다고 했다. 이 시간을 30분, 15분 단위로 분절해 활용하는 방법이 좋다.

아침에 눈 뜨면 부가가치영역에 해당하는 일을 제일 먼저 챙기려고 노력해야 한다. 운동, 영어 공부, 경영도서를 읽는 일이 자신의 부가가치영역에 해당한다면, 이런 일은 출근 전에 소화해야 좋다. 시간이 부족하다면 세 가지 중에서 좀 더 중요한 일을 선택하고 그 일만이라도 아침 일찍 처리해야 한다. 왜 군이 출근 전에 이 일을 먼저 실행해야 하는지 궁금할 것이다. 이유는 명확하다. 미래 부가가치 창출을 위해 필요한 중요한 일을 날마다 거르지 않고 챙기기 위해서다. 이를 통해 일종의 '미라클 모닝'을 만들기 위함이다.

만약 부가가치영역에 해당하는 일을 저녁처럼 하루의 끝자락에 배치하면, 그 계획은 2~3개월 이상 지속하기 어렵다. 우리 일상은 변화무쌍해서 뜻하지 않은 일이 자주 생긴다. 즐거운 일뿐만 아니라 때론 힘들어서 친구의 위로를 받고 싶은 날도 생긴다. 이런 일은 흔히 저녁 시간에 처리되기 일쑤다. 저녁만 먹고 헤어지기란 쉽지 않고 늦게까지 술자리가 이어지기도 한다. 생일 파티나 가족 모임도 대부분 저녁 시간에 이뤄진다. 이런 연유로 중요한 일을 저녁 시간에 배치하면 그만큼 지키기 어려워진다. 그때마다 내 삶의 부가가치를 만들 수 있는 중요한 일이 우선순위에서 밀리는 것이다. 이 현상이 반복되면 꿈은 자신한테서 점점 더 멀어진다. 그래서 하루 동안 처리할 일 중에서 무엇이 중요한지 우선순위를 결정하고 그에 해당하는 일은 아침 일찍 실행하면서 하루를 시작해야 한다. 중요한 일을 먼저 챙기며 살아가는 자신의 모습을 보는 횟수가 늘어날수록 삶에 대한 자신감도 커질 것이다.

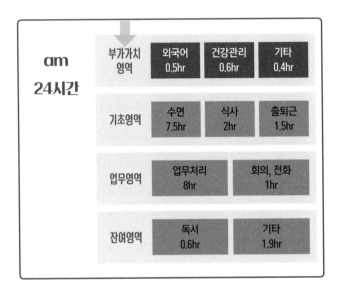

3

하루 30분의 쓸모

다음 페이지 정보그래픽을 참조하라. 주제는 '삶을 낭비하지 말라Don't waste your life'이다. 몇 년 전 미국인들이 삶의 시간을 소비하는 방식에 대한 통계자료가 발표됐고, 그 내용을 한국인 평균수명에 대입해 직접 재정리한 내용이다. 아쉽게도 한국인 통계 데이터는 찾기 어려웠다. 미국인의 전체 평균수명은 78.1년이고 현재 한국인의 평균수명은 81.4년이다. 미국인과 한국인의 수명과 라이프스타일이 다르므로 제시한 정보에 다소 차이가 있을 수 있다. 이 부분을 참작해도 정보그래픽 자료에는 우리가 눈여겨봐야 할 내용이 많다.

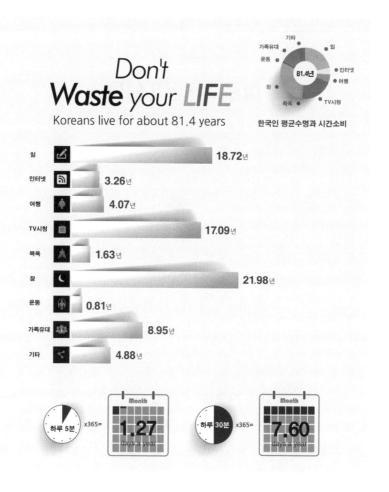

Don't
Waste your LIFE
Koreans live for about 81.4 years

한국인 평균수명과 시간소비

		81.4년

일 18.72년

인터넷 3.26년

여행 4.07년

TV시청 17.09년

목욕 1.63년

잠 21.98년

운동 0.81년

가족유대 8.95년

기타 4.88년

하루 5분 x365= **1.27** days a year

하루 30분 x365= **7.60** days a year

보통 사람은 TV를 시청하는 데 대략 17년을 소비한다. 수면시간은 22년이다. 여행은 4년, 운동은 0.8년, 가족과 함께 보내는 시간은 9년 정도다. 인터넷 사용에 소비하는 시간은 3.3년 정도로 나타난다. 미국

보다 인터넷 접속 환경이 훨씬 좋은 우리나라 실정을 고려하면 이 시간은 더욱 늘어날 것으로 예측된다. 여행, 운동, 가족과 공유하는 시간을 줄일 필요는 없다. 하지만 TV 시청이나 잠자는 시간을 조금만 줄이면 인생이 달라질 수 있다. 미래의 꿈 성취를 위해 이런 시간을 줄이고 그만큼을 부가가치영역에 할당해 중요한 일을 처리하는 데 보탤 수 있어야 한다.

　다음 그림은 정보그래픽의 하단 부분을 확대한 것이다. 이 부분을 눈여겨보라. 30분이 꾸준히 쌓이면 얼마나 큰 시간이 되는지 알 수 있다.

하루 저축시간	1년	1년 누적 합계 (분)	1년 누적 합계 (시간)	1년 누적 합계 (일)
5분	365일	1,825분	30.4시간	1.27일
30분	365일	10,950분	182.5시간	7.60일

　하루 5분을 모으면 1년 뒤 1.27일의 시간을 확보할 수 있다. 또 하

루 30분을 저축하면 1년 뒤 7.60일(30분 × 365일 = 10,950분 = 182.5시간)의 시간을 얻을 수 있다. 7.60일은 우리가 생각하는 것보다 꽤 긴 시간이다. 여기서 언급한 7.60일(182.5시간)은 군더더기가 포함되지 않은 온전한 시간이기 때문이다. 이를테면 수면, 식사, 출퇴근 시간과 업무시간이 포함되어 있지 않은 시간이다. 이게 무슨 뜻일까? 앞서 한국 사람은 기초영역을 위해 열한 시간 내외, 또 업무영역을 위해 아홉 시간 정도를 할애한다고 했다. 두 영역의 시간을 합치면 20시간 정도 되고, 하루 24시간에서 20시간을 제외하면 네 시간이 남는데, 바로 이 시간이 개인이 미래를 위해 준비할 수 있는 응용영역에 해당하는 시간이라 했다. 일상에서 하루 네 시간씩 개인의 미래를 위해 꾸준히 준비한다고 전제했을 때, 앞서 언급한 182.5시간(7.60일)은 45.6일을 가용할 수 있는 시간이 된다. 182.5시간을 하루에 네 시간씩 나눠 사용한다면 45.6일 동안 활용할 수 있다.

7.60일 = 182.5시간
⇩
182.5시간/4시간 = 45.6일 동안 활용 가능

아무런 방해 없이 온전히 자기계발을 할 수 있는 시간이 하루 네 시간씩 45.6일이 덤으로 주어진다면 무엇을 할 수 있을까? 나의 경우

매년 연구 프로젝트를 진행하고 학술대회에 논문을 발표한다. 내게 하루 네 시간씩 45.6일이 주어진다면, 학술대회에 발표할 논문 한 편을 마무리할 수 있다. 생각보다 많은 시간이라는 뜻이다. 따라서 우리가 하루 30분의 시간을 추가로 확보하고 내실 있게 활용하면 꿈을 이루는 데 큰 도움이 될 것이다.

11장
올바른 길로
나아가고 싶다면

볼 수 없는 과녁은 절대로 맞힐 수 없다. '꿈★지도'를 만들어 펼쳐놓으면 길이 보이고 삶을 올바른 방향으로 끌고 갈 수 있다. '꿈★지도'가 없으면 '올바른 길'이 아닌 '쉬운 길'을 택하는 함정에 빠지고 만다.

7초 더하기 게임과 목표 설정

죽기 전에 반드시 해결해야 할 문제가 한 가지 있다. 삶의 본질적 목표인 행복에 다가가는 일이다. 그렇지만 주변에 행복하다고 말하는 사람은 많지 않다. 왜 그럴까? 행복의 의미를 몰라서가 아니다. 어떻게 해야 행복에 다가갈 수 있는지 방법을 모르기 때문이다. 행복해지려면 먼저 자신의 삶에 대한 이유와 가치를 찾아내야 한다. 이것이 첫 번째이다. 그다음엔 이유와 가치가 담긴 계획을 세워야 한다. 자기 삶의 목적을 설명할 수 있는 줄거리가 담긴 생애계획을 만드는 일이다. 이것이 두 번째 일이다. 여기서 중요한 한 가지가 더 남아 있다. 생애계획을 끌고 가는 중심축에 삶의 실체적 목표인 '꿈'이 자리매김해야 한다는 것이다. 결론적으로 행복에 다가가려면 꿈을 성취하기 위한 큰 그림을 준비해야 한다. '꿈☆지도'를 만들고 그것을 통해 자신의 삶에 대한 목적의식을 분명하게 규명할 수 있을 때 비로소 행복에 다가갈 수 있는 준비를 마치는 것이다.

그렇지만 아직도 꿈과 목표 설정의 중요성이 현실적으로 피부에 와닿지 않는다면 어떻게 해야 할까? '꿈★지도'가 설득력 있게 다가오지만 여전히 그것을 만드는 일이 번거롭게 여겨진다면 어떻게 해야 할까? 만약 그렇다면, 다음에 소개하는 '더하기 게임'에 참여해보기 바란다. 게임을 통해 '꿈★지도' 만들기가 왜 중요한지 이해할 수 있을 것이다.

게임에 걸리는 시간은 7초 내외다. 특별한 준비물은 필요치 않고 인터넷 유튜브에 접속할 수 있으면 된다. 혼자 해도 좋고 친구들과 함께해도 상관없다. 먼저, 제시된 그림은 인쇄가 잘못된 것이 아님을 밝혀둔다. 정답을 미리 공개할 수 없기에 부득이 숫자를 식별하지 못하도록 흐릿하게 표현했다.

$$1,000$$
$$+ \quad 40$$

진행상 오류를 방지하기 위해 게임이 어떻게 진행되는지 간단히 소개하겠다. 정해진 순서대로 다섯 번의 더하기를 할 것이다. 단계마다 자신이 생각하는 더하기 결과를 크게 소리 내 외치면 된다. 오래 생각하지 말고 최대한 큰 목소리로 빠르게 답하는 것이 핵심 요건이다. '1,000'이 보이면 '1,000'이라 말해라. 그다음 '1,000+40'

이 보이면 1,040이라고 크게 외치면 된다. '1,000+40+1,000'이 보이면 계속해서 2,040이라고 크게 외치는 것이다.

https://youtu.be/dyiZWO_rL2E

　이제 인터넷 웹 주소에 접속해라. 화면이 작은 스마트폰으로 진행하면 효과가 반감된다. 되도록 컴퓨터 화면에서 진행해라. 게임에 참여하기 전에 지켜야 할 주의사항이 있다. 각각의 단계에서 '더하기의 합산 결과'를 말할 때 최대한 큰 목소리로 자신감 있게 대답하기 바란다. 이 약속을 지켜야 게임의 의미를 온전히 이해할 수 있다. 혼자 먼저 해보고 주위 친구나 가족에게 권해보기 바란다. 자신이 말한 답과 주변 사람이 얻은 결과를 비교해봐도 좋다. 단순하지만 중요한 의미가 내포된 게임이라는 점을 잊지 말고 꼭 참여해보기 바란다. 게임이 끝나기 전에는 다음 페이지 내용을 보지 말아야 한다.

2

7초 더하기 게임에 감춰진 심리

더하기 게임이 어떠했나? 혹시 이상하다고 느꼈는가? 나는 '꿈★
지도' 특강이 있을 때마다 마지막 순서로 이 게임을 진행한다. 결
과는 항상 예상을 벗어나지 않는다. 청중들이 이구동성으로 자
신감 있게 5,000이라고 외친다. 정답은 4,100이다. 책을 읽고 있
는 당신도 마지막 순간에 큰 소리로 5,000이라고 말했을 것이다.
1,000→1,040→2,040→2,070→3,070→3,090→4,090 그리고 그다
음에 마지막으로 5,000이라고 외친 것이다.

이렇게 간단한 더하기를 틀렸다고 너무 자책하지 않아도 된다. 이
게임에 참여한 사람 대다수는 5,000이라고 대답한다. 사람들은 정답
인 4,100을 외치지 못하고 왜 5,000이라고 말한 것일까? 더하기를 못
해서일까? 지적 능력에 문제라도 있는 것일까?

지금부터 이유를 설명하겠다. 여기에는 보이지 않는 인간의 심리 작용이 관여하고 있다. 심리학에서는 이를 '게슈탈트Gestalt 심리'라고 설명한다.

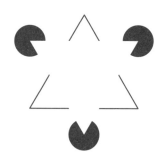

[조각난 세 개의 원과 세 개의 꺾쇠로 구성된 삼각형]

인간은 수많은 정보로 채워진 세상과 매일 마주한다. 이 과정에서 우리 뇌는 단순한 형태로 정보를 처리하려는 경향이 강하다. 뇌는 단순함을 무척 좋아하기 때문이다. 따라서 기존에 친숙하게 알고 있던 개념을 맥락 단서로 활용함으로써 좀 더 쉽고 간결하게 세상을 이해하려 한다. 예를 들어보겠다. 위 그림을 보면 '조각난 검정 원 세 개'와 함께 '두 선분이 60도 각도로 만나는 꺾쇠 모양 선분 세 개'가 중앙을 기준으로 배열돼 있다. 하지만 우리 뇌는 각각의 도형을 재현된 방식 그대로 인지하지 않는다. 너무 복잡하고 또 불완전해 보이기 때문이다. 그렇다면 뇌는 위 정보를 어떻게 처리할까? 친숙한 개념으로 치환해서 해석한다. '조각난 검정 원 세 개'와 '두 선분이 60도 각도로 만나는 꺾쇠 모양 선분 세 개'가 아니라, '완벽한 검정 원 세 개', '검정 선분의 큰 삼각형 한 개', 그리고 그 위에 '선이 없는 흰색 역삼각형 한 개'가 포개진 형태로 인식하는 것이다. '조각난 검정 원'보다는 '완벽한 검정 원'이 일상에서 자주 접하는 친숙한 형태이다. '두 선분이 60도 각도로 만나는 꺾쇠 모양 선분 세 개'에 비해 '검정 선분의 큰 삼각형 한 개'가 보다 쉽고 친숙한 대상이다. 삼각형은 우리 기억 속에서 이미 친숙하게 존재하는 도형이기 때문이다. 결과적으로, 모호한 여러 도형 요소를 낱개로 인식하지 않고 완전한 하나의 전체상으로 통합해서 처리하는 '게슈탈트 심리'가 작용한 것이다.

게슈탈트 심리는 '모호한 각각의 요소를 완전한 하나의 전체상으로 통합해서 인식하려는 심리'를 지칭한다. 사람의 뇌는 지각활동과 인지활동에서 대상체가 갖는 여러 세부요소를 분리하지 않고 하나로 통합시켜 바라보고자 한다. 대상체의 개별 특성이 아닌 전체성을 추구하려는 경향이 강하다는 것이다. 다시 풀어서 설명해보겠다. 사물을 인지할 때 인간의 정신활동은 '모든 부분적 요소'를 그대로 받아들이기를 꺼린다. 복잡해 보이고 때론 불완전하게 인식되기 때문이다. 인간의 뇌는 항상 대상을 단순화해서 정보를 처리하려 한다. 따라서 요소들 각각이 아닌 요소들의 관계성에서 드러나는 '완전한 전체성'을 추구한다.

다음 그림도 마찬가지다. 이 세 가지 이모티콘을 각각의 특수문자

[(; –) : – (; – 0)]로 구분해서 생각하는 사람은 없다. 완성되지 않은 각각의 특수문자보다는 이를 하나로 종합해서 드러나는 사람의 표정(웃는 모습, 찡그린 모습, 놀란 모습)을 발견한다. 이렇게 부분이 모여서 전체로 통합되는 인지 경향은 일상에서 인간의 정보처리 활동에 지대한 영향을 미친다.

;-) :-(;-0

[문자 집합과 얼굴표정]

게슈탈트 심리가 적용되는 실질적 사례를 두 가지 더 소개하겠다. 군 복무를 마친 남자라면 군부대에서 야간 경계근무를 서본 경험이 있을 것이다. 소총을 들고 깜깜한 밤에 저 멀리 숲속이나 나무가 우거진 장소를 뚫어지게 주시해본 적이 있을 것이다. 2~3분 정도 어두운 숲을 집중해서 쳐다보면 왠지 사람이나 동물의 형상을 닮은 모습이 어른거리는 느낌을 받게 된다. 실제로는 풀숲이나 나무가 주변 사물의 그림자와 중첩되면서 달빛이나 바람의 영향을 받아 그렇게 보이는 것이다. 어두운 곳에서 불명확한 대상을 집중해서 바라보는 순간, 인간은 자신도 모르게 해당 정보를 기존에 알고 있었던 익숙한 정보로 변환시켜 이해하려 한다. 보통 이런 경우에 인간의 뇌는 자신의 기억 속에서 끄집어낼 수 있는 어떤 친숙한 사물을 연상하게 되는데, 대개는 사람이나 혹은 동물 형상으로 많이 인식한다. 이런 연유로 최전방 GOP(General Out Post: 휴전선의 남방한계선 철책선에 있는 초소)나 GP(Guard Post: 군사분계선과 남방한계선 사이에서 비무장지대를 감시하는 초소)의 야간 경계근무에 임하는 병사들은 통상적으로 1분 이상 하나의 사물에 집중하지 않도록 교육받는다. 자칫하면 적군으로 오해해서 방아쇠를 당겨서 전체 부대원에게 불필요한 긴장감을 고조시킬 수 있기 때문이다.

불완전한 상태가 아닌 완전한 상태로 인식하려는 인간의 심리작용은 화가들의 작품활동에도 영향을 미친다. 우리에게 친숙한 조선시대의 대표 화가인 김홍도를 생각해보자. 그가 그린 〈춤추는 아이〉와 같은 풍속화 작품은 교과서를 통해 널리 소개되고 있다. 김홍도는 화폭에 그림을 완성한 이후 마지막으로 어떤 행동을 했을까? 그렇다. 그림의 하단부에 낙관을 찍었다. 자신의 호나 이름이 새겨진 큰 도장인 낙관을 찍음으로써 비로소 자신의 그림을 완결시키는 것이다. 이 마지막 행위 없이는 절대 김홍도의 작품이라고 남들에게 객관적으로 인정받을 수 없다. 김홍도뿐 아니라 모든 화가가 그림 완성의 마지막 순간에 자신의 서명을 남기는데, 바로 이 행위 이면에 게슈탈트 심리가 간접적으로 작용하고 있다. 이러한 게슈탈트 심리를 우리말로 대체하면 '완결성 심리'라 칭할 수 있다.

인간은 누구나 어떤 대상을 좀 더 완벽한 상태로 인식하려는 경향이 있다. 완결성을 추구하는 일종의 심리적 억압상태에 직면한다. 다음 절에는 앞서 '더하기 게임'으로 다시 돌아가 이 게임에 완결성 심리가 어떻게 적용됐는지 구체적으로 살펴보겠다. 내용을 이해하면 왜 5,000이라고 답했는지 명확히 이해할 수 있다.

3

7초 더하기 게임과 '꿈★지도'의 관계

게임에 감춰진 진실을 이야기할 차례다. 앞서 당부했던 요청사항을 상기해보라. 순서대로 숫자를 더할 때 빠른 속도로 진행하고 또 그 값을 큰소리로 외쳐보라고 말했다. 1,000→1,040→2,040→2,070→3,070→3,090까지 더하기를 하고 마지막 직전 단계에 4,090을 외치고 또 그다음에는 정답이었던 4,100이 아닌 5,000을 외치는 순간에 우리 뇌에는 어떤 심리작용이 일어나고 있었을까? 앞서 이야기한 완결성 심리가 우리를 지배하고 있었다.

충분한 여유를 갖고 문제를 푼다면, 4,090 다음에 정답인 4,100을 누구나 쉽게 말할 수 있다. 하지만 계산할 시간이 충분치 않았기 때문에 순식간에 직관적으로 답을 외쳐야 했다. 따라서 그 순간에 우리 뇌가 왠지 불완전해 보이는 4,090이라는 숫자를 완결성이 아주 높은 상태로 만들기 위해서 5,000을 끄집어낸 것이다. 결국, 이 게임에 숨겨져 있는 완결성 심리의 함정에 빠져버린 것이다.

이제 완결성 심리에 대해서는 어느 정도 이해가 됐을 것이다. 지금부터 그보다 훨씬 더 중요한 이야기를 해보려 한다.

'더하기 게임'에 참여하는 모든 사람이 누구나 쉽게 정답을 말할 수 있도록 하는 방법에 대해 생각해보자. 우리 모두 이 더하기 게임의 완벽한 승자가 될 방법, 즉 정답인 4,100을 말할 수 있는 확실한 방법은 없었을까?

$$
\begin{array}{r}
1,000 \\
+ \quad 40 \\
1,000 \\
+ \quad 30 \\
1,000 \\
+ \quad 20 \\
1,000 \\
+ \quad 10 \\
\hline
\end{array}
$$

[모든 수가 한눈에 들어오도록 펼쳐진 더하기 게임]

잠시 이 질문에 대해 생각해보기 바란다. 혹시 기발한 방법이 떠올랐는가? 사실 이에 대한 해답은 매우 간단하고 명료하다. 만약, 처음부터 이 문제를 위의 그림과 같은 형식으로 제시했다면 어땠을까? 유튜브에서 접했던 방식인 각각의 숫자를 다섯 단계로 순서대로 보여주는 것이 아니라, 처음부터 모든 숫자를 한꺼번에 펼쳐 보여주고 더하기를 해보라고 요청했다면 그 결과는 달랐을 것이다. 누구나 잠시만 계산해보면 손쉽게 정답인 4,100을 말할 수 있었을 것이다. 1,000이 네 번 나오니 그 합은 4,000이고 또 '40+30+20+10'의 결과는 100이니 이 두 가지의 합은 4,100임을 쉽게 계산할 수 있다.

위 내용이 무엇을 의미하는지 생각해보기 바란다. 책에서 소개한 '꿈★지도'와 어떤 관련이 있는지 짐작할 수 있어야 한다. 결론을 말하겠다. 자기 삶의 여정에 대한 '전체 그림'을 눈으로 확인할 수 있도록 펼쳐놓으면 꿈에 다가가는 과정에서 실수할 확률이 그만큼 줄어든다. 전체 그림은 바로 '꿈★지도'를 의미한다. 단계별 목표가 한눈에 들어오도록 만들어진 '꿈★지도'를 갖고 살아가면 잘못된 판단을 내릴 가능성이 그만큼 줄어든다. 반면 '꿈★지도'가 마련되지 않으면 어떨까? '꿈★지도'와 같은 종합적인 계획을 마련하지 못한 채 매일매일 즉흥적으로 삶을 영위하면 어떻게 될까? 미궁에 빠지거나 중간에 잘못된 샛길로 삶이 흘러갈 수 있다. '꿈'이라는 최종 목적지에 도달하는 것을 더는 기대할 수 없게 된다.

앞서 '더하기 게임'에서 오답을 말했던 것처럼, 우리 뇌는 조금만 방심하면 올바른 길보다 쉬운 길을 택하려 한다. 미래의 일과 즉흥적으로 마주하도록 자신을 놔두지 마라. 자신의 미래를 돌보지 않고 내

버려두는 사람은 결코 꿈을 이룰 수 없다. 자기 내면을 경영하기 위해서 인생을 위한 큰 그림을 갖고 있어야 한다. 꿈을 설정하고 그 꿈에 도달하는 주요목표가 설정된 '꿈★지도'를 마련해야 한다. 꿈을 향해 달려가는 길이 바로 올바른 길이다.

인생 계획이 모호하게 마음속에만 존재하면 '꿈'을 이룰 수 없다. '꿈★지도'처럼 구체적인 그림이 없다면 우리는 삶 가운데 매번 앞서 더하기 게임에서 나타난 오류를 범하게 된다. 바람직한 삶의 정답이 존재하지만, 자신도 모르는 사이에 쉬운 오답을 향해 달리는 함정에 빠지고 만다. 반면에 '꿈★지도'를 가지고 있다면 상황은 바뀐다. '꿈★지도'를 책상 앞에 붙여두고 휴대폰에 간직하고 살아간다면 내 삶의 올바른 정답에 다가갈 가능성이 그만큼 커진다. 인생이라는 무대에서 정답을 찾으려면, 삶의 실체적 목표인 꿈과 그리고 그 하부단계를 지지하는 주요목표를 놓치지 말아야 한다. 그 무엇과도 바꿀 수 없고 결코 바꿔서도 안 되는 자신의 소중한 꿈을 달성하기 위해 반드시 '꿈★지도'를 그려야 한다.

볼 수 없는 과녁은 절대로 맞힐 수 없다. '꿈★지도' 없이 맹목적으로 달려가다가는 결코 자신의 삶을 올바르게 끌어갈 수 없다. 책에서 소개한 방식으로 꼭 '꿈★지도'를 만들어보기 바란다.

4

'꿈★지도'에 숨은 5가지 힘

앞서 '7초 더하기 게임'을 통해 자신의 꿈을 시각적으로 표현하는 것의 중요성을 깨달으면 좋겠다. 혹시 게임에 대한 이야기가 잘 이해되지 않더라도 너무 걱정하지 마라. 지금부터 꿈을 달성하는 과정에서 '꿈★지도'가 왜 실질적으로 도움이 되는지 정리하겠다.

첫 번째 힘: 자기 삶의 실질적인 주인공이 될 수 있다

꿈을 달성하지 못하는 사람들에게 나타나는 전형적인 특성을 살펴볼 필요가 있다. 꿈을 달성하지 못하는 사람과 다르게 생각하고 또 그들의 모습에서 찾을 수 없는 내용을 실천하면 되지 않겠는가. 8장에서 소개했던 표, '삶의 모습과 목표 설정의 구체성 정도'를 다시 소환하겠다.

꿈을 달성하지 못하는 첫 번째 유형은, 인생의 절대적인 목표를 명확하게 설정하지 않고 산다. 꿈이라는 삶의 실체적 목표가 아예 없거나(27%), 또는 그것이 막연하게 희망의 상태로 머물러 있는 사람(60%)은 절대로 꿈을 이룰 수 없다. 꿈에 다가가기 위해서는 꿈을 담은 형식이 모호한 수준으로 머릿속에 맴돌고 있으면 안 된다.

위 내용과 결부시켜 '꿈★지도'를 생각해보겠다. '꿈★지도' 작성의 첫 번째 단계에서 수행한 일은 무엇이었는가? 바로, 현재 나이와 미래의 시간을 연결한 선분 위에 자신의 최종 꿈을 설정한 것이었다. 이 단순한 과정 안에는 중요한 의미가 담겨 있다. 자신의 꿈을 명확하게 선언했다는 점이다. 막연하게 머릿속에 담고 있지 않고 분명하게 꿈을 기록함으로써 자신의 인생 목표와 나아갈 방향을 확실히 정한 것이다. 그동안 한 번도 자신의 꿈을 글이나 그림으로 표현해보지 않았던 과거와 달리, 이제 새로운 '나'를 선언한 것이다. 자신과 큰 약속이 이뤄진 것이고 더 나아가 비로소 타인이 아닌 자기 삶의 주인공이 될 수 있는 조건을 갖춘 것이다.

두 번째 힘: 미래의 삶을 현실과 마주하도록 만들 수 있다

4장에서 소개한 '시간 조감' 개념을 상기해보기 바란다. 시간 조감이란 자신의 생애 시간을 아주 멀리 내다보고 삶 전체를 조망하는 개

넘이었다. 꿈을 성취하지 못하는 사람은 자신의 생애를 코앞에 벌어질 일 중심으로 내다본다. 이를테면 '1년 뒤에 나는 A라는 회사에 취업할 거야!'의 방식으로 가까운 미래 시점을 바라보고 목표를 설정한다. 이와 달리, '꿈★지도'에서는 어떻게 꿈과 목표를 설정했는지 기억할 것이다. 20~30년 뒤의 미래를 바라보고 자신의 최종 꿈을 선언하도록 했다. 그리고 이 꿈을 토대로 10년, 5년, 2.5년, 1년 앞의 하위 수준 목표를 정했다. '20년 뒤의 꿈을 이루기 위해서, 난 내년에 반드시 A라는 회사에 취업해야 해!'라고 생각하는 것이다. '먼 미래의 꿈 →중간 미래의 목표→가까운 미래의 목표' 방식의 시간 조감을 통해 현재 나이와 미래의 최종 꿈 사이에 6~7개의 중간목표를 설정했다. 이것이 꿈을 달성하지 못하는 사람과 꿈을 달성하는 사람을 구분 짓는 차이이다.

꿈을 이루지 못하는 사람은 인생 전반을 꿈으로 이끌어갈 방법을 갖고 있지 못하기 때문에 코앞만 보고 달릴 수밖에 없다. 또 그런 사람은 자신의 인생을 어떻게 살아야 하는지 큰 흐름을 가늠할 수 없다. 단순히 날마다 열심히 사는 것은 의미가 없다. 꿈 성취와 무관한 일 중심으로 사는 것은 노동력 착취와 다르지 않다. 우리는 '꿈★지도' 작성 과정을 통해 자신의 인생 전반을 아주 멀리 내다볼 수 있게 됐다. 자신의 생애 전반이라는 긴 시간에 잘 어울리는 큰 그림과 그에 걸맞은 세부목표도 갖게 됐다. 이제 비로소 생산성 높은 효율적인 삶을 살 수 있게 된 것이다.

세 번째 힘: 두려움 없이 목표에 다가가도록 만들 수 있다

미래에 달성할 꿈의 모습은 현재 자신의 능력이나 처한 상황에 비해 상대적으로 크고 멋지게 그려질 때가 많다. 이 모습 자체가 문제가 되는 것은 결코 아니다. 우리가 생각할 점은, 최종 꿈을 현재 자신이 처한 상황에 비춰보면서 꿈을 포기하는 일이 비일비재하다는 것이다. 많은 사람이 초라한 현재 자신이 장차 멋진 그 꿈을 이룰 수 있을지 의문을 던진다. 예컨대 자신의 꿈은 미국에서 게임개발회사를 설립하는 것인데, 현재 모습을 들여다보면 게임 지식도 부족하고 영어도 못한다고 느낄 수 있다. 현재의 초라한 모습 때문에 미래의 꿈이 실현 불가능한 것으로 인식되고, 그러다가 마침내 꿈이 머릿속에서 사라져버리고 마는 것이다.

그렇다면 어떤 방법으로 문제를 해결할 수 있을까? 그 해답은 최종 꿈을 지지해줄 하위 수준의 목표를 수립하는 것이다. 최종 꿈과 함께 그 꿈에 도달하는 중간 과정에 단계별 목표를 할당함으로써 최종 꿈은 크지만, 그 꿈을 달성하는 중간 과정에 놓인 목표들의 크기는 상대적으로 만만하게 느껴지도록 만드는 것이다. 현재 나이로부터 가장 가까운 곳에 설정된 목표는 최종 꿈과 비교해 매우 작게 느껴진다. 제일 큰 꿈, 중간 크기의 목표, 중간보다 좀 더 작은 목표, 또 이것보다 더 작은 목표를 차례로 연결하는 방식으로 위계를 설정하면 맨 나중에 설정된 목표, 즉 현재 자신의 나이에서 가장 가까운 곳의 목표는 매우 만만하고 작게 인식된다. 그래서 이 목표를 향해 달려가는 것이 큰 부담으로 작용하지 않는다. 두려움 없이 꿈 여정을 시작할 수 있고, 결과적으로 '목표 가속화 효과'가 생겨 꿈에 다가갈 수 있다.

네 번째 힘: 보다 수월하게 열정을 지속시킬 수 있다

꿈 계획을 가지고 있어도 단계별 시간 간격을 잘못 구성하면 꿈을 성취하기 어렵다. 20세 대학생이 60세에 달성할 최종 꿈을 가지고 있다고 전제해보자. 그런데 계획의 형태가 10년 단위를 주기로 짜여 있다면 어떨까? 이를테면 '20세-30세-40세-50세-60세'처럼 등차수열 방식으로 계획을 수립하면 예상치 못한 문제에 직면한다. 현재 20세를 기점으로 봤을 때, 30세에 놓여 있는 첫 번째 목표가 10년이라는 긴 시간을 두고 너무 멀리 놓여 있어서 그곳에 도달하기 전에 지쳐버리고 만다. 2장에서 소개했던 그릿 개념을 상기하면 무슨 말인지 이해할 수 있을 것이다. 그릿을 구성하는 하부 속성에는 열정과 끈기가 있다고 했다. 그런데 이 중에서도 특히 '한 가지 목표를 바라보고 멈추지 않고 걸어가기'라는 개념인 열정을 오랜 시간 유지하기란 생각보다 훨씬 어렵다. 매일 10년 후의 목표를 생각하면서 달려간다는 것이 때론 끔찍한 일로 여겨질 수도 있다. 평범한 의지력의 소유자에게는 대단히 어려운 숙제나 다름없다.

그러면 어떻게 해야 할까? 이것을 해결할 수 있는 비밀도 '꿈★지도' 작성 방법에 있다. '꿈★지도'의 핵심내용 중 하나는, 인생을 멀리 내다보면서 삶의 실체적 목표인 꿈을 설정하고 그 중간에 목표들이 놓인 시간 간격을 등비감소수열로 구획하는 것이었다. 60세-40세-30세-25세-22.5세-21.2세-20.5세-20세의 형식으로 작성하는 것이다. 그렇다면 등비감소수열을 적용해서 '꿈★지도'를 그리는 과정에는 어떤 힘이 내재해 있을까? 그 비밀은 이렇다. 바로 현재 나이 20세를 기준으로 볼 때, 가장 가까이에 있는 목표는 20.5세에 할당돼 있다. 따라서 이 사람은 현재 스무 살인 시점에서는 약 6개월 후에 달성할 첫 번째 목표만 바라보고 달려가면 된다. 다소 의지력이 부족한 사람이라도 6개월 정도의 시간은 '열정'을 가지고 달려가는 데에 큰 무리가 없다. 6개월 뒤의 목표는 그 이후의 단계에서 달성할 목표의 크기에 비해 개념적으로 작고, 손만 뻗으면 닿을 정도로 가까이에 있다. 이 목표가 달성되면 다음 단계의 12개월여 뒤 목표를 향해 달려가고 또 그다음엔 24개월가량 뒤 목표를 향해 달려가면서 자신감을 키울 수 있다.

다섯 번째 힘: 현재와 미래를 연결하는 공명의 힘

제1장-제2절에서 소개했던 다음 내용을 상기해보기 바란다. "미래의 일은 우연히 일어나는 뜻밖의 사건이 아니라 현재 자신의 생각과 행동이 파동처럼 흘러 미래의 경계면에서 모습을 드러내는 현상이다. 현재 진행하는 모든 일은 본연의 힘의 크기와 나아갈 방향을 가지고

있다. 그것이 파동을 만들어 미래의 특정 방향으로 나가는 것이다."

이 문장을 통해 강조하고 싶은 개념이 있다. 바로 '공명 현상'이다. 공명이란 외부에서 가한 진동이 물체의 고유 진동수와 같을 때, 해당 물체 진동수의 진폭이 커지는 현상을 일컫는다. 그네를 타고 있다고 생각해보자. 친구가 그네를 밀어줄 때 그네 운동의 고유 진동수에 맞게 밀면, 그네가 아주 높이 올라갈 수 있는데 이것이 바로 공명 현상의 결과이다.

우리 각자의 삶에는 현재와 미래라는 두 시점이 존재한다. 꿈을 성취하지 못하는 사람은 이 두 시점이 항상 분리돼 있다. 현재는 현재일 뿐, 현재가 미래와 연결된다는 사실을 헤아리지 못한다. 그래서 하루하루를 열심히 살아가는 것에 집중할 뿐, 현재의 행동을 미래 삶에 영향을 주는 에너지로 활용하지 못한다. 현재의 삶에 쏟아붓는 에너지가 공명을 만들어 미래의 삶에 영향을 주면 좋을 텐데 그러지 못하는 것이다. '꿈★지도'를 가지고 있으면 그 반대의 좋은 결과를 기대할 수 있다. '꿈★지도'에 계획된 단계별 목표에 따라 하루하루를 살아가면 현재와 미래 사이에 공명 현상이 발생한다. 오늘 하루 50이라는 에너지를 쏟아부었고, 그것이 '꿈★지도'의 계획과 맞물려 있다면 그 크기는 100 이상이 될 수 있다. 이렇게 자신이 하는 모든 일의 에너지가 증폭되면 훨씬 효율적으로 꿈을 성취할 수 있다.

정리해보면, '꿈★지도'는 우리 삶에서 공명 현상을 일으키는 장치이다. 각자 '꿈★지도'를 만들고 이를 활용해 현재의 삶과 미래의 꿈 사이에 공명 현상이 발생하도록 만들면 좋겠다. '꿈★지도'를 통해 뒤틀리고 어긋난 자신의 삶을 재정돈하는 기회를 꼭 마련해보기를. 그리고 사랑하는 사람들에게도 이 비밀의 힘을 알려주길 바란다.

—————————— 참고문헌 ——————————

도서 ——

1. 감정과 이성, 리처드 래저러스·버니스 래저러스 지음, 정영목 옮김, 문예출판사, 2013
2. 겟 스마트, 브라이언 트레이시 지음, 허선영 옮김, 빈티지하우스, 2017
3. 결국 이기는 사람들의 비밀–불공평한 세상에서 발견한 19가지 성공 법칙, 리웨이원 지음, 임지영 옮김, 갤리온, 2017
4. 관계 중심 시간경영, 황병구 지음, 코리아닷컴, 2010
5. 그릿, 엔절라 더크워스 지음, 김미정 옮김, 비즈니스북스, 2016
6. 꾸뻬 씨의 행복 여행, 프랑수아 를로르 지음, 이지연 그림, 오유람 옮김, 오래된미래, 2004
7. 나는 후회하는 삶을 그만두기로 했다, 쉬나 아이엔가 지음, 오혜경 옮김, 21세기북스, 2018
8. 나이 든다는 것 늙어간다는 것, 빌헬름 슈미트 지음, 장영태 옮김, 책세상, 2014
9. 닉 부이치치의 삶은 여전히 아름답다, 닉 부이치치 지음, 최종훈 옮김, 두란노, 2013
10. 달라이 라마의 행복론, 달라이라마·하워드 커틀러 지음, 류시화 옮김, 김영사, 2001

312

11. 말그릇, 김윤나 지음, 카시오페아, 2017

12. 명상록, 마르쿠스 아우렐리우스 지음, 키와 블란츠 옮김, 다상, 2014

13. 미움받을 용기, 기시미 이치로·고가 후미타케 지음, 전경아 옮김, 인플루엔셜, 2014

14. 부자, 리처드 코니프 지음, 이상근 옮김, 까치글방, 2003

15. 사람들이 어떻게 살든 나는 행복해지기로 했다, 폴 마이어 지음, 최종옥 옮김, 책이있는
    마을, 2010

16. 사무엘 울만과 청춘, 마가렛 E. 암브레스터 지음, 윤덕순 옮김, 삶과 꿈, 1998

17. 사피엔스, 유발 하라리 지음, 조현욱 옮김, 김영사, 2015

18. 상상력과 가스통 바슐라르, 홍명희 지음, 살림, 2005

19. 삶의 격, 페터 비에리 지음, 문항심 옮김, 은행나무, 2014

20. 새는 날아가면서 뒤돌아보지 않는다, 류시화 지음, 더숲, 2017

21. 생각의 지도, 리처드 니스벳 지음, 최인철 옮김, 김영사, 2004

22. 성공하는 사람들의 7가지 습관, 스티븐 코비 지음, 김경섭 옮김, 김영사, 2003

23. 스물아홉 생일, 1년 후 죽기로 결심했다, 하야마 아마리 지음, 장은주 옮김, 위즈덤하우
    스, 2012

24. 안나 카레니나, 톨스토이 지음, 박형규 옮김, 문학동네, 2009

25. 어떻게 살 것인가, 유시민 지음, 생각의길, 2013

26. 에너지 버스, 존 고든 지음, 최정임 옮김, 쌤앤파커스, 2008

27. 연금술사, 파울로 코엘료 지음, 최정수 옮김, 문학동네, 2001

28. 왼손의 힘, 루시아 카파치오네 지음, 이경하 옮김, 동서고금, 2001

29. 인생의 황혼에서, 헬렌 니어링 지음, 전병재·박정희 옮김, 민음사, 2002

30. 일본전산의 독한 경영수업, 가와카쓰 노리아키 지음, 김윤경 옮김, 더퀘스트, 2018

31. 자존감 수업, 윤홍균 지음, 심플라이프, 2016

32. 장하석의 과학, 철학을 만나다, 장하석 지음, 지식플러스, 2014

33. 정보 디자인, 로버트 제이콥슨 엮음, 장동훈·김미정 옮김, 안그라픽스, 2002

34. 책의 힘, 애덤 잭슨 지음, 장연 옮김, 씽크뱅크, 2009

35. '최고의 유산' 상속받기, 짐 스토벌 지음, 정지운 옮김, 예지, 2001

36. 탁월한 사유의 시선, 최진석 지음, 21세기북스, 2017

37. 행복한 밥벌이, 홍희선·김대욱 지음, 넥서스BOOKS, 2009

논문

1. 건축디자인 매체로서의 다이어그램 가능성에 관한 연구, 김현아·김광현, 〈학회 추계학술
   발표대회 논문집(계획계)〉, v.21 n.2, pp. 561-564, 대한건축학회, 2001

2. 다이어그램 구성수준과 시각화 속성에 관한 연구, 류시천·김홍배, 기초조형학연구, Vol.
   5, No.2, pp. 193-204, 한국기초조형학회, 2004

3. 비주얼 패러그래프(Visual Paragraph)에서 정보 의미화-인터넷 뉴스 그래픽 중심으로,
   노제희·한지애·류시천, 한국스마트미디어학회 2016 춘계학술대회 논문집, 2016

4. 빅데이터 통계그래픽스의 유형 및 특징-인지적 방해요소를 중심으로, 심미희·류시천, 한
   국스마트미디어학회 논문집, Vol. 3, No. 3, pp. 36-45, 2014

5. 영어교과서에 활용된 사용자 행위 반영형 인포그래픽 유형 분석: 교수·학습기준에 따른
   유형을 중심으로, 전은경·한지애·류시천, 한국콘텐츠학회 논문집, Vol. 15, No. 5, pp.
   651-660, 2015

6. 페이스북 이용이 삶의 만족도에 미치는 영향 : 주변 인물과 페이스북 친구와의 사회적
   상·하향 비교 효과 분석, 송인덕, 사이버커뮤니케이션학보, Vol. 33, No. 4, pp. 209-
   254, 사이버커뮤니케이션학회, 2016

7. 2017 SNS 이용 및 피로증후군 관련 인식 조사, 윤덕환·채선애·송으뜸·김윤미, 리서치보
   고서, Vol. 2017 No.6, pp. 1-45, ㈜마크로밀엠브레인, 2017

8. The Effects of Contexts on Information Design(정보디자인에서 맥락의 영향), You,
   Sicheon, KAIST, 2015

9. The magical number seven, plus or minus two: Some limits on our capacity for processing information, Miller, G. A., ⟨Psychological Review⟩ 63(2), pp 81 – 97, 1956

10. Value of culturally oriented information design, Sicheon You · Myung–suk Kim · Youn–kyung Lim, Universal Access Information Society, Vol. 15, No. 3, pp. 369–391, Springer Berlin Heidelberg, 2014

그리기만 하면 원하는 꿈을 이루는 라이프 로드맵

1페이지 꿈★지도

1판 1쇄 발행 2021년 1월 11일
1판 2쇄 발행 2021년 1월 22일

지은이 류시천
펴낸이 고병욱

책임편집 윤현주 **기획편집** 장지연 유나경
마케팅 이일권 한동우 김윤성 김재욱 이애주 오정민
디자인 공희 진미나 백은주 **외서기획** 이슬
제작 김기창 **관리** 주동은 조재언 **총무** 문준기 노재경 송민진

펴낸곳 청림출판(주)
등록 제1989-000026호

본사 06048 서울시 강남구 도산대로 38길 11 청림출판(주) (논현동 63)
제2사옥 10881 경기도 파주시 회동길 173 청림아트스페이스 (문발동 518-6)
전화 02-546-4341 **팩스** 02-546-8053
홈페이지 www.chungrim.com
이메일 cr1@chungrim.com
블로그 blog.naver.com/chungrimpub
페이스북 www.facebook.com/chungrimpub

© 류시천, 2021

ISBN 978-89-352-1338-2 03320